大東洋学者

小島祐馬の生涯

岡村　敬二

臨川選書 29

目次

はじめに

ここで取り上げようと考えている小島祐馬《おじますけま》は、明治一四（一八八一）年に高知で生まれた中国社会思想史の研究者である。京都大学文学部の前身である京都帝国大学文科大学に明治四二年に入学して東洋学を学んだのだが、文科大学に入学する以前の明治三六（一九〇三）年法科大学に入学し、卒業後には中国に渡った。帰国後にあらためて文科大学に入学し狩野直喜《かのなおき》のもとで学んだ。小島はこの狩野からは、おおむね十数歳年下にあたるが、このように東洋学の研究に取り掛かるのが遅かったことから、子弟の関係で言えば年齢差以上に隔たりがある。

小島祐馬（昭和37年7月20日小島邸で撮影、小島恒氏提供）

小島が師と仰いだ狩野直喜は慶応四（一八六七）年の生まれ、京都帝国大学文科大学が創設された明治三九（一九〇六）年に教授となった。文科大学には翌年、大阪朝日新聞社の記者だった湖南内藤虎次郎が招聘され、明治四二年に教授に就任した桑原隲蔵《じつぞう》らとともに、京大東洋学の基礎を築いた。そんな文科大学の草創期の気風のなかで小島は学んだのであった。

小島は文科大学を卒業後、京都一中などの非常勤を長く勤めたのち、大正一一（一九二二）年八月に文学部助教授に就任し、昭和六（一九三一）年に教授となった。教授になってから五年後には文学部長となり、文学部から総長に送り出していた濱田耕作が死去するにともない噴出した帝国大学総長任命権問題では京大側の代表委員となって、文部省との折衝や他の帝国大学との協議に尽力した。昭和一四（一九三九）年には、現在の京都大学人文科学研究所の源流の一角となった京都帝国大学人文科学研究所の初代所長を兼務したが、昭和一六年一二月に京都帝国大学を定年退官となると、さっさと、と言ってよいほどに、郷里の高知県吾川郡弘岡上ノ村の自宅に戻ってしまう。

小島のこの帰郷は、実のところ京都で学んでいた時期からすでに決めていたことであった。のちに詳しく述べるが、小島は高知に戻って以降も不足なく研究が持続できるようにと、京都での研究者時代から蔵書の構築に努めてきた。そして帰郷後の小島は、年老いた父親とともに農業に精を出し、また自分自身の研究にと励んだのである。またそのかたわらで、郷里高知の文化活動にも労を惜しまず力を尽くしたのであった。

この小島の帰郷、また帰農といってもよいかと思うだのが、こうした小島の生き方やその基となった考え方はいったいどのようにして培われたのであろうか、まことに興味を惹かれるところである。また小島が帰郷後に高知でどのように暮らし、どんな活動をして生涯を終えたのか、ということも現在のところまだまだ明らかになってはおらず、それも知りたいところだ。これらのことがらは、小島が晩年にエッセイ風に綴った文章や、知友・子弟らによる回想、さらにまた小島が亡くなってのち小島文庫として高知大学に収められた小島の愛読書や雑誌、膨大なメモ類からおおよそ推し測ることができるのだが、それと同時に、そうした考えを持とうとさせるような時代の気分というべきものにも関連しているのではないかと思う。小島の事績を検討していきながらこうした時代性についても検討してみたいと思う。

さて先に少し触れた、小島が京都時代に精力をつぎ込んで収集した蔵書であるが、それは小島の帰郷とともに高知の自邸に持ち運ばれた。小島邸へと大量に運び込まれたその蔵書は、父茂太郎にとっては、座敷の風通しが悪くなるだけの本のかたまりであり、ときに雑誌など風呂の焚き付けにされた、という話も伝わっている。そんな蔵書のために小島は敷地に書庫を増設し、蔵書は研究に生かされてきたのである。そしてそれらの蔵書は小島が亡くなってのちしばらくして、子息懋《つとむ》氏により高知大学図書館に小島文庫として収められることとなった。

この文庫には、小島が研究のためにと買い集めたいわゆる研究書だけではなく、小島が少年時代から愛読してきた雑誌や、京都一中講師時代の冊子、また高知に帰ってから書き付けたメモや新聞切り抜きなど、膨大な量の資料もともに収蔵されている。京都時代の早い時期から高知への帰郷を決意して収集してきた資料群や、また自邸にそのまま残してあった少年期の愛読書、戦後の執筆や講演のための草稿やそのメモなどである。これらがまとめて高知大学に収められたのであった。定年で京大を退官したのちに既定のこととして高知へと帰郷したそんな小島の生き方を考えあわせてみると、これらの蔵書や諸資料がともに、高知の大学に収蔵されたということはまことに相応しく至当な措置であったと言わざるを得ない。筆者はこれまでに四度この小島文庫を訪れて調査をさせてもらったのだが、小島文庫が高知に在る、という経緯をこころより似つかわしく思い、またその都度納得するのであった。蔵書はみずからそのふさわしい生き場所を選び取るものだとしみじみと思うのである。

筆者が初めてこの文庫を訪れたのは、義和団事件の賠償金をもとに展開された対支文化事業により設置されることとなった北京の人文科学研究所についての、狩野直喜の趣意書を閲覧するためであった。これは、小島の資料が収められた当時高知大学助教授として資料整理にあたった松田清の論考（「小島祐馬旧蔵「対支文化事業」関係文書」）に導かれての調査であったのだが、この狩野の書付はていねいに裏打ちされていて大切に残されてあった。このとき筆者は、冊子体の『小島文庫目録』のほかに、コピー版の「小島文庫資料目録」があること、そこにはこの趣意書のほかにも、数多くの小島の草稿やメモ類、高知帰郷後の講演記録やパンフレットなどが残されていることを知った。二度目の訪書ではこの「資料目録」からいくつか関心のある資料を選び出してその閲覧に出かけたのだが、そのときは時間も十分にとれず、すべてを閲覧することがかなわなかった。それでもこの時には、小島邸裏山の小島墓所に詣でることができてまず充実した旅程となった。そして二〇一二年の夏になりようやく数日間の高知への訪書がかない、この「資料目録」にあがっている資料のすべてを閲覧することができたのであった。

この時の調査は高知大学が夏季休業中でもあり、夕刻には特別文庫である小島文庫の閲覧を切り上げ、その足で高知城内の県立図書館に向かい、『高知新聞』の小島関係記事を調べた。午後七時の閉館まで県立図書館で調査をして、宿舎に帰る前に近くにある「ひろめ市場」で食事し小島が愛飲した土佐鶴をいただいたりした。毎朝八時半には大学図書館に入り、文庫の資料を閲覧して夕刻高知県立図書館、閉館後に「ひろめ市場」でお酒と食事という、まことに規則正しい生活をして調査をしていった。そしてその最終日に春野町弘岡上の小島邸裏にある墓所に再び詣でたのである。ここには小島祐馬、正壽夫人、後添え美子夫人、父茂太郎、母伊佐、そして先祖代々が眠る。さらに右手上には、長女素子とその夫君の西洋史学者鈴木成高の墓所もあった。

小島邸（平成17年11月6日小島恒氏撮影）

弘岡上のこの小島邸には、小島が高知に帰郷するときに、恩師狩野直喜が揮毫し小島に贈った「抱甕灌圃《ほうおうかんぽ》」という書が額にいれて掲げられていた。「抱甕」は小島の号、「抱甕灌圃」とは、『荘子』天地篇に出典を持つ言葉で、畑に水をかけるのに甕《かめ》を抱いて行なうという鈍重なやり方を言ったものである。甕で水を運ぶそんな老人を見て孔子の弟子子貢が、効果のある「はねつるべ」の仕掛けを教えるのだが、老人は、それを知らないわけではない、だがそれは「道」に対して恥ずかしいから使わないのだと答えたというものである。この「抱甕灌圃」という言葉は、まことに小島の生き方や学びの姿勢をよく言い表し、高知へと帰郷する小島への狩野の心尽くしのはなむけであったといわねばならない。

このように狩野は小島のことをよく理解しており、小島も法科大学学生であったとき以来ずっと狩野に敬意を表して来た。小島が文科大学にあらためて入学して東洋学を修めようとしたのも狩野の影響が大きかったのである。小島は、この草創期京都帝国大学文科大学に入学し、狩野らが築き上げた東洋学の気風の中で学びを進め、研究を持続し、師や友らと交わってきたのであった。それでは小島が学んだ草創期文科大学東洋学の気風とは具体的にどのようなものであったのだろうか、まずは文科大学の活動から述べたうえで、小島の事績を追っていきたいと思う。本書の構成は次のとおりである。

第一章では草創期京都帝国大学文科大学や文学部の研究活動の一端について狩野直喜を軸に置きながら見ていく。狩野は北京留学中に義和団の乱に遭遇し、義勇隊の一員として大使館に籠もって戦った経験を持つのだが、この義和団の乱以降に、狩野の周辺の多くの人たちが、機縁というか、ある種むすびの糸に導かれるようにして研究活動を展開していくことにもなった。この狩野をめぐる活動や周辺の東洋学者たちの交友自体も興味深いこともあり、また小島が学び研究したその京都帝国大学文科大学などの気風も理解することができるかと思い、そこから論述してみる。

第二章以降は小島の幼年時代からその晩年まで、小島祐馬の生涯を順次追っていくことになる。第二章では、小島の思想形成に大きな影響を与えた日清・日露戦争の時代に愛読した書物などからゆるやかなアジア主義とでもいうべき思想を抱え込み、それが生涯小島の思想の底流をなすこととなった、そんな多感な時期をあつかう。そして五高から京都帝国大学法科大学時代、また卒業後に中国に渡った後に文科大学に学んだ時期を追ってみる。

第三章では、小島が文科大学を卒業した後、嘱託講師で暮らしを立てていた時期をみていく。この時期に小島は、京都帝国大学法科大学の講師として来洛した河上肇と知り合い、以後親しく交友した。河上は小島に心からの信頼を寄せ、小島もつねに真摯な態度で河上に対応した。そんなことから河上は、自らが重大な出来事に直面した時、その決断について小島の助言に頼ったりもした。その様子は河上が残した膨大な量の書簡からよくうかがうことができる。同時にこの河上の書簡からは、当時かれらが刊行した出版物、例えば小島らの学術雑誌『支那學』や河上の『社会問題研究』など出版に至る裏面の興味深い事情も知ることができる。小島と河上との交友は、河上が死去する昭和二一年一月まで持続したのだが、これらの書簡は京都時代の小島の学びの姿、さらには高知帰郷後の生活の様子も教えてくれる。

第四章は小島が京大教授となった時期を中心に検討してみる。ここでは小島の功績の一つとされる帝国大学総長任命権問題について頁を割いて述べていくことにする。同僚であり文学部から総長に送り出した濱田耕作への想いとともに、空白なく総長選任を行ないたいと考えていた小島の努力の跡がうかがわれると思う。

第五章は京大教授退官後の小島の帰郷のことである。農本への志向という小島が心の底に握りしめて生涯離さなかったものは何であったかということを考えてみたい。そしてそれはそのまま帰郷後高知での小島の暮らしにつながることであり、高知での小島の文化活動にも反映してくることがらである。ここでは小島の帰郷と戦争前の小島の暮らしを描いてみたいと思う。

第六章は戦後の高知での小島のことを述べる。戦後すぐに正壽夫人や父茂太郎を亡くし、また娘婿の鈴木成高が教職不適格者の判定を受けるなど、小島にとっては苦難の戦後となった。また一方で小島の周辺では、文部大臣就任や県知事の候補へと取りざたされたりもするのだが、小島は変わらず「晴耕雨読の百姓暮らし」を持続する。晴耕雨読とは言っても弘岡上ノ村の地に籠っていたというわけではなく、高知での文化行事などには労を厭わず参加し郷里の画家や学徒の支援には惜しまず名を連ね、講演や新聞記事などの執筆も怠らなかった。これら戦後の小島の事績についてはこれまであまり触れられることがなかったが、ここでは、高知帰郷後の小島の、いわば郷里高知での地域に根ざした文化活動について、『高知新聞』の記事や、小島文庫の膨大なメモ類を検討することにより、これまで知られていなかった小島の活動のさまを明らかにしてみたいと思う。

最終章は小島の最晩年である。桑原武夫が企画した対談集や、ついにはそれも未完に終わってしまい死去に至るまでをたどる。こうした構成で、高知から熊本、京都、そして高知へと帰郷した小島の生涯について検討してみたいと考えている。

なお末尾に補論として、狩野直喜はじめ内藤虎次郎や桑原隲蔵《じつぞう》といった草創期京大東洋学の礎を築いた人物、さらには小川琢治や濱田耕作の事績について、「黒谷・法然院に眠る東洋学者たち」と題したものを置いた。狩野直喜は京都黒谷金戒光明寺《こんかいこうみょうじ》に墓所があり、この黒谷には桑原隲蔵や、ある時期文科大学の教授をつとめた小川琢治の墓所もある。また東山の麓の法然院には、内藤虎次郎と濱田耕作がならんで眠っており、小島と親しく交友した経済学者の河上肇もここに墓所がある。こうしたことから、ここではおもにかれらの蔵書の集積や墓所にまつわるエピソードなどをまじえながら論述する。

これまで筆者は幾度となくこの黒谷や法然院の墓所に詣でた。そんな墓碑を前にするといつも不思議な感覚を持つ。かれらはともに、今から時代を隔てたいわば歴史上の学者なのではあるが、墓所に詣でると時に近しい存在として感じることがあり、また時には対象的客観的な存在として大きく遠ざかったりする。また眼前の墓碑をめぐるさまざまなエピソードなどを思い浮かべてみたりすると、この不思議な感情が再び湧き起こって来るのである。それは、〈場所〉というものが本来持っているそんな力にも起因しているのかもしれない。こうして墓所に詣でた時に感じた感覚により力を得て書き進めることができる、そんな心持ちにもなる。

黒谷や法然院に眠る狩野らとは別に、小島は自邸の裏山で眠っている。京都帝国大学退官後に帰郷し、高知の文化運動に力を尽し高知で亡くなりそこに葬られたのである。帰郷した小島に対しては、「天下の大学者を田舎の片隅にくすぶらしておく法はない」と、幾度かにわたって多くの人たちがさまざまな局面で小島の出馬の工作も行なってきた。しかしながら小島は決してそれに乗ろうとはしなかった。京都一中の嘱託講師時代のことだが、河上肇とのやり取りで、小島は一中の嘱託講師であったみずからを「抱関撃柝《ほうかんげきたく》」、つまり門番や夜回りなど低い役職の人と呼んだことがあったとされている。小島に言わせてみれば、京都一中の非常勤の仕事だけが「抱関撃柝」であったわけではなく、帝大教授も、文部大臣も、県知事も、みなひとしく「抱関撃柝」であったということなのだろう。小島はまさにそのような生涯を送り、高知の自宅の裏山に眠っているのである。本書では、このようにして生きていった小島祐馬の姿を追ってみたいと考えている。

第一章　小島祐馬の学んだ草創期京都帝国大学文科大学

小島の恩師 狩野直喜のこと

小島は京都帝国大学法科大学を卒業後に文科大学に入学することになるが、その恩師は狩野直喜であった。狩野は明治三九（一九〇六）年文科大学があらたに設置されると教授に就任し、内藤虎次郎らと草創期の京大東洋学の基礎を築き、研究活動を展開していった。ここでは小島がどのような学風のなかで学んでいったかを理解するためにも、まずこの草創期の文科大学の活動を、主に狩野の事績を追いながら述べていきたいと思う。

狩野直喜は明治元年に熊本で生まれた。号は、君山また半農人で、明治元年生まれであることから「戊辰年生」の印を愛用したともいう。文字通り明治時代以降の近代日本の抱えた問題を背に担いながら時代を生きてきたことになる（高田時雄「狩野直喜」）。

狩野は明治一七（一八八四）年に熊本の済々黌《せいせいこう》を卒業した。この済々黌は狩野が入学した当時は同心学舎といい、それは藩校である時習館の儒教的伝統を引き、皇室中心の考えをおびた私立学校で、ここでは中国語や朝鮮語の授業もなされていた。この済々黌を卒業した東洋学者には、『支那文学史』を書いた東洋大学教授古城貞吉や、東京帝国大学教授で中国哲学史の宇野哲人、それに満洲の地に設立された満鉄の社員の間でその学識が高く評価されて慕われた松崎鶴雄らがいる。古城と狩野とは七、八歳頃からの友人で狩野とは一年遅れて一高に入学している（古城貞吉「狩野博士と私」）。その後古城は病気で一高を中退したのだが、独学で支那文学・経学を学び、日報社に入社して同社が発刊する東京日日新聞の記者として明治三二（一八九九）年に北京に派遣された。ところが翌年義和団事件に遭遇することになり北京籠城を余儀なくされることとなった。ここで北京に留学していた狩野と邂逅し生死を共にしたのである。古城は昭和四年に東方文化事業の流れのなかで設立された東方文化学院の創設時、東京研究所側の評議員を務めた。宇野哲人もこの東方文化学院理事で東京研究所側の評議員、昭和二〇年六月には第三代の東方文化学院院長となった人物である。もうひとりの松崎は明治四一年、大阪朝日新聞記者であった天囚西村時彦と漢詩を競った縁で大阪朝日に入社し、西村はじめ狩野直喜や内藤虎次郎、鳥居素川らとも交友した。翌年通信員を兼ねて中国に留学、のち大正九（一九二〇）年には満鉄に招かれ渡満し大連図書館嘱託として大谷文庫の明清小説類などを整理し漢籍蒐集に尽力した（杉村勇造「柔父先生略伝」）。

さて、狩野は済々黌を卒業後、東京に出て第一高等中学校、東京帝国大学文科大学漢学科と進み大学院に進学する。漢学科の同期には藤田豊八、少し遅れて後に京都帝国大学文科大学の同僚となる桑原隲蔵や高瀬武次郎、鈴木虎雄らがいる。芝正則尋常中学校で漢文・地理・歴史を教え、大学院修了後には東京外国語学校で漢文を教えたりした。明治三二年一〇月には漢学研究の文部省留学生として三ヶ年の清国留学の辞令を受け、翌年四月に北京へと向かった。ここで義和団事件に遭遇することとなるのだが、この時東京帝国大学助教授だった服部宇之吉もまた文部省の留学生としてすでに北京に滞在しており、そこで狩野と出会うことになる。服部はのちに東方文化学院の理事長・東京研究所所長（主任）に就任する人物で、東京・京都の両研究所の長を務めることとなる二人が北京の地で体験を同じくするわけである。

義和団事件と狩野の北京籠城

狩野が北京に留学したその年の六月に義和団事件が勃発する。扶清滅洋のスローガンのもと義和団による教会焼き討ちやキリスト教徒殺害が相次ぎ、狩野は先に北京に来ていた服部宇之吉や済々黌で同窓の古城貞吉らとともに北京公使館に立て籠もることになってしまった。服部「北京籠城日記」によれば、事件勃発前の初夏のある日、服部は狩野と古城とつれだって書物を求めて瑠璃廠に行きその帰りに食堂で食事をしていたところ、中国人二人が店に入ってきて服部らのテーブルに近づき拳を握りしめて、我らはこの拳で堅きを破り強きをくじく、天下何物も怖るべきものなし、と勢いを誇示して去ったのだという。在留の外国人に対する反対感情が高じての出来事であった。事件勃発後の六月八日には、在留外国人会議が開催されて連合側が義勇隊を組織することになった。ただ日本側は水兵の人数が少なく、日本人だけで義勇隊を組織することになり、義勇隊の隊長には在留陸軍歩兵大尉安藤辰五郎が推されて指揮に当たった（服部宇之吉

「北京籠城回顧録」)。この日記には「隊員」の名前が載っているのだが、そこには「文部省留学生、東京帝国大学文科大学助教授、文学士 服部宇之吉」、「文部省留学生、文学士 狩野直喜」さらに「東京日々新聞社特派員 古城貞吉」や、内藤虎次郎の友人「正金銀行員、予備陸軍三等軍吏、法学士 小貫慶治」も名があり、合計三三名の日本人義勇隊員が挙げられている。また外国人では、フランス領事館にはポール・ペリオが籠城し、タイムズ記者のジョージ・エルンスト・モリソンもこの義和団事件に巻き込まれたのであった。ペリオは東洋学者で探検家、敦煌の莫高窟の文書を北京で展観した人物である。モリソンは、その文庫を岩崎久弥が買い取って東洋文庫の基礎となったモリソン文庫の収集者である。

服部は籠城当初、月光が澄み渡ったある夜に一時間ばかりひとりで公使館正門の守備にあたったことがあった。そのときのこと、服部は自分の身上を思い侘び家族を想起して、「また生きてふたたび月の円《まどか》なるを見るを得べきかなど思えば、涙の自ら下るを禁ずること能わず」と感じたと述べているが(服部「北京籠城日記」のまえがき)、狩野とて北京留学を前にして田屋鶴と結婚しており、思いは服部と同じであったことであろう。

事態は悪化し六月二三日になりついに翰林院にも火が放たれた。翰林院は、中国王朝で書物の編纂や詔勅の起草などを受け持った部署である。服部ら義勇隊の一部は火の放たれた翰林院に突入して、火が広がるのを防ぐために書物を池に投入しての防火活動を英国水兵らと行なった。その作業のおりに服部は、函に入れられることなく書架の上に積んであった『永楽大典』を目にした。習い性というのか服部はこの明時代に編纂された類書をとっさに数冊確認してみた。すると「冊の秩序」は正しくないことがわかったが、池に投入するには惜しいと思い、「せめて見本として数冊にても世に残しおかばや」と思い三冊ほど抱えて、女性の避難している場所に持って行ってそれを預けた。そして狩野と古城を探しこの事情を説明して『永楽大典』のあった場所に案内し、さらにはモリソンにも声をかけてその書架に戻り、おのおの若干冊を携行して出てきたのだという。そして翌日になり楢原陳政公使館二等書記官にこの次第を報告したところ、英国公使からは、翰林院の書籍は後日支那政府に返すことになるので携出したものは全部差し出すようにと言われ、それぞれすべてを差し出したのであった。服部は後の明治三五（一九〇二）年に再び北京に出向く機会があり、翰林院に照会してこの『永楽大典』を見てみると、明代の副本であった一万一千冊ほどのうちわずか二百冊ほどだけが残っていたのみであったという（服部「北京籠城回顧録」）。書物が燃やされまた遺されることになるのだという次第がよくうかがわれる回想であると思う。義和団事件のさなか、生死のわからぬ状況の戦火のなかにあって共に籠城し、たまたま翰林院での書物の保全と消失の経緯を体験した服部と狩野が、のちに東西帝国大学の教授として奇しくもいくつかの文化活動を共にしていくことになる、そんな象徴的なでき事であった。

　この狩野の籠城体験はその学問に対する姿勢にも影を落としたようである。後年に京大教授で東洋史学の宮崎市定が大学を卒業したのち、志願兵で一年間兵役に出ることになったときのこと、狩野のところに挨拶に出向いた宮崎が、「一年後にはさぞ馬鹿になって帰ることでしょう」と口を滑らせて言うと狩野は、「それがいい。人間は馬鹿になるに限る」と答えた。宮崎はこの狩野の言葉は義和団事件のときの義勇兵の体験を語っているものと受け取り、狩野の歴史学に対する関心や理解もこの義和団事件の体験がもとになっているのではないかと回想する。狩野の若い時代の体験でもあり、こうした体験が後々まで大きな影響を与えたことがよくわかるのである。ちなみにこの宮崎が卒業する大正一四年三月の卒業論文口頭試問では、狩野が陪席で参加し、試問担当の教官は内藤虎次郎に桑原隲蔵、矢野仁一と羽田亨で、まことに「空前の豪華版」で「東洋史学講座の最も充実した黄金時代」の口頭試問であった。この試問は三〇分の予定が二時間近く続き、内藤には卒業論文に引用した白話文を読まされ、宮崎が読んでみると「うん、読める読める」とお褒めの言葉をもらった（宮崎市定「歴史家としての狩野博士」、「内藤史学の真価」）。当時の京大東洋学の、厳しいながらも教員と学生との、いわば無用な敷居を感じさせない良い雰囲気が感じられる回想であろう。

狩野直喜と内藤虎次郎との出会い

もう一度時代を戻す。この義和団事件も明治三三（一九〇〇）年八月一四日には連合国の援軍が到着し、狩野・服部が参加した義勇隊はその任を解かれて解散した。そして文部省の帰朝命令が出て狩野は帰国する。同年一一月には京都帝国大学法科大学講師を嘱託されて当面は図書館の仕事を手伝うこととなり、住居を上京区上ノ切通下ル新烏丸頭に定めて留学前に結婚していた鶴を迎えた。

義和団事件で留学が頓挫した狩野は翌明治三四年八月にあらためて上海に留学する。そこで狩野は、当時羅振玉が設立した東文学社で教育に携わっていた帝大時代同窓の藤田豊八と会い、羅振玉と知り合うことになる。羅振玉は考証学や金石学など幅広い研究範囲を持つ碩学で、廃棄されそうになった清朝の行政文書（档案）を買い戻して保全したことでも知られる。清朝崩壊の後に日本に亡命し、京都の地で内藤や狩野をはじめ数多くの東洋学者らと交友を深めた。

この上海留学の時に狩野は藤田から、頭脳明晰で日本文もよく読み英語も達者でかつ西洋哲学に興味を示す優秀な学生が東文学社の教え子にいると聞かされた。藤田は口を極めて彼を推賞したのだが、それがその後に羅振玉とともに日本に亡命することとなった羅振玉の女婿王国維のことだった（狩野直喜「王静安君を憶ふ」）。そしてこの留学のおりに狩野は、当時大阪朝日新聞の記者をしていた内藤虎次郎と親しくなるのである。

内藤はこの時より少し前、大阪朝日新聞社を一度目に退社したあと、万朝報の記者時代の明治三二（一八九九）年九月に中国に渡っている。その時に生まれ年を同じくする羅振玉と上海で初めて会って金石文や書について筆談で語り合ったりした（内藤虎次郎「最後の筆談。時務。金石。帰路の驚聞」）。そして大阪朝日新聞に再入社した明治三五（一九〇二）年一〇月には社より派遣されて満洲を視察し、その後上海に入って一一月に羅振玉らと再会して旧交をあたためた。この時内藤は、清朝時代に編纂された一大叢書である四庫全書収蔵のひとつである杭州の文瀾閣や、蔵書家丁氏の八千巻楼などをみて回ったのだが、羅振玉から寧波の蔵書家范氏の天一閣や盧氏抱経楼が現存しているという話を聞かされ、上海に留学していた狩野を誘い寧波に出向くこととなったのであった。しかしながら寧波に到着したものの、管書人が不在であったことから閲覧は謝絶され、狩野はここから上海に引き返している（内藤虎次郎「游清雑信」）。

この訪書の時のことを狩野は、内藤とは「その一週間の旅行で非常に親しく」なったと回想している。またおなじくこの回想によれば、狩野が内藤の名を知ったのは、その著作『近世文学史論』が新刊として神田の書店に並んでいるのをみた明治二三（一八九〇）年頃であったといい、会いたかったのだが機会がなく、初めて面談したのは、明治三四（一九〇一）年四月に内藤が京都帝国大学附属図書館を訪問した時に法科大学の教授室でのことであったと述べる（内藤虎次郎「京都大学図書館一覧記」、狩野直喜「内藤君を偲んで」）。こうして狩野は内藤と旧知の間柄となり、この経歴をまことに異にする二人は期せずして文科大学の同僚となり草創期文科大学の東洋学の基礎を築いていくことになる。そしてまたともに、文物・資料を通じて羅振玉とも相親しい関係になったのである。ある時狩野は日本の実業家と南京に両江総督張之洞を訪ねたことがあるが、張之洞は狩野の読書人たるを聞いて、正規の客人であるはずの実業家には一顧だにせず狩野とばかり歓談したといわれる。狩野が中国の士大夫に風雅を抱き、終生中国のよき友人として生きたのはこのときの感銘が大きかったのではないかと宮﨑市定は回想している（宮﨑市定「狩野君山先生を悼む」)。

さて狩野は明治三六(一九〇三)年四月に帰朝したのだが、その四日後に鶴夫人を亡くした。そして一〇月には台湾総督府の旧慣調査会の事務を嘱託され、法科大学教授織田萬の補助となり清国行政法編纂の仕事に従事している。織田は明治三九年六月に台湾旧慣調査会委員になったのだが、この八月に狩野は織田と岡松参太郎ともども清国・韓国に調査へ出て研究を深めた(「織田萬年譜・著作目録」)。

明治三七(一九〇四)年、狩野は池邊松と結婚して、第三高等学校東の吉田中大路に転居した。三八年には京都法政専門学校(現立命館大学)附設の東方語学校で講義も行なっている。それは織田が明治三三年六月に京都法政専門学校講師に就任していて、教学面は織田が責任を持っていたことによる。この法政専門学校には当時法科大学学生であった小島祐馬が通っており狩野の授業を受けている。そして小島はこの狩野の影響を大きく受けることになるのだが、そのことについては第二章で述べる。なお織田は鶴陰と号して漢詩をよくし、医科大学教授で後に総長に就く鳳岡荒木寅三郎と君山狩野直喜ともに三人をもって鼎足をなしていたといわれるほどの名手であった(神田喜一郎「京都大学の漢詩作家」)。

敦煌学の展開

明治三九(一九〇六)年六月になり、京都帝国大学に文科大学がようやく開設となる。開設に先立ち狩野は、四月にその準備のための創設委員に就任、七月には教授に就任した。中国への留学が文科大学教授就任の含みであったわけでこれは既定の路線であった。この文科大学開設の委員はほかに、第一高等学校校長狩野亨吉《かのうこうきち》、京都帝国大学理工学科大学講師谷本富《とめり》、東京帝国大学文科大学講師松本文三郎、第一高等学校教授桑木厳翼の五名である（『京都大学文学部五十年史』）。文科大学が創設になると狩野亨吉は初代文科大学長に、狩野直喜は教授として支那哲学史を担当した。上海で狩野と出会った内藤虎次郎も明治四〇（一九〇七）年一〇月には文科大学に招聘されて講師となり、翌々年に教授となって東洋史第一講座を担任した。また四二年四月には文部省留学生として清国から帰国した桑原隲蔵も招聘されて東洋史学第二講座を担当し、講座ごとに富岡謙蔵・羽田亨が講師に就任して陣容を整えていった。

京都帝国大学文科大学の東洋学はそれぞれに哲学・歴史学・文学と密接に関連付けられて研究が展開され、当時の支那哲学・支那文学・東洋史学とがあわさって、京大東洋学の文運は隆盛に向かう。これらは明治四〇年一〇月にはまとまって支那学会を発足させ、研究室もひとつにして和漢洋の資料や標本類も一カ所に所蔵し利用された。

おりしもこの時期、中国甘粛省の敦煌では莫高窟から仏典や古文書、書画が発見され、それらを研究するいわゆる敦煌学が盛んになっていく。明治三九（一九〇六）年には敦煌付近の遺跡でイギリスのオーレル・スタインが木簡などを発見、さらに明治四一（一九〇八）年にフランス人ポール・ペリオが敦煌莫高窟を調査し、多数の古写本や書画を手に入れている。翌四二年に再び敦煌にやってきたペリオはさらに資料を手に入れて北京に入った。北京入りしたペリオの歓迎会が九月四日に北京読書人の主催ということで北京のグランドホテルで開催されている。

この歓迎会ではペリオが手に入れた資料の一部が展観された。羅振玉は病気のため歓迎会には参加できなかったが宝熙・柯劭忞は参加している。資料をもって北京に来たペリオは、先に述べたように、北京で狩野らと同様に義和団事件に巻き込まれてフランス領事館において立て籠もった人物であった。柯劭忞は、この義和団事件の賠償金をもって実施されることとなった対支文化事業、のちに東方文化事業といわれるが、この事業の総委員会委員長となった。対支文化事業調査会では服部宇之吉と狩野直喜も委員に就いている。その共同事業は昭和三年の済南事件で頓挫し、日本国内に東方文化学院の東西研究所が置かれることになったが、服部と狩野はその所長に就任している。宝熙は、少しのちになるが昭和八年に設置されて満洲国の文化事業を担った満日文化協会の副会長に就いた。羅振玉はこの満日文化協会の運営に大きな発言権を持つ常任理事に就任した。この協会は日本側からは日満文化協会とよばれたが、この羅振玉とあい対するかたちで日本側の常任理事に就いたのは内藤虎次郎であった。内藤は病躯を押してこの任にあたり、旧知ながらも強硬な意見を発する羅振玉とよく渡り合ったのであった。内藤は翌昭和九年六月に亡くなっている。

このようにみてみると、義和団事件という歴史の荒波の中で体験を共にした人たちが、今度は敦煌の文書に突き動かされるようにして再び出会い、東方文化事業や東方文化学院、さらには日満（満日）文化協会の活動など、いくつかの文化事業の中で顔を合わせて活動を展開していくことになった経緯がよくわかるのである。

このペリオの持ち来った敦煌古文書は、北京で古書店を開いていた文求堂主人田中慶太郎が北京のペリオの滞在先を訪ねて、手元に置いてあった数十点を見せてもらっている。ペリオは、田中の名前と職業についてはすでに友人を通じてすでに知っていた。そんなことから田中はこの古文書を見ることができたのである。田中は『燕塵』（二巻一一号 明治四二年）に「求堂生」の名で「敦煌石室中の典籍」を発表したが、ここにはすでに羅振玉が閲覧して作成した「敦煌石室書目及発見之原始」も紹介されていた。田中は記事にする前に内藤に書目を送っており、また日本へも羅振玉から敦煌古書の報告とともに写真が送られてきていた（神田喜一郎「狩野先生と敦煌古書」）。内藤らのこうした各地域に張られた広範な交友関係もまた、京都での東洋学の広がりに大きく貢献したのである。

これらの写真などはさっそく岡崎の京都府立図書館で開催された史学研究会大会において展観されている。明治四二年一一月二八日、二九日のことである。府立図書館は同年四月に武田五一の設計で開館したばかりの図書館であった。

その後にペリオや彼に先立ちスタインにより発見された文書は英仏両国に持ち帰られたわけだが、それ以外の蔵経洞に残された資料は清国政府により調査がなされ、すべての資料は北京に運ばれてきていた。こうした動きのなかで文科大学では、明治四三（一九一〇）年九月資料を調査するために狩野直喜・内藤虎次郎・小川琢治・富岡謙蔵・濱田耕作の五名を北京に派遣することとした。この調査旅行への餞別に豹軒鈴木虎雄が漢詩七律一首を作って贈り、狩野・内藤がそれに答えて漢詩を返している。いずれも漢詩の名手である。この中国行きのおりに狩野は、北京の京師大学堂農科大学長羅振玉のもとで働いていた王国維とようやく会うことができた。そしてともに元朝の雑劇について深く語り合ったのである。当時大阪朝日新聞社は南極点の探検を計画していたことから、同行の地理学者小川琢治は、面談する中国人に対して南極・北極問題を議論し、一方の狩野はと言えば、王国維と戯曲の南曲・北曲を論じていたことから、この一行の間では南北極と南北曲の話題ばかりだと笑い話になった（神田喜一郎『敦煌学五十年』）。

一行は北京に二ヶ月にわたり滞在して調査に当たった。しかしながらこの時北京に運ばれてきていた資料は仏典が主であり、調査は「何れかと言えば稍失望の結果」となった（内藤虎次郎「清国派遣教授学術視察報告」）。ただ狩野にとってみれば、この旅の過程で王国維と出会い、元時代の戯曲などを論じ合ったりしたことが意義深かったのであった（栄新江「狩野直喜と王国維」）。この調査については、「清国派遣員報告展覧会」と題して明治四四（一九一一）年二月一一日、一二日の両日、京都帝国大学文科大学第八番教室で展覧会が開催され、さらに報告演説会が法科大学第一番教室で開催されているが、ここで狩野も演壇に立って報告を行なっている（神田「狩野先生と敦煌古書」）。

〈コラム〉府立図書館での敦煌文書の展示

京都府立図書館で開催された史学研究会大会の初日二八日には展示の説明が行なわれた。この説明会に参加したのは、小川琢治（如舟、黒谷に墓所）、内藤虎次郎（湖南、法然院に墓所）、富岡謙蔵（桃華、大雲院に墓所）、濱田耕作（青陵、法然院に墓所）、羽田亨（西陣の興聖寺に墓所）、狩野直喜（君山、黒谷に墓所）、桑原隲蔵（北州、黒谷に墓所）らであった。展示室には、写本や彫刻、絵画の写真、また参考資料や拓本も陳列された。一一月一二日に掲載された大阪朝日「敦煌石室の発見物」の記事の効果もあってこの会は盛況であった。この様子は明治四二年一一月二九日の『京都日出新聞』に「史学会秋季大会」と題されて報告された。その関連箇所は次のとおりである。

　尚ほ同会にて楼蘭、羅布泊に関する古書画并に敦煌発掘古書類を陳列し一般聴講者の閲覧に供せしが総説及地理に就ては小川理学博士、西州志残巻及唐太宗温泉銘に就ては内藤文科大学教授、尚書顧命、尊勝野《ママ》羅尼、金剛経、化度寺碑に就ては富岡氏、壁画彫刻は濱田耕作氏、摩尼経残巻は羽田亨氏、老子化胡経は狩野博士、景教三威蒙度讃は桑原博士、何れも丁寧に説明の労を取り一同に多大の興味を与へ午後四時過ぎ散会せり。

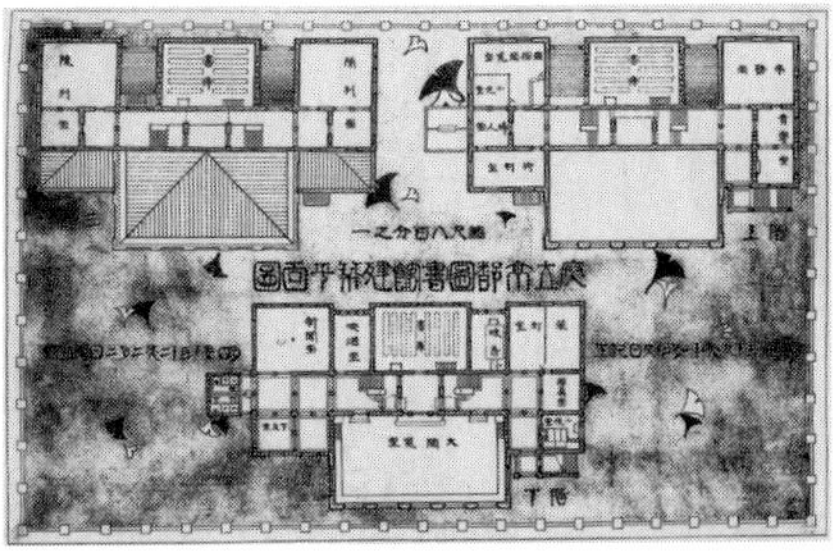

府立京都図書館建築平面図（『京都府立京都図書館一覧』明治42年、京都府立図書館蔵）

〈コラム〉スタイン、ペリオの京都来訪

スタイン、ペリオはともに来日して京都の地も訪れている。

スタインは昭和五（一九三〇）年四月に京都帝国大学を訪れ、文学部陳列館に仮住まい中だった東方文化学院京都研究所も訪問した。

またペリオも昭和一〇（一九三五）年六月二〇日に京都の地を訪れ、山科九条山の日仏学館館長マルシャン邸に滞在、東方文化学院京都研究所、住友別邸や富岡鉄斎翁邸さらに藤井・守屋・内藤・山中らの蒐集品を見学している。この藤井は先の研究所地域の宅地開発をした藤井善助、守屋は銅鏡の収集家の弁護士守屋孝蔵、山中は山中商会の山中定次郎であろう。

ペリオは二二日には京大を訪問し、三時から文学部陳列館貴賓室で開催される歓迎茶話会に臨み、狩野直喜および、満洲国立奉天博物館の開館式をかねた日満文化協会第二回総会より帰朝した羽田亨らと歓談をしている。その後、前年の昭和九（一九三四）年六月に死去した内藤虎次郎の一周忌の法要にも参加した（『京都日出新聞』昭和一〇年六月二三日、梶浦晉「大正・昭和前期の京都における敦煌学」）。

ペリオが来洛の折に泊まった山科九条山の日仏学館は昭和一一年五月に京都帝国大学西の東一条に移転する。この事業を円滑に運営するために改善委員・科学委員・文学委員・美術委員・音楽委員といった各種委員会が設けられ、京都帝国大学の教授たちもその構成員となった。本書に登場する学者では、濱田耕作が改善委員、小島祐馬や羽田亨、織田萬が改善委員と文学委員の兼任、狩野直喜も文学委員に就いている（宮本ヱイ子『京都ふらんす事始め』）。いずれもフランスに留学したりフランスなど海外の東洋学文献に通暁していた学者たちである。

羅振玉の京都在住

明治四四（一九一一）年になり、辛亥革命の勃発によって清国が倒れた。羅振玉はここまで述べてきたように内藤や狩野とは旧知の間柄で、敦煌文書など情報のやり取りもしてきたわけであるが、この羅振玉が女婿王国維ら家族親族ともども書物・文物を携えて亡命来日することになる。当初そのように勧めたのは大谷探検隊で名高い浄土真宗本願寺派第二二世法主大谷光瑞で、本願寺北京別院の僧を使いに立てて羅振玉に六甲の別荘二楽荘に住むようにと申し出た。羅振玉は光瑞と面識がなくその勧めにためらいを示したが、結果的に羅振玉が京都に向かう決心をしたのは、旧友である内藤や狩野、富岡謙蔵らから誘いがあったこと、その誘いについて北京の藤田豊八に相談して決意をしたという次第であった。また辛亥革命ののち、羅振玉や王国維は中国の学術発展のために羅振玉所蔵の資料文物の保存・保全を望んでいて、狩野や内藤らが京都帝国大学附属図書館に一時保管することを勧めたことも来日の大きな要因となった（修斌 陳琳琳「王国維と狩野直喜・内藤湖南」）。来日は羅振玉や王国維、劉季纓ら総勢二〇人余となった。一行は大量の資料とともに京都田中村（田中飛鳥井町）の仮住まいに到着した。その後王国維一家は百万遍へ、さらに吉田町神楽岡に転居、羅振玉一家も浄土寺町に移って大雲書庫と宸翰楼を併設した永慕園を建てた（白須浄眞「大谷光瑞と羅振玉」）。

こうして羅振玉らを迎え、京都の地では期せずして学問的交流が展開され東洋学の発展に大きく貢献することとなった。羅振玉の本領である金石学や甲骨学の進展、そして書画の収集やわが国コレクションの形成にも大きな役割を果たしたのである。たとえば住友家一五代当主春翠住友純《ともいと》による青銅器蒐集や朝日新聞社主上野理一の中国画コレクションは、内藤虎次郎の助力もあり羅振玉の眼を通して収蔵されたものもある。藤井善助主宰有鄰館の中国美術の蒐集も内藤や長尾雨山、そして羅振玉の力が大きく与った（梶浦「大正・昭和前期の京都における敦煌学」）。狩野は王国維とも頻繁に交流し、明治四五（一九一二）年の狩野の欧州留学にあたっては王国維が送別の詩文「送狩野博士奉使欧洲長句」を贈り、大正五（一九一六）年二月の王国維離日にあたっては狩野が駅頭まで見送ったりする間柄となった。それ以後も二人は手紙のやり取りをし、戯曲や敦煌学の面で研究を高め合ったのであった（修斌　陳琳琳「王国維と狩野直喜・内藤湖南」、狩野「王静安を憶ふ」）。

この羅振玉が帰国したのは大正八（一九一九）年のことであったから羅振玉は八年あまり日本に滞在したことになる。帰国にあたっての送別会が六月二一日に円山公園左阿弥で開催され記念撮影もなされた。ここには、狩野直喜・内藤虎次郎・小川琢治・桑原隲蔵・濱田耕作・鈴木虎雄らのほかに、富岡鉄斎・長尾雨山・西村時彦、さらに犬養毅・上野理一ら各界の錚々たる人物が写っている。その交友の広範さがよく知れるところである。この写真にはまた彙文堂店主大島友道も写っている。この大島は下御霊神社前の中国書専門の店主で、店の屋根に内藤の書した「彙文堂書荘」の扁額を掲げていた（脇村義太郎『東西書肆街考』）。大島の彙文堂は富岡鉄斎らも頻繁に利用した店で、書物に繋がる人脈を大事に培ってきた書店であった。この鉄斎も、羅振玉帰国に際して「永く記念の為に」と、扇面額「羅振玉東山学舎図」を描いて贈っており、文化的交友の厚みを感じさせてくれる（『富岡鉄斎』）。

このようにして、義和団事件や辛亥革命といった歴史の大事件を伏流として持ちながら、敦煌学をはじめさまざまな学問的な交流が展開され、東洋学も大きく進展した。そしてまた各種の文物や典籍など京都におけるコレクションも充実したものとなったのであった。

懐徳堂を支援

大正五（一九一六）年一〇月には大阪で懐徳堂が再建され一五日に開講式が開催された。狩野はこの再建以降の懐徳堂顧問を務めてその充実化に貢献した人物でもあることから、ここで懐徳堂について述べておく。懐徳堂は享保九（一七二四）年に大阪の地で富裕な商人たちによって設立された学問所である。その後徳川吉宗に公認され官許の学問所となった。それが明治の世になり廃校となっていたのだが、明治四二（一九〇九）年九月四日に中之島の大阪府立図書館において大阪人文会が発会し、翌四三年一月二九日の第二回例会で西村時彦会員が「懐徳堂研究の（一）五井蘭州」を報告した。そのなかで西村が懐徳堂記念会の設立を提案したのであった。この提唱を契機として懐徳堂再興に大きく動き出すことになる（多治比郁夫「大阪人文会覚書」）。そしてさらに江戸時代において懐徳堂経営に尽力した先人の公祭の実施も検討された。

同年九月二七日には大阪府立図書館において発起人会が持たれ会則を定めて懐徳堂記念会が発

足し学術講演会も開催されている。明治四四（一九一一）年一〇月五日には大阪市公会堂において儒教の作法に従って祭典が挙行された。大阪朝日新聞は当日午後から行なわれた舞楽の写真を掲げて大きく報道している（「懐徳堂記念大祭」一〇月六日）。この記事によれば、当日階上の貴賓席には三宅雪嶺と花圃夫妻、星野恒夫妻、市村瓚次郎、狩野直喜、内藤虎次郎らの顔も見えたとある。一〇月六日にはおなじく公会堂において講演会が開催され、京都帝国大学文科大学内田銀蔵「日本近世の文化に就て」、東京帝国大学文科大学星野恒「竹山先生の学問文章と尊王」、杉浦重剛「草茅危言」、狩野直喜「履軒先生の経学」といった講演がもたれ、千人の聴衆を集めて午後一〇時二〇分に散会した。引き続き七日には、市村瓚次郎「儒教と社会政策」、藤沢南岳「三教の弁」、内藤虎次郎「履軒学の影響」、三宅雪嶺「懐徳堂の感化圏」、最後に京都帝国大学総長菊池大麓「教育の目的」と五本の講演会が開催されるという豪華なものであった（『大阪朝日新聞』一〇月七日、八日）。

懐徳堂記念会は大正二（一九一三）年八月に財団法人組織となった。そして大正五（一九一六）年九月には東区内本町橋詰町の府立大阪博物場の一隅に懐徳堂が竣工し、一〇月一五日午前九時三〇分から開講式が開催された。この式には内藤・萩野・藤代三博士も来会し、午後一時からは西村時彦「懐徳堂の由来と将来」、東京帝国大学文科大学教授萩野由之「文化史上に於ける懐徳堂の効績《ママ》」、京都帝国大学総長荒木寅三郎「懐徳堂の開堂を賀す」の三本の記念講演会も持たれた（「懐徳堂開堂式」一〇月一五日、「懐徳堂講演会」一六日）。翌月の一一月一四日には「京都帝国大学文学部教授を招聘し」定期学術講演会第一回とし、これより毎月二回開催されることとなった（「懐徳堂の沿革」）。

この京都帝国大学文科大学からの講師招聘に関しては、西村時彦の先の講演「懐徳堂の由来と将来」をもとにして『懐徳』二号に「碩園先生追悼録」として収載された報告文のなかでその経緯が語られる。それによれば、大正五年一〇月の開堂式を前にして西村は、定期的な講演会継続のための講師派遣を京都帝国大学総長や文科大学長に依頼し、その結果多くの人士を招くことが可能となったとある。例えば経学では狩野直喜、史学では桑原隲蔵・三浦周行・内藤虎次郎、また哲学の高瀬武次郎、経済学に内田銀蔵といった錚々たる顔ぶれで、月に二度の出講となった。この件については懐徳堂教授松山直蔵の「教務報告」においても、大正五年九月に本堂ができて一一月から「定期学術講演会」が持たれたこと、当初は月二回であったが大正九年四月からはその回数が増やされて毎週一回となり、大正八年に文学部と改称された京都帝大文学部の教授が招聘されたことが述べられている（松山直蔵「懐徳堂記念式教務報告」）。

講演一覧をみると西村の言うように京都帝国大学文科大学および文学部の教授・助教授が大動員されて、継続的に講演が持たれたことがよくわかる。西村の力量に負うところが大きかったのであろうが、京都大学側もそれに応じて惜しげなく力をそそいでいたわけである。またこの記事によれば大正一二年一二月六日の定例幹事会で名誉会員推戴の件が協議されて理事長永田仁助以下、理事西村時彦、顧問狩野直喜・内藤虎次郎ら一一名を名誉顧問として推戴している。

〈コラム〉文科大学・文学部教授の懐徳堂定期講演

定期講演のうち大正一三年時点で終えた題目および現行の題目は次のとおりであった（「定期講演目的並題目」『懐徳』創刊号 大正一三年七月）。

狩野直喜「孟子概説」（一三講）
三浦周行「国史新話」（一三講）
高瀬武次郎「老子評論」（一〇講）
桑原隲蔵「支那通説」（八講）
内田銀蔵「近世の日本」（一一講）
内藤虎次郎「支那に於ける史の起源」（一〇講）
藤井健治郎「カントの倫理学」（一四講）
坂口昂「現代に映じる西洋古代文明の片影」（六講）
野上俊夫「青年の心理及其教育」（一四講）
三浦周行「国史上に於ける社会問題」（一六講）
朝永三十郎「カントの前と後」（一三講）
沢村専太郎「日本に於ける信仰と美術」（一六講）
今西龍「朝鮮の文化」（一三講）
松本文三郎「印度の文化と其潮流」（一三講）
矢野仁一「近世支那概説」（一五講）
高瀬武次郎「陵《ママ》（陸か？）象山の学説」（一〇講）
小川琢治「世界戦争の話」（九講）
内藤虎次郎「日本文化関係」（九講）
深田康算「西洋の芸術及芸術論」（一一講）
榊亮三郎「古代印度に於ける美術に就て」（一三講）
野上俊夫「道徳思想の発達」（一四講）
原勝郎「日本文化の過程」（一九講）
小西重直「現代教育思潮批判」（六講）
桑原隲蔵「支那史上の偉人」（六講）
狩野直喜「論語概説」（一〇講）
喜田貞吉「日本民族概説」（一三講）
吉澤義則「国字の話」（七講）

以下は現行講演題目

新村出「日本語の由来」
濱田耕作「有史以前の日本」

ここに詳しく懐徳堂の沿革を述べ記念講演会のことを記したが、それもこれまであまり触れられなかった狩野および文科大学の懐徳堂への関与を明らかにしておきたいと考えたからである。実は狩野は大正一三（一九二四）年七月に死去した天囚西村時彦への「追憶談」のなかで西村との出会いについて書いていて、懐徳堂発会式において講演を行なうこととなった経緯を記している（狩野直喜「追憶談」）。

この追悼文によると、狩野が西村時彦と初めて会ったのは上海に留学した明治三四（一九〇一）年秋のことであった。狩野が上海の宿に着いてから二、三日して宿の近くに住んでいた西村の来訪を受けたのだという。それまでに狩野と西村とは幾度か顔を合わせたことはあったが特段親しく話もしなかった。それが上海での西村の訪問以来大変親しくなった。ともに学問の話をする人が上海にはあまりいなかったからである。二人は親密さを深め、蘇州から杭州へと一週間ばかりの旅行をする仲になったのであった。その後それぞれに帰国し、大正四年には西村が大阪に景社を結成して石濱純太郎らと活動を展開し狩野や内藤もこれに参加した。この景社は翌年には、青木正児・小島祐馬・本田成之らにより創設された京都の麗澤社とも連合してともに漢詩・漢文を作り合った。そんななか、大正五（一九一六）年には鈴木虎雄教授の中国留学が決まった。鈴木の留学で文科大学の漢文学関係の教員が足らなくなることから狩野は西村に出講を依頼した。西村は大阪朝日の村山龍平社長に相談して了解をとり大正五年九月から特殊講義・作詞と作文・古文辞類纂の担当となったのであった。そんな前後のいきさつもあって明治四四（一九一一）年一〇月の祭典のあとの講演会に「履軒先生の経学」と題して狩野が講演を行なうこととなった。
この懐徳堂も大正一五（一九二六）年に創学二百年、重建一〇周年を迎え一一月に記念式典が開催されたのだが、式典で狩野は「聖諭廣訓に就いて」と題して一時間半の講演を行なった。この講演については要旨だけが『懐徳』五号に、服部宇之吉のものとならんで載っている。ところがその後に講演原稿が狩野の死去後十三回忌のおりにたまたま発見されて、その講演原稿は遺族の了解を得たうえで『懐徳』三〇号（昭和三四年一〇月）に遺稿として掲載された。掲載にあたっての付記には、狩野は記事掲載などに対してはたいへんに厳しく、当時講演の印刷などは許されなかった経緯が述べられているが、狩野死後十三回忌ということで遺族の了解をもらって掲載されたというわけである。ただその遺稿も途中で欠文となっていて全文というわけではない。
狩野はこのように懐徳堂の活動に大きく寄与したわけである。ここで『懐徳』に狩野が寄せている記事をまとめておくと次のとおりである。なおこれら『懐徳』の記事のほかに狩野は、昭和一四年に増補して復刻された先賢の印影収載の『懐徳堂印存』に題字を寄せてもいる。
「追憶談」、二号「碩園先生追悼号」大正一四年二月
「講演大意」、五号「懐徳堂二百周年・同重建十周年 祭典並記念式号」昭和二年二月
「松山教授追悼談」、六号「永田理事長・松山教授追悼録」昭和二年二月
「孝の話」（談）、九号 昭和二年一〇月
「内藤先生追憶談」、一二号 昭和九年一〇月

「所感」、臨時増刊号 昭和一六年五月
「聖諭廣訓に就いて」（大正一五年懐徳堂恒祭記念講演）、三〇号 昭和三四年一〇月

こうしてみると狩野の学識が、懐徳堂重建以降継続的に懐徳堂に対して還元されたことがよくみてとれる。そしてそれと同時に、内藤や桑原といった京都帝国大学文科大学草創期の京都東洋学の重鎮や、当時の教授らがこぞってこの懐徳堂での講義の講師陣として名を連ね、懐徳堂の発展に大きく貢献したこともよく理解できるのである。

東方文化事業

狩野や服部が籠城することになった義和団事件では、清国の西太后が義和団を支持して列強諸国に宣戦を布告したため、乱が鎮圧されたのちに清国は多大な賠償金を列強諸国に支払うこととなった。日本もその賠償金を手に入れ、それを基金にして中国に対する文化事業を展開していく。その法整備のために大正一二（一九二三）年三月、「対支文化事業特別会計法」が制定されている。ここで「対支文化事業」と銘打って行なうとされた事業は、中国での教育・学芸・衛生・救恤その他文化を助長する事業、また日本への留学生に対する教育事業などで、同年一二月には、この文化事業を審議する機関として「対支文化事業調査会」が設置された。会長は幣原喜重郎外務大臣、幹事長が出淵勝次対支文化事務局長で、委員に服部宇之吉・狩野直喜・入沢達吉・山崎直方らが名を連ねた。二三年前の義和団事件のときに、北京において「義勇隊員」として共

に籠城した狩野と服部が、奇しくもその事件において我が国が獲得した賠償金による文化事業の場面で再び顔を合わせることになる。

こうした事業を展開していくためにこれよりすこし前の七月、現地中国で各界の意見聴取がなされた。そこでは研究所や図書館など文化研究のための研究機関設置の要望が強く出され、こうした中国側の動向もあり、北京に図書館ならびに人文科学研究所、上海に自然科学研究所を設立することとなり、大正一四（一九二五）年五月に事業運営機関として日中共同文化事業総委員会（のち東方文化事業総委員会）の設置が定められた。この総委員会の日本側委員として服部宇之吉・狩野直喜をふくむ入沢達吉・瀬川浅之進ら七名が選出されている。

こうして対支文化事業の一環として北京に人文科学研究所が設置されることになるのだが、この事業の展開にあたって、狩野直喜はみずからの構想を持っておりその意見が表明されている。狩野はこの事業について、学問を政治外交上の手段に使うことを極力排除するという気魄に満ちた趣意書を小島祐馬に作成させ、また設置場所についてもすべての機関を一括して北京に置くべしと主張した。結果的に自然科学研究所が上海に置かれること以外は狩野の主張が採用されることとなる（小島祐馬「狩野先生の学風」）。

この時に作成された狩野の趣意書は裏打ちがほどこされて小島文庫に残されている。この文書には「一、支那ニ於ケル文化施設ハ両国間ノ直接利益ヲ全ク顧慮セザルコト／此ノ事業ニヨリテ支那ノ排日的感情ヲ除去スル等ノ目的ヲ基礎トシテ此事業ヲ創メザルコト」と書かれ、政治的に利用されることがないようにと強調されている。そのうえで、この事業が支那数千年来の文化を研究・保存し世界に紹介する目的をもっていること、この研究の主な研究領域として支那の儒学・宗教（仏道）・歴史・地理などが挙げられ、さらに古来の経籍について権威ある定本を作ることも目的に挙げられている。そして日本と中国に現存する古典の蒐集と出板（出版）も行ない、さらに従来閑却されてきた支那の学術研究に必要な字書索引なども編纂し、英独仏米諸国にならって時々の探検隊派遣を実施すること、などが列挙されている（松田清「小島祐馬旧蔵「対支文化事業」関係文書」、小島文庫資料目録303）。

この東方文化事業総委員会は大正一四（一九二五）年五月に創設されて日中共同の文化事業が開始されることとなった。その後狩野や服部も参加して北京や上海に設置される研究所についての協議がなされた。この時狩野は、人文科学の研究には研究資料の収集が必要であること、とりわけ図書の収集に経費と時間を割くべきであると説いた。そして第一の着手としては続修四庫全書提要の編纂を行なうべきだとの論を主張した。これに対して総委員会柯劭忞委員長も賛意を表してそれは採択されている。また当初には対支文化事業と呼ばれたこの事業を、東方文化事業と呼び改めることとなったのも狩野の提案によるものであった（『インタヴュー記録E　日中文化摩擦〔四〕　橋川時雄』）。

大正一五（一九二六）年七月には、東方文化事業総委員会章程が決定され、一一月には東方文化図書籌備処の章程も定められた。その後この図書籌備処章程は昭和二年一〇月の総会で改められ、図書籌備委員の改選が行なわれて狩野と湯中とが委員に選出された（小黒浩司「北京近代科学図書館の歴史Ⅰ」）。籌備委員というのは準備委員といった意味である。そして翌年一〇月には研究所および図書館の敷地として王府大街の黎元洪元大総統邸九千坪の購入がなされ、研究所の成立会も開催される。この北京人文科学研究所の総裁には柯劭忞が、そして副総裁に王樹枏と服部宇之吉、日本側の研究員に狩野直喜・安井小太郎・内藤虎次郎らが就任した。総裁の柯劭忞は、明治四二（一九〇九）年の敦煌古写本の展観会に参加した人物である。

このように出発した東方文化事業であったが、昭和三（一九二八）年に済南事件が起こり事態は大きく変化する。済南事件とは国民革命軍の北伐に対する田中義一内閣の山東再出兵から発展し済南城内を占拠して多数の死傷者を出すこととなった事件である。その結果この東方文化事業も、柯劭忞をふくめて中国側委員が総辞職して、日中の共同文化事業という形式の東方文化事業は立ち行かなくなってしまった。このようにして共同事業はついえたのだが、狩野が会議で提唱した四庫全書続修提要の編纂事業は瀬川浅之進・橋川時雄らにより終戦まで継続されて北京人文科学研究所の研究成果として残されることとなる。

〈コラム〉橋川時雄と狩野直喜

狩野直喜は古城貞吉と熊本の済々黌で同窓であったことから、古城と親しかった橋川の名前とその仕事は古城を通じてよく知っていた。初めて顔を合わせたのは、橋川が総委員会に勤務していた北京での会合の時である。その日の夕刻に、狩野は倉石武四郎と吉川幸次郎を連れて瑠璃廠の書店街を歩いていたところを橋川と出会い茶飲み話をした。そんな橋川が狩野とゆっくり話をしたのは、昭和六年四月に橋川が北京で持続させていた『続修四庫全書提要』の目録を持ち、胡玉縉らと日本に来た時のことである。

外務省に行く前に橋川はまず京都に立ち寄り狩野を訪ねた。その夜には橋川歓迎の宴会がもたれて京都方面の研究者が出席した。内藤もこの宴に出席している。その場で狩野は歓迎の辞を述べそれを松浦嘉三郎が通訳した。橋川はその後上京して狩野と服部を交えて今後の東方文化事業の進め方を協議し基本方針を決めた。内藤は橋川の依頼を受け、続修四庫全書提要に入れる必要のある資料のうち中国で亡失し日本に残っている資料の書目を送ってその任を果たしている。

東京での用件を済ませた橋川は帰路にもう一度挨拶のために京都に立ち寄った。狩野からぜひ自分の「別荘」（向日町の別宅か）に泊まるようにと言われ一晩語り明かした。この時橋川が狩野に北京の家の居間にかける額の揮毫をと頼むと狩野は、君の家には中国人が出入りするからそんなところにわしの額なんか掛けられるか、と断った。その後橋川が北京に帰ると狩野から親切な書簡と自作の絶句一首とともに清・阮稿の文筆論の一節の額面文字も添えて送られてあった。狩野はこれを書くまでに十数枚書き改めたと手紙に書いてきた。先の狩野の絶句の書き出しは、「欲読人間未読書」（人間未読の書を読まんと欲す）であった。北京の学者文人が出入りするからといったんは揮毫を断ったという狩野の中国人文人への敬意や、読書に対する気構えなど、狩野の姿勢をよく言い表した回想になっている。

共同事業がついえたあとに北京で仕事を持続した橋川は北京で終戦を迎える。橋川は、国民政府の接収員沈兼士に、北京人文科学研究所関連資料についての引き渡しの事務を執り行なった。まず研究所所蔵図書の書籍目録一〇冊分を、さらにその後の購書書目を合わせ、原簿と照合して一部の佚亡もなく引き渡した。四庫提要についても原簿に照らし三万五千篇を引き継いでいる。橋川はこの四庫全書提要の編纂刊行を今後に期するために、従来の報告と計画について三百頁の説明書を作成してともに手渡した。橋川はその後昭和二一年四月に引き揚げ熊本に住んだが、その間に東方文化事業についての報告書を作成し、六月に熊本から上京して外務省にこの研究所の事業と中国側の接収についての報告を済ませた。

熊本に戻る前に橋川は東京の故服部宇之吉宅に繁子夫人を訪ねた。服部は昭和一四（一九三九）年七月にすでに亡くなっていた。橋川はこの服部家訪問の時に「痛ましい思出」を抱いたことから、熊本への途次京都に降り立って狩野直喜宅の門前まできたものの「いま彼れの前にたつことがいさゝかもその老懐を慰むることにはならないとためろわしめ」、結局会わずに引き返した。熊本に帰り着いてみると服部繁子未亡人からはお礼の手紙とともに次の二首の歌が送られてきていた。

あさましくかわりゆく世にかわりなき
　君が誠をみるぞうれしき
ありし世をかたり合わさん君はしも
　程は雲居の空遠くして

橋川はこのように喜ばれるのであれば京都の狩野にも会ってくればよかったと大いに悔いた。そんな橋川のところに狩野からも手紙が届いた。手紙は六月一九日付である。そこには、橋川の戦後北京での生活を心配したが、柔甫翁（松崎鶴雄）から橋川が無事帰還したと聞き安心したと記され、北京での続修四庫全書提要の編纂作業についても「衆愚無知の為御不快之事」も多かったことと思うがともかく出来上がり、「縦令彼れが接収することとなりても、我国の事業につき、心あるものは感謝いたし、文化侵略などと悪口を為さざるべく、かく申すものありても聞きすてにして、後世の批判とまつべく存候」とあった。橋川はこの狩野の手紙をみて、狩野宅の門前で引き返したことに「満顔の慙惶」をおぼえて悔いた。

　この続修四庫全書提要の作業については、昭和三年に日中の協同作業がついえたのちにも橋川らは仕事を持続し、タイプ印刷された初稿が月ごとに打ち出されて橋川から狩野や服部の元にも送られていた。狩野はこの原稿を京都研究所の所長室に置き、朱を入れて批正を加えた。こうした朱入れの作業を狩野が継続して行なっていたことを所員たちはあまり知らなかったろうと橋川は述べる。戦前のある時期に橋川が京都の研究所に狩野を訪ねたことがあったが、その時朱入れの作業をしていた狩野は、「君、某の述べた某書の提要には困るね」と厳しい口調で述べた。橋川は、それは自分もわかっているがそれを指摘して云々すればその学徒をこばむことになり事業も崩れてしまう、他日世に出る時には、著述者の姓氏を記して責任を明らかにしたいと述べると、狩野は、君はよくわかっている、中国の学者との仕事には苦労がいる、と微笑してうなずき、「よく出てきてくれた、これから宅にいって話そう」と立ち上がって橋川を狩野宅に誘った。先の狩野の手紙にある「衆愚無知の為御不快之事」とはこうした内容であったのである（橋川時雄「また一个を弱う・希の原理」）。

　この橋川らが編纂した『続修四庫全書提要』は一九七二年になり台湾商務印書館から刊行された。この元になった原稿は橋川が文求堂の田中慶太郎に預けていたものなど戦後に日本で集めたもので、北京での仕事の四分の一か五分の一ほどに当たっている。そのなかには、橋川が狩野や服部に送ったタイプ印刷のものは含まれない。狩野は送られてきたタイプ印刷の原稿に朱をいれていたのだが、橋川の依頼については、俺のところのものは俺の硃筆が入っているから君には見せられん、と断られたのだと橋川は回想する（『〈インタヴュー記録E　日中文化摩擦（四）橋川時雄〉』）。

東方文化学院京都研究所の創設

こうして中国側の総退陣により共同事業としての東方文化事業はついえたのであったが、共同事業としてではなく日本国内において東洋文化の研究を展開しようということとなり、昭和三（一九二八）年一〇月四日、東京と京都で研究者が集まり研究所設立についての協議がなされた。京都でも狩野の呼びかけで内藤虎次郎・濱田耕作・松本文三郎・高瀬武次郎・小川琢治・桑原隲蔵・矢野仁一・新村出・石橋五郎・鈴木虎雄・小島祐馬・濱田耕作・羽田亨の一四人が集まって協議し、東京側の一九人とあわせて発起人となり「支那文化研究所設立趣意書」が採択された。この東方文化学院と改称されて成立する研究所の素案は外務省文化事業部長岡部長景と服部・狩野がおおむねの「御膳立て」をしたものとされる（山根幸夫「東方文化学院の設立とその展開」）。同年一二月の第八回対支文化事業調査会の決議により、東方文化学院東京研究所および京都研究所が設立された（「元東方文化学院解体事由書」）。事業の開始は翌昭和四年四月であり、当面は文学部陳列館の一室を借りて発足した。こうして創設され建築に至ったのが、スパニッシュ風の建物といわれる東方文化学院京都研究所つまり現在の京都大学人文科学研究所東アジア人文情報学研究センターである。ここでこの研究所の発足当時の役員を掲げておくと次のとおりである。

東方文化学院　理事長＝服部宇之吉　理事＝宇野哲人・荻野仲三郎・瀧精一・狩野直喜・羽田亨・濱田耕作　古書複製委員＝事業主任　荻野仲三郎・杉栄三郎・服部宇之吉・安井小太郎・狩野直喜・新村出・内藤虎次郎

東方文化学院東京研究所　主任＝服部宇之吉　評議員＝池内宏・伊東忠太・市村瓚次郎・宇野哲人・荻野仲三郎・小柳司気太・古城貞吉・塩谷温・島田鈞一・白鳥倉吉・杉栄三郎・関野貞・瀧精一・常盤大定・鳥居龍蔵・中田薫・服部宇之吉・原田淑人・安井小太郎

東方文化学院京都研究所　主任＝狩野直喜　評議員＝石橋五郎・小川琢治・狩野直喜・桑原隲蔵・小島祐馬・沢村専太郎・新城新蔵・新村出・鈴木虎雄・高瀬武次郎・内藤虎次郎・羽田亨・濱田耕作・松本文三郎・矢野仁一

（『東方文化学院一覧（昭和四年版）』）

後のことになるが、この東方文化学院東京研究所と京都両研究所とは、昭和一三年四月に別々の道を歩むことになる。日中関係の緊迫化と時局の変転にともない、両研究所の研究が古典など歴史的なものに偏しており、現代中国関係の研究も行なうべきだという批判がなされたのである。東京帝国大学側は現代の中国研究も実施することとしてこれまでどおり外務省の管轄下に残るとした。一方の京都側はそれを拒絶して従来の研究を行なうこととした。先の東方文化事業における北京の人文科学研究所の設置をめぐって狩野は、それが政治的に利用されることがないようにとの基本原則を表明したが、この基本姿勢がここでも貫かれたかたちになった。そして昭和一三年四月から京都研究所は東方文化研究所と名前を変えて研究を継続させる。この東方文化研究所の成立を機に狩野は研究所長を辞し、松本文三郎が新たに所長に就任することとなった。ただ昭和一九年一二月に松本が死去するにおよんで狩野が所長事務取扱となり翌年二月に羽田亨が

「東方文化研究所の門出にあたって」(『人文科学研究所50年』京都大学人文科学研究所より転載)　狩野は前列中央、小島は前列の一番右

就任するまで所長を務めた。

　この研究所の方向性に対する狩野の態度と関連しているかと思うのでここで狩野の天皇への御進講のことに触れておきたい。狩野は都合四回進講を行なった。最初は大正一三年一月の御講書始で「尚書暁典首節講義」、次は昭和二年九月と一〇月で「古昔支那儒学の政治に関する理想」、三度目は昭和四年一一月に二回「我国に於ける儒学の変遷」、四度目が「儒学の政治原理」と題されて昭和七年六月に行なわれた二回の御進講である。四度目のものは、時あたかも満洲事変とその後の満洲国建国時期に当たっていて、このなかで狩野は、世の中では不正の行為と知っていて行なう者もあるがそれは論外であるとしたうえで、「これは君国の為め

と相考へ、本人は其の行為を正しき事、少なくとも道徳的には正しき事と、確信し行ひましたる事にても、第三者より見ますれば、甚だ正道をかけ離れまして、其の結果国家の大罪人となりまする例も、決して少なくない事と考えます」と述べている。満洲事変および満洲国建国を指したとも思われるこの進講の一節について宮崎市定は、それ以後の日本国の不幸な命運をずばり言い当てた結果となり、この名言はもし中国であったなら、必ずや正史の中に大きく書き込まれるであろう、と述べている（狩野直喜『御進講録』の宮崎市定「解説」）。

狩野の御進講をまとめて刊行された『御進講録』については書評も出た。そこで丸谷才一は、これは満洲事変や満洲国建国、五・一五事件などへの批判になっていて、「わが国第一の儒者はこのとき、こういう事態を放置しておく君主に対して直諫言したのだと思われます」と書いている（丸谷才一・木村尚三郎・山崎正和「鼎談書評『御進講録』」）。宮崎の解説も丸谷の書評も戦後からの文章だが、狩野は現実社会の動きにも関心を持っていて、内政外交上の重大問題についても独特の見解をもって批評していたとの小島祐馬の回想もあり（小島祐馬「通儒としての狩野先生」）、狩野の東方文化事業に対する姿勢や研究所の運営方針などを考えあわせてみると、この昭和七年の御進講の意味もそうした狩野の考えが反映されたものであったと考えてもよいであろう。

〈コラム〉東方文化学院京都研究所の設計

現在は京都大学人文科学研究所東アジア人文情報学研究センターと呼ばれるこの旧東方文化学院京都研究所は、銀閣寺道を流れる疏水分線から少し北にあがったところに位置している。疏水から歩いてみると閑静な住宅街のなかから白亜のこの建物が姿を現わし、幾度訪れてもこのように目の前に現われ出てくる建物には感動を覚えるものだ。

この京都研究所の建物は武田五一およびその弟子東畑謙三によって設計され、スパニッシュ風様式の落ち着いたもので、住宅街にありながらそんな環境によくマッチしていてまた圧巻でもある。この研究所が位置する北白川の住宅街は、鹿ケ谷一帯とともに大正終わりから昭和にかけて宅地開発がなされ住宅街として発展してきた地域であった。

明治二八（一八九五）年の第四回内国勧業博覧会を経て大正一一年に決定された都市計画区域により、南禅寺一帯の別荘地形成と宅地化は鹿ケ谷・銀閣寺あたりまで及んでくることになった。そしてこの北白川一帯も住宅地として開発される。当時の市電の開通や幹線道路の拡幅などに後押しされて宅地開発が進んでいくのである。こうした発展を見越した藤井善助は大正一四（一九二五）年、日本土地商事株式会社を設立して宅地開発事業を行ない、雑木林を切り開いて、大正一五年からこの北白川一帯を分譲住宅として販売を始めた。

藤井善助というのは滋賀県出身の実業家で、古美術蒐集でも名高く、岡崎の疏水べりに藤井有鄰館を建てた人物である（『藤井善助伝』）。当初は売れ行きもあまりよいものではなかったが、土地価格の値下げ、今出川通りの市電開通、そしてこの東方文化学院京都研究所の創設決定などに支援されるかたちで販売は軌道にのった。土地柄もあり、京都帝国大学の教官や医師、弁護士や画家たちもこの住宅を購入して北白川に居をかまえた。安宅産業の創始者安宅弥吉や、歌人で住友総本社常務理事であった川田順もここに移り住んでいる（石田潤一郎「北白川・下鴨　京都の近代が求めた居住空間」）。

この旧東方文化学院京都研究所のスパニッシュ風の建築については、実際に設計を手がけた東畑謙三の回想があるのでここで紹介しておきたい（「建物物語　旧本館設計者東畑謙三氏に聞く」）。東畑は当時工学部の大学院生でル・コルビュジェに心酔していたのだったが、恩師武田五一から、「十万巻のシナの本」を入れる研究所を作る計画があるのだがひとつやってみないかと建築設計の話があった。「シナ文化」と聞いたとたん東畑は、コルビュジェとはまことに縁遠いような、例えば反った屋根や龍などが巻きつけてある建物を想像し困惑した。しかしながら当時の東畑にとって武田の命令は絶対であったわけで、困った東畑は思い切って研究所の計画を実際に進行させていた濱田耕作に会って自分の気持ちを話してみた。この研究所計画の統括はもちろん所長の狩野直喜なのだが、建築については濱田が強く関心をもっていて、たとえ他から色々の意見が出ても濱田は容易に譲りそうには思われなかったことから、建築については濱田を中心に検討する方針となっていた。濱田はスケッチを幾度となく、同僚で東洋史学の羽田亨の研究室に持参し、「これでどうだ」と鉛筆をひねくりながらチラリチラリ上目づかいに」感触をうかがってきたという（羽田亨「東方文化研究所と狩野博士」）。そんな濱田のところに東畑が相談にやってきたわけだが、東畑の話を聞いて濱田は、「東畑、お前何を言うてるのや。わしもあれは嫌いや。東京の研究所ではああいうことをやるかも知れんが、関西ではそんなことはやらん。わしが好きなのはスペインやイタリアの僧院や」と言い、濱田はすでに思い描いていた建物のスケッチを見せた。それを渡して、わしはこんなのがええ、東畑、お前やらんか、と言われたのだという。そして東畑は意を決して武田のところに行き、やらせてくださいと申し出て、こうして昭和五（一九三〇）年一一月に研究所の建物は完成することとなった。

僧院が好きだと語った濱田についての回想は濱田夫人の琴壽にもある。「思ひ出の記」のなかで琴壽は「濱田は無駄を愛した人でした」、「あの無駄は多いが、東山を背景として美しく建ってゐる北白川の東方文化研究所は濱田が最も好んだローマの尼僧院を模して設計したものだったやうに思ひます」と溢れる思いを込めて書いている（『濱田耕作著作集　第七巻』所収）。

こうして完成した僧院風の京都研究所の建物は、無駄といってよいのかゆったりと余裕をもってつくられている。中庭が構えられて、それを取り囲むように研究棟が並んで建っているのだが、建物西側の副翼部には食堂まで設けられていて、コックが雇われて昼には所員が揃ってここで中華料理を食べたりもした。中央の塔は三層の鉄骨構造の書庫であり、中央が吹き抜けになっている。

開所式は昭和五（一九三〇）年一一月九日に催されたが、その時の狩野直喜の表情は参列者のだれもが目につくほどの晴れ晴れとしたものであった。来賓を前に行なった挨拶も「満足と希望」に満ち溢れていて、狩野の生涯を通じての数々の喜びのなかでも「その小さからぬ一つであったであろう」と羽田は回想している（「東方文化研究所と狩野博士」）。

この研究所の中庭には昭和一三年一一月に狩野直喜の胸像が建てられ、研究所での東洋学の研究の推移を見守って来た。

研究センター中庭の狩野直喜像

満洲国の建国と日満文化協会

昭和六年（一九三一）九月一八日満洲事変が起こった。そして関東軍は奉天や長春など満鉄沿線の主要都市へと一気に侵攻して満洲全土を支配下においたのである。翌七年三月一日には清朝最後の皇帝溥儀を担ぎ出して満洲国を成立させ、元号を大同とし首都を新京（現長春）とした。関東軍により建国となった傀儡国家である。

この時期、満洲国の文化政策について京都帝国大学教授の矢野仁一らが関東軍に意見を具申している。矢野は羽田亨・小西重直とともに、関東軍臨時顧問を嘱託され、昭和七（一九三二）年五月一五日に奉天に赴き、満洲国の文化工作や教育問題についての意見書を関東軍に提出した（矢野仁一『燕洛間記 歴史遍歴六十年の回顧』）。これより少し前の時期だが、日本国内においては満洲国の文化活動をめぐっていくつかの建議書が提出されている。「主として東京側儒仏二教の学者（京都の狩野鈴木両博士参加）より満洲国に儒仏二教の研究機関及教育機関設置建議案」や内藤虎次郎・濱田耕作ら「京都側三、四学者の主唱より東京側学者も賛同し満蒙に於ける歴史言語人種地理宗教等に関する研究機関設置建議案」である。こうした国内の有力な学者らの建議や、先の矢野仁一・羽田亨らの意見書に沿うかたちで奉天に文化研究院が設立されることとなる。ただ文化研究院はそのまま成立せず、当面は満洲国立奉天図書館を整備しそのなかに置くこととなった。この国立奉天図書館の創設には狩野と同じ済々黌の卒業生であった松崎鶴雄が臨時主事として関わっている（岡村敬二『日満文化協会の歴史』）。

外務省文化事業部ではこれら関東軍案や建議などを勘案しながら満洲に対する文化事業の大綱を作成していく。昭和七（一九三二）年一一月一六日には「対満文化事業」に関する決裁をとって事業を進め、満洲国立文化研究院の設立に向けて両国学者で協議を行なうこととなった。この学者らが渡満して文化研究院創設の協議がなされるのだが、その前に水野梅暁が幾度か満洲に派遣され、満洲国の要人と会い、溥儀にも拝謁している。そして水野は旅順で昭和八（一九三三）年三月に羅振玉とも会見して下準備を進めた。水野はここで、羅振玉所蔵の档案を羅振玉やその子羅福頤、松崎鶴雄らと整理したと述べるが、この羅振玉所蔵の档案資料とは、もと紫禁城内の内閣大庫に保存されていた清朝時代の公文書で、その文書のうちかなりのものが処分されて市場に流れた。それを羅振玉の尽力で買い戻して収集し保管していたものである。羅振玉はこの資料整理のための助成について松崎鶴雄を介して外務省文化事業部に申請し、その整理の条件としてこの資料は満洲国立奉天図書館に提供されることとなった。

こうした水野の精力的な下交渉をへて、九月には満洲国側の協会発起人会が開催される。この起人会に参会したのは、鄭孝胥満洲国国務総理・羅振玉監察院長・宝熙府中令・袁金鎧参議ら八氏であった。いずれものちの満日文化協会の構成員となる人物である。このうち宝熙は、明治三九（一九〇六）年のペリオの敦煌文書を北京で展観したときに参加して文書を観覧している。

そしてこの日満両国の学者たちによる文化事業推進のための協議機関である日満文化協会・満日文化協会の創設総会が大同二（一九三三）年一〇月一七日から三日間、新京において開催される。日本側からは、服部宇之吉・池内宏・濱田耕作・羽田亨・内藤虎次郎ら七名、ほかに西山政猪文教部総務司長・水野梅曉らが参加し、陪賓として関東軍小磯国昭参謀長らも列席している。

その後、協会役員の人選が行なわれた。この人選を巡っては、日満ともどもずいぶんもめたのであるが、一二月の日本側評議員推薦協議会、翌年二月の満洲国側評議員推薦会議を経てようやく決定した。当初は満洲国の西山政猪が常任理事の候補であったが、西山では羅振玉とは「角力《すもう》」がとれず羅振玉の専断となるおそれがあることから、常任理事に内藤虎次郎が就いた。理事には、服部宇之吉と狩野直喜の東方文化学院東京・京都両研究所所長がならぶ。満洲国側では、常任理事に羅振玉、理事には栄厚や丁士源・金毓紱らが選ばれている。日満両国の役員を示しておけば次のとおりである。

日本側　副会長＝岡部長景、常任理事＝内藤虎次郎、理事＝服部宇之吉・池内宏・白鳥庫吉・狩野直喜・羽田亨・水野梅曉、評議員＝市村瓚次郎・伊東忠太・濱田耕作・原田淑人・小川琢治・矢野仁一・溝口禎次郎・新村出・関野貞

満洲国側　副会長＝宝熙、常任理事＝羅振玉、理事＝栄厚・丁士源・許汝棻・王季烈・金毓紱・西山政猪、評議員＝袁金鎧・臧式毅・熙洽・呉廷燮・温粛・闞鐸（死去）・張延厚・趙汝楳・曾恪・袁励準・黄允・陳曾矩・伊里春・宇佐美勝夫・筑紫熊七・田辺治通・遠藤柳作

この日満文化協会は終戦までその活動を持続させた。羅振玉と親しい仲で、また病躯を押して

羅振玉と激しく渡り合った常任理事の内藤虎次郎は、昭和九年六月に死去し、羅振玉も昭和一五年に亡くなった。内藤の後任の常任理事には東京の池内宏が就任している。池内はこの協会終焉の戦後処理までの仕事を行なった。また狩野直喜も理事として終戦までその任を果たしたのであった。

第二章　京都帝国大学文科大学卒業まで

小島祐馬の生涯を語るにあたって

少し長くなったが、ここまで草創期京都帝国大学文科大学およびその後の活動のさまを概観した。ここからは小島の生涯を追っていきたい。

小島の事績については、「先学を語る」と題された東洋学者たちの回顧座談会のひとつとして、教え子やゆかりの人たちにより語り合われている（のちに『東方学回想』）。小島についての「先学を語る　小島祐馬博士」の座談は昭和五四（一九七九）年七月に開催されたもので、この座談会の司会役重澤俊郎は、小島祐馬を語るにあたってテーマを整理したほうがまとまりよいということから次の三点にまとめて話を進めている。第一は、中国思想史をはじめとする経済・法学など社会科学領域をふくめた学術活動、第二は、大学における研究の自由やそれに関連した大学自治擁護の活動、第三は、人間としての小島祐馬、この三点である。この重澤が整理したうちの第一のテーマについて筆者は適任ではなくその力量もない。ここでは残りの二点を踏まえながら、筆者なりに小島に惹かれた点を次の三つに整理し、それに焦点をあてながら小島祐馬について論じていきたいと思う。

一つ目は、小島が、はじめ京都帝国大学法科大学に入学して経済学を学びのちに文科大学へ入学しなおした行動にみられる、若き日の小島が抱え込んでいたいわば原初的な志向性というべきものについてである。そうしたことを考えるにあたっては、河上肇のことを河上の友人作田荘一《しょういち》が述べた視点が参考になるかと思う。そこには同時代を生きた河上や作田、また小島に共通するものが含まれているかと思うからである。作田は河上と山口高校時代に同じ寮生で、大正一〇（一九二一）年、山口高商教授として勤めていたところを、河上の推薦により京都帝国大学経済学部に招聘された。作田は後の昭和一四年には満洲国の建国大学副総長に就任している。建国大学というのは五族協和を理念に持って康徳五（一八三八）年に創設されたもので、総長には国務総理張景恵が就いたが副総長である作田が実質的な大学運営者であった。作田はこのようにマルクス主義の立場に立った河上とは対照的な思想を持っていたのだが終生河上と親しい友人であった。作田は河上肇『自叙伝』の解題のなかで、明治期に帝国大学を卒業したものに共通の、道を学ぶ立場や観方の中に、なにかしら「東洋の道を摂《おさ》めた我が道統が筋金として残っている」と述べている（作田荘一「面影と人柄」、『道を求めて』）。これは作田が河上について述べた批評であり、また作田の言う「道統」という言葉はいささか国家主義的な色彩を強めたものであるのだが、ここではもともとの東洋における儒学的な道筋とひとまず考えてみると、この作田の評は小島についてもまたあてはまる指摘ではないかと思う。作田の考えをもう少し小島祐馬に対して敷衍して考えてみると、小島の「道」は、多感な少年期から愛読してきた書物などにも影響されながら心の底に培ってきたゆるやかなアジア主義とでも言うべきものとも通底していると思われる。それは法科大学を卒業したあとに中国に渡るという若き日の小島の行動にもつながる。この少年期から身に着けてきたゆるやかなアジア主義とでもいうべきものを念頭に置いて小島について考えてみたいと思う。

二つ目は、先の重澤俊郎も述べているもので、昭和一三年七月の濱田耕作総長死去後に巻き起こってきた総長選任への文部省の介入問題に対する、小島の対応と指導力に関してである。濱田総長が入院している間に濱田の親しい友人であった清野謙次京都帝大医学部教授がある窃盗事件で逮捕され、それを理由に濱田は文部大臣宛に辞表を提出したが、辞令が発令されるまえに濱田は死去した。その後この総長選任に対して文部省が介入してくることになるのだが、この件についても帝国大学総長任命権問題の京大側代表委員であった小島の信念の強さが発揮された。この指導力が、戦後になって、吉田茂首相時代の文部次官が弘岡上ノ村の自宅まで訪ねて文部大臣就任を請うたとされる事態につながっていく。

三つ目は、一つ目の問題と交差することなのだが、定年退職後の高知への帰郷である。この帰郷という決意の基をなしているのは帰農への志向、いわば「農本主義」（「先学を語る」の貝塚茂樹発言）であり、それは思想上の農本主義のようなものが「学問以前的なものとしてもともとあって、ずっと生涯に尾を引いたのではないか」、それが小島の意識の中核をなすものでもあったという（「先学を語る」の鈴木成高発言。鈴木は小島の女婿）。小島の農本主義のようなものが、個別に高知という土地柄に根差すものであるのか、それとも日本の風土に共通のものであったのかはわからない。だが定年退官後に高知に帰って農業をしながら学問を行ない、高知での文化振興の活動に対しては労を厭わず時間を割いた小島の生き方は、弘岡上の小島祐馬の屋敷とその裏山の墓域を訪ねてみればすぐさま了解できると、そんな気持ちが湧いてくる。

こうした三つの問題意識に随時触れながら小島祐馬の事績について時を追って述べていきたいと思う。小島の事績を追ったものはいくつかあり、同志社大学在学中から小島に師事した内田智雄「小島祐馬と河上肇」(『政論雑筆』)なども詳しいが、ここでは比較的新しいものを挙げておく。ひとつは、平成三(一九九一)年に『新潮』に掲載され翌年に単行本『先知先哲』として刊行された竹之内静雄「南海の隠逸」、そして平成八(一九九六)年の京大文学部のシンポジウム「創設期の京大文科《東洋学者群像》」を契機に企画され二〇〇二年に刊行された『京大東洋学の百年』所収の池田秀三「支那哲学史 小島祐馬」、さらに中森健二「小島祐馬のこと」(『国際社会文化研究』)である。最後の中森は小島文庫のある高知大学の教員、池田は小島が退官まで勤務した所属大学の教員、そして竹之内は京大で退官前の小島に演習指導を受け卒業後に勤務した筑摩書房においてその後も出版企画などで小島とコンタクトをとった編集者である。竹之内は小島死後に、編集していた総合雑誌『展望』で追悼の特集を組んでおり、「南海の隠逸」というこの上ない題目で小島のことを論じている。

以下小島の生涯を追っていきたいと考えているが、ここでは小島が学究生活を送った京都という〈場所〉のこと、また小島が京都を去り帰郷して、時に京都を訪れながらも至極自然に墓所を父祖の眠る高知に持ったという、〈土地〉の持っている人を惹き寄せる力についても注目してみたいと思う。また高知大学の小島文庫で閲覧することができた小島自身の膨大な分量のメモなどもこの小島の事績のなかに組み入れながら、これまで体系的には取りあげられたことのなかった高知帰郷後の小島の活動についてもできるだけ詳しく述べていきたい。そうすることで小島文庫に所蔵されている膨大なメモ類などの資料群を〈再発見〉できると考えるからである。

幼年期から五高進学まで

抱甕《ほうおう》と号した小島祐馬は、明治一四（一八八一）年一二月三日、父茂太郎、母伊佐の長男として、高知県吾川郡弘岡上ノ村において生まれた。幼少期のことについては、小島が亡くなってから追悼号として刊行された筑摩書房の『展望』昭和四二年三月号の桑原武夫との対談で触れられている。

小島家の何代かはこの弘岡上ノ村に住んだが、先祖はもう少し西方の幡多郡の出身で、そこから仁淀川の下流仁西村に移った。ずっと農業で田んぼ一町、蜜柑畑五反ほどの自作農として暮らしてきた。後に春野村となるこの地域は江戸時代初めに野中兼山により新田開発がなされ、兼山開削の用水路弘岡井筋もある。この地は秋山大根や弘岡蕪などの名産地で、大正期には「土佐のデンマーク」と称されたほどの肥沃な土地柄でもあった（『高知県の地名』）。

明治二〇（一八八七）年一月に小学校の初等科六級に小島は入学する。その教科書は『小学入門』で、「神は天地の主宰にして、人は万物の霊なり」で始まる欧米模倣の時代のものであった。またほかに「水と乳汁は健康をたすけ、酒と煙草は養生に害あり」という文章もあり、のちに酒を好んだ小島は、「この親切な教訓も、わたしの生涯を通して単なる知識として頭の隅に残ってゐたに過ぎなかったのは、惜しむべきことであった」と回想している。また「善道を以て身を修め、信義を以て人に交わる。親子の間は親愛を主とし、兄弟の際は友愛を専とす」という一節もあり、歳をふるにしたがいこれは大したことを習ったものだと小島は振り返る（「少年のころ読んだ書物」、「はじめて教わった書物」）。この小学校は学制変更がなされ、半年後に小島は新制の尋常小学校一年に編入となった。その教科書は『新編読本』というもので、小島にとっては大変にやさしく、それはしばらくして『日本読本』になりいっそう平易なものとなった。

母伊佐の考えで、これからは漢文を習う方がよいということから、尋常小学校三年の時には頼山陽の『日本外史』を教えてほしいと校長先生の自宅に頼みに行った。先生は『日本外史』は漢文体で難しいから仮名交じり本なら読んでやろうと言い、そのことを母親に話した。母親が、仮名交じりなら教えてもらう必要がないから是非漢文を教えてくださいと頼むようにと言うのでもう一度願い出たところ、校長先生はそれならと承諾してくれて毎日放課後に校長宅で習った。この学びは高等小学一年の終わりまで続いた。小島はこの時代に『源平盛衰記』や『太平記』を耽読したのだったが、それもこの『日本外史』の影響であったという（小島文庫資料目録41「小学校時代に教わった漢籍」)。高等小学校に入ると今度は母方の叔父に『論語』を読んでもらった。叔父は役人をしていて週末にしか家へ帰らないことから小島は土曜日から泊り込んで教えてもらった。高等小学校四年生になって朱子の『小学』外篇を教科書として読んだ。

この小学校時代、小島にとって、その後の思想や行動に、「少なからざる影響」を及ぼした大きな事件が二つ起こった。ひとつは明治二五（一八九二）年の選挙干渉、もうひとつは明治二七年の日清戦争である。前者は、小島が高等小学校の一年生のときのことで、小島の父親茂太郎は隣村の自由党県会議員宅に詰めていたのだが、ある晩に銃声がはげしくなって、祖父がその安否を気遣い脇差を腰にさして駆けて行った。小島は「無政府状態の社会の不安」を生まれて初めて体験したと回想し、この事件により初めて政治というものに関心を持つようになったと述べる。そしてそれと同時に「官権の圧迫といふものに対し、甚しき抵抗を覚えるやうに」なり、「政治的リベラリズム」が芽生え始めることになるのである。

後者の清国との戦争についてであるが、この日清戦争に関心を持った少年小島は、数名と語らって学校で新聞をとることとし、黄海会戦の勝利や平壌陥落には教室で歓声をあげた。しかしながらその後のロシアなどの三国干渉で遼東半島の放棄を余儀なくされ、小島は、欧州列強の東亜の国々に対する圧迫にはげしい抵抗感を抱くようになり、これがきっかけで外交に関心を持つこととなる。このように「支那問題」に多大の関心を払うようになったのであった。小島にとっての「ナショナリズム」は、こうした小学校での政治体験が大きく影響していたのである（小島文庫資料目録1「選挙干渉と日清戦争」、原稿末尾に「支那の字を「中国」「シナ」に書きかへないで下さい」と付記がある)。これらは戦後からの回想ではあるが、こうした内容は他の論考でも繰り返し述べられており、この少年期の体験が小島のその後の進路選択にあたって大きく影響を与えたことは間違いないところであろう。

小島は弘岡上ノ村の小学校を卒業して高知第一中学に進学する。中学の漢文の授業では『日本外史』『十八史略』『孟子』などを教科書で学んだ。孟子は「痛快な書物」と思ったが担当の教師が徂徠学の立場から孟子をけなすので、時おり教師に反論して『孟子』を弁護したりした。そんなことから小島は『孟子』を他のものよりもよく勉強する結果となった。また小島は元来「内気な性分」で社会に対して行動するような性格ではなかったというが、『孟子』を読んでから自分の信じるところを率直に言動に表すことができるようになったのだと述べる(小島文庫資料目録27『孟子』、高知市民図書館アンケートへの回答　昭和四一年七月二九日)。

中学二、三年の頃のことだが、国語の教師から『田舎荘子』が面白いと聞き、高知市内の古本屋へ捜しに出かけたが見つからず県立図書館にも見当たらなかった。ただ図書館にはもとの『荘子』があり、毎日放課後に図書館に通って読んだ。中学五年の時のこと、倫理学の授業を受け、その前期試験で「人生の目的を問う」という問題が出された。小島は、中学生にこのような問題を出すのは非常識ではないかと考え、この問題そのものを批評する意味も込めながら、図書館で借りて読んだ『荘子』の人生観を答案に書いて提出した。これは後からわかったことだったのだが、この答案に対して倫理学担当の教師がひどく立腹して小島を処分すべきと主張した。ただ初年級の頃から教えてくれた何人かの教師が弁護してくれてこの倫理学の点数をゼロにすることでようやく収まったのだという。若き日の小島の面目躍如といったエピソードでもある。五年生の組では『史記』を読んだが教科書が抜粋であったことから、数名の有志をつのって放課後先生にその「列伝」を最初から読んでもらった。その最初の「伯夷列伝」に感激したことは後年も忘れることはなく、もし人からこれまでに読んだ書物でもっとも有益で興味ある中国の書物を三つ挙げてみよと言われたら、この中学時代から読んできた『孟子』と『荘子』と、そして『史記』を躊躇することなく挙げることができると述べている（「少年のころ読んだ書物」）。少年期の読書体験がのちの小島の考え方にも大きく影響を与えたことがよくわかるのである。

先の小島の回想文のように、小学生時代がちょうど日清戦争および三国干渉の「臥薪嘗胆」の時期にあたっており、小島はナショナリズムの少年となった。日清戦争では勝てると思わなかった大国中国に対して勝利したのを新聞で読んで知って中国問題に関心を持ち、西洋列強に抗しえず次々に侵略されていく中国のすべてを知りたいと思ったのであった（「土佐人物山脈　一三〇　小島祐馬　生涯かけた中国研究」）。

そんなことから、大橋音羽『累卵の東洋』を読み、大いに感激する（『展望』対談）。これは、西洋列強による東洋進出と中国侵略といった時代状況のなかで、卵を積み重ねるがごとくに東洋が危うい状況にあるということを、イギリスのインド侵略を舞台として描いた憂国の政治小説である。この政治小説に感動した小島少年は、その後中学の四年か五年頃、日本郵船事務長をしていた坂本喜久吉の『康有為氏』を読んだ。康有為は日清戦争敗北後、日本の政治改革に深い関心を抱いて内政改革を主張し、光緒二四（一八九六）年には戊戌の変法を断行するが、西太后らに阻まれて失敗に終わり追われる身となった。それを宮崎滔天らの援助で日本に亡命し日本の各界実力者と親交を持ち、さらに刺客から免れるために横浜から和泉丸に乗船しアメリカに発ったのである。この話は、坂本が三週間にわたるアメリカへの船旅の船内において筆談や通訳により得た情報をもとに書かれた。傍点や○で強調された文章は激越なもので、例えば次のような調子である。

遮莫支那の前途は果して如何、分割に亡ん乎、革命に終らん乎、此れ目下の疑問也、彼幸にして志を得れば改革行はれ、主権完かるべきも若し不幸にして否らずんば其波蘭となり安南たらんは未だ容易に知るべからざる也、東海を踏で亡国の臣たらん乎、隴畝を出て輔弼の臣たらん歟、彼の前途豈に注目の価値なからずや、於是乎彼一個人の問題は乃ち清国死活の問題たる也、彼の任亦重しと云ふべし

実は調べていて後からわかったことなのだが、小島文庫の資料の中に、「私の修学時代」と記した小島のメモがあり（小島文庫資料目録49）、その一枚の紙片には、「分割ニ亡びんか、革命ニ終らん乎」と書いてある。さらにそのメモには、阪本喜久吉『雲海紀行』と『康有為氏』の二冊の書名の書誌事項が記載されていて、少年時に読んで感銘を受けたその核のようなものをずっと胸

の奥に抱え込んできたのではないかと思わせられた。いずれにしても、少年時代に読んだ「支那の前途は果して如何、分割に亡ん乎、革命に終らん乎」のフレーズは後年もずっと印象に残っていたことは間違いのないところだ。

政治小説に感激し、日本や中国の運命を激越に問うてくるこうした文章の底流にあるアジア主義とでも言うべきものに小島は心を揺り動かされたのである。小島は、「シナは大いに強くなってもらわねば困る」とこのとき考えたのだった（『展望』対談）。

こうして中学時代を過ごした小島は中学を卒業し熊本五高の独法科に進学する。当時はなにか学問を志していたわけではなく、また遠くに大きな目標を立てて進んだわけでもなかった。ただ目標を卑近なところに定め、それが実現したらまた次の目標に向かうというそんなやりかたで進めてきたのであった（小島祐馬「学究生活を顧みて」、この草稿は小島文庫資料目録93）。

五高から京都帝国大学法科大学へ

五高で小島はボートをやった（小島恒「祖父・小島祐馬のこと　私の二〇世紀　一五」）。読書の面では王陽明の『伝習録』を読んだ。これを読んだら修養のための読書は終えようと思いながら五高時代には日課のようにして読んでいった。そして五高在学中の明治三五（一九〇二）年の冬から翌春まで、学校を少し休んで上海から長江沿岸を漢口までの中国旅行を敢行して見聞を広めた。この旅行では、その案内のために内藤湖南『燕山楚水』を携行した。少年期に政治的外交的な事象に目を向けるようになり、政治的な情熱を大きく持つようになった当時の小島にとって、この内藤の「支那論」は興味深く、この書物を参照しながら現地を廻った。この書物を旅行中は常に携帯して離さず、武昌で購入した張之洞『勧学篇』とともに、小島を「支那」に結びつけた記念の書物として後々にも長く大切に保蔵した（小島祐馬「湖南先生の『燕山楚水』」）。そしてこの旅行が小島の今後の方向性として中国と結びつくきっかけとなったのであった。

明治三六（一九〇三）年小島は京都帝国大学法科大学に入学するが病気で一年間休学している。そして五高時代に持った中国への関心をいっそう生かしていくために、明治三八年には花田大五郎（比露思）と京都法政専門学校附設東方語学校に入り中国語を習うことにした。花田とは五高時代の同窓で、五高入学後に小島と花田だけが同明会という旧制高校の横断的な会に推薦されたことから急速に親しくなった。五高時代の小島は大塩中斎の『洗心洞箚記』を愛読し、小島も花田もともに陽明学にこころを寄せ、生来の私欲に曇らぬ良知を育てるという「致良知」や、実践を重視する「知行合一」といった共通の思考方法を持っていた。そんなことから花田は小島のことを「心友」と書いている。この花田はのちに新聞記者になり、また教育にも力を尽し、歌も詠む歌人でもあった（花田大五郎『五高時代の思出』、ここに五高時代の若き小島の写真も何枚か載る）。

この小島らが中国語学習のために入学した東方語学校を附設した法政専門学校は立命館大学の前身で、西園寺公望の私塾「立命館」の遺志をついだ中川小十郎が明治三三（一九〇〇）年に私立京都法政学校として創立したものである。創設当初の京都法政学校は、丸太町通北の東三本木通にあり、料亭「清輝楼」を借りて学舎としていた。この法政学校は明治三六（一九〇三）年の専門学校令により私立京都法政専門学校に組織変更され東方語学校を設置した。小島が中国語を習いに行ったのはこの語学校である。

授業は午後三時頃から始まり、京都帝国大学の教官が多くの講義を担当した。土曜日には当代の中国語である時文の授業があってそれを受講することとした。授業は小島と花田と、もう一人の学生の三人で、授業は当時の新聞の切り抜きや条約文を教材に使って実施された。担当の教員は何を問うても一言のもとに答え「それが極めて明快で一点の含糊曖昧もない」ものであった。その教員というのが、実は当時台湾旧慣調査会に勤めていた狩野直喜であったのである（小島「通儒としての狩野先生」）。小島は陽明全集をともかく読み上げてしまいたかったことからこの狩野の家を訪ねて教えを請うた。幸いその願いは受け入れられて毎週木曜日夜に狩野の家で講義を受けることになった。この狩野の個人授業は、明治三九年九月に京都帝国大学文科大学が開設されて狩野が教授に就任して多忙になるまで続いた。それにしても小島はその時々の教師に対して教えを乞い、またそれが受け入れられて個別の講義を受けていたのである。小島の熱意か人柄か、また当時の教えがこのような個別の勉学意欲を受け入れるような師弟関係にあったということなのであろうか。おそらくそのすべてが当たっているのであろう。小島は、この狩野が考証学を生涯の仕事としていると聞いた。そのとき小島は、それまで考証学を軽蔑していたのだったが、この考証学を自分もやってみようかと考えたのである（下村寅太郎「小島祐馬 追悼会での回想」）。

これが小島の文科大学への再入学のひとつのきっかけにもなった。

法科大学を卒業する前年の明治三九年、小島は学生代表として牧野伸顕文部大臣に会見に出かけている。それは京都帝国大学法科大学を三年修学に改正した制度を再び四年に戻そうという問題に対するものであった。大学では反対運動が起こり、また教授との話し合いも不調に終わったことから小島と猪俣勲とが学生代表として文部省に意思表明に出向くこととなったのである。東京に行ってから、時の大学総長の意見がどのようなものかを知らないわけにはいかないということで、まずは逗子の近くで病気静養をしていた木下廣次総長を訪問して総長としての意見を聞いた。木下は、自分にも意見はあるが、病気休養中でもあり、教授諸氏が決定されたことにあれこれと命ずることはできないと述べた。そこで辞去しようとしたのだがすでに逗子への馬車もなく、木下は泊まっていって翌日に江ノ島や鎌倉を見物したらどうかと勧めた。そこで小島らは木下総長のところで一泊して江ノ島などの見物をし、そのまま東京に向かった。大臣を訪問するにあたって名刺がないのは不都合だということでいそいで半紙を買って名刺を作り文部大臣官邸に向かった。紹介も約束もなかったのだが、官邸では牧野大臣は会見に応じてくれ、学生の意見に賛成である、澤柳政太郎文部次官にも話をしておいてくれと紹介状を渡してくれた。そこで澤柳の私邸に出かけて学生側の趣旨を述べ、学生代表としての任務を終えたのであった（小島祐馬「明治の大学生」、木下総長の回想は小島文庫資料118にもメモがある）。京都帝国大学法科大学の学生代表とはいえ、時の総長や文部大臣とがこうして会見に応じてくれて意見を表明することができるというのも、そんな時代であったということなのであろう。

小島はこの澤柳との会見のときに、木下総長は辞任されるようだがその後任に三宅雪嶺を考えていただきたいと要請している。さらにその足で三宅の自宅に出向いて、京大総長の就任を申し入れたのだという。その後に違う筋からも三宅雪嶺は総長に推されたのだったが結局三宅が就任を断った模様でこれは実現に至らなかった。三宅との会見では中国の話題となり、孫文や章炳麟のことが話題にのぼった。中国に強い関心を持っていた小島はその後に、読売新聞の記者をしていた友人に教えてもらい、当時日本に亡命していた孫文に会見をするため牛込にあった孫文の仮寓を二度にわたり訪ねている。いずれも孫文は多忙で留守だったことから会うことはできなかった。このように政治問題に関心を持ちまたアジアに目を向けていた小島は、木下総長や牧野文部大臣、さらに三宅雪嶺らと会見して意見表明をするなどまことに大胆な行動にもでていたのであった。小島は牧野に対してはその後も敬意を払っていたようで、戦後の昭和三五（一九六〇）年四月に文展の後身日展が初めて高知市で開催されることとなったとき、それを記念した記事が『高知新聞』に掲載されたが、その同じ紙面に小島が文展を創始した人物として「創始者牧野伯を憶ふ」を書いている。

明治四〇（一九〇七）年七月に京都帝国大学法科大学を卒業した小島は清国に遊学する。中国に行くことを狩野直喜に告げると狩野はそれを大いに喜び、北京にいた桑原隲蔵や服部宇之吉宛に紹介状も書いてくれた。当時小島は、中学時代に読んだ政治小説『累卵の東洋』や『康有為氏』などの影響もあって、欧米列強によるアジア進出に対して日本は中国と共に対抗せねばならないと考えており、こうしたアジア主義的な志向から中国を知らないわけにはいかないと思って中国に渡ったのである。中国では、日本で学んだ法律を役立たせて自分も中国のことを勉強し、さらには日本人教習のように教師として中国で雇ってもらえればよい、中国に住んで中国人の教育に従事しながら中国の社会・文化を研究しようと考えていたのであった（小島「通儒としての狩野先生」）。

ところがこの時期、朝鮮人の多く居住する間島の龍井村で、日清両国が対立する間島問題が勃発した。北京でも排日運動がおこって多くの中国にいた教師は辞職することになった。こうしたことから北京に残っても教師になる見込みはなくなったと考えた小島は、中国での生活に見切りをつけて京都に戻って狩野直喜に師事しようと帰国を決意する。狩野の薫陶を受ける方が遥かによいと考えたのである。中国遊学は六ヶ月間ほどの滞在で終わりをつげ、明治四一年四月に帰国した。ただ文科大学哲学科へ再入学して支那哲学史を専攻することになるのは明治四二年のことであった。帰国後の四一年五月には同じ吾川郡の深瀬正壽子と結婚し、また徴兵検査などもあって入学が遅れたのである。深瀬正壽子は英文学者深瀬基寛の一二歳年長の姉である。入学にあたって当初小島は選科を希望したが、狩野から、本科に入る資格があるから本科入学としておいたと聞かされて文科大学に入学することとなった。

文科大学の小島祐馬

先の「先学を語る」のなかで西田太一郎は、小島が法科大学を卒業後中国に渡り、帰国して職もまだ決まっていないのに深瀬正壽子と結婚したことに関して、小島はどのような暮らしぶりであったのだろうかと素朴な疑問を発している。それに対して小島の女婿鈴木成高が、小島夫人は遣り繰りに苦労しており生活は苦しかったようだ、南禅寺帰雲院で間借りし、長女の素子が生まれた頃には大徳寺の般若林にも教えに行っていたと述べている。小島はこの大徳寺の般若林に八時に着くためには早朝に南禅寺帰雲院を出ねばならず、冬の朝など少々辛いこともあったが、学校そのものは大変気持ちのよいところで、悪い印象は少しも残っていないと回想している。そして五、六名の優秀な生徒の当時の風貌は今でも眼前に彷彿とさせるものがあるとも述べているのである（「補遺」と書かれた原稿の下書き、小島文庫資料目録39）。

この鈴木が述べている大徳寺の般若林とは紫野般若林校のことで、明治五（一八七二）年四月臨済宗妙心寺において宗門の子弟を教育するために創設され、のちに相国寺・東福寺・大徳寺の三山が運営した宗門立の学校である（『京都府百年の年表五　教育編』）。水上勉もこの後身の禅門立紫野中学（般若林）に昭和六年に入学して一時期通っていたことがある（「年譜」『水上勉全集　第二六巻』）。水上が入学したのは昭和初期のことだが、妙心寺の一山経営だった花園中学とあわせてこの二校には禅僧になろうとする子供が全国から集まり、紫野中学には分不相応なほどの立派な寄宿舎があったという（水上勉「わが六道の闇夜」）。小島はこうして一方で般若林の学校で教えながら文科大学での学びを持続させていった。

河上肇との出会い

ここで小島と河上肇との出会いのことを書いておく。小島が正壽子と結婚した明治四一（一九〇八）年の八月末、河上は京都帝国大学法科大学講師の職を得て住まいを探すために京都に向かった。京都に特段当てもなかったことから河上は、大学の近くに住居を探そうと人力車に乗り大学付近をまわってみた。そして車が吉田山東の神楽岡を登って真如堂の前に出たとき、その清閑な空気感に打たれたのである。河上は、「こんもりした森の上に五重の塔が見えた、私はその刹那にこの附近にこそ住みたいものだと思った、偶然にも真如堂の門前に家賃十円あまりの手頃の貸家があった、私は最初に見つけた此の貸家をすぐに契約した」と、真如堂あたりの風情が気に入って住まいをここに決めたのであった（河上肇「京都を去るに臨みて」）。河上が住んだ家は、真如堂前から吉田山へ行く道の北側の三浦という古い家である。河上がこの家に住み、小島がこの河上の家を訪ねることになる。それは翌明治四二（一九〇九）年五月か六月のことで、小島が文科大学に入学する直前のことであった。

河上は真如堂や法然院の静けさをことのほか好んだ。後の昭和三（一九二八）年四月に京都帝国大学に辞表を提出して翌々年一月には東京に向かうことになったのだが、京都を去るにあたって河上は、「洛東鹿ケ谷の法然院の静けさは、私の最も好むところのものであった、死んだならば、親戚と二三の親友とだけで、あの寺を借りて葬式してくれと言っていた私は、今や死地を東京に求めて、多年住み慣れた京都を去ったのである」と書いた。河上はその後昭和八年一月に東京中野区で逮捕されて下獄し、昭和一二年六月にようやく出獄する。その河上が再び京都に移り住むことになるのは昭和一六年一二月二〇日のことで、それは奇しくも小島が一二月三日に定年退官して高知に帰ることになるちょうど同じ時期にあたっている。河上は戦後昭和二一（一九四六）年一月三〇日に死去するのだが、左京区上大路の自宅で告別式が行なわれた後、河上の希望通りに法然院の墓地に葬られた。

小島は法科大学の学生時代に、河上の書いていた『読売新聞』の「社会主義評論」を楽しみに読んでいた。おりしも、法科大学卒業後に出かけた中国への遊学が中途で終わってしまったことから、あらためて中国研究をするにあたって、西洋の経済史や経済思想史、社会主義経済についてどんな本を読んだらよいかを河上に尋ねるために出かけたのだという。法科大学学生時代に上京して、牧野伸顕文相や三宅雪嶺と会見したり孫文に会おうと寓居まで出かけたりしたことのある若き日の小島は、あまり躊躇をせずに人を訪ねたり意見を聞いたりするそんな性格でもあったのであろう。またそれだけ中国研究への志向が強く切実であったということかもしれない。小島は河上に会うまで河上のことをその文章から察して、純真な人道主義者であるがまた機鋒鋭い議論家であろうと想像していた。ところが実際に会ってみるとたいへんに控えめで物静かな話しぶりで、ひそかにその人柄を敬慕した。おりからの京都の蒸し暑い気候も忘れてふたりはずいぶん長い時間を話し込んだ。これが小島祐馬と河上肇との最初の出会いであった（小島祐馬「河上博士の思い出」）。小島は河上に経済学の文献を紹介してもらい、それらを読んで学びを深めていく。河上の方からも小島に対して漢文などの疑問点を尋ねたりし、また小島への信頼の度合いを深めていく。この交友は昭和二一（一九四六）年一月河上が亡くなるまで継続し、河上は節目ごと出処進退の相談なども小島にしており、河上と小島とは「師友といった関係」を持続することになる（小島祐馬「学究生活を顧みて」）。

小島より二歳年長の河上は、いったん法科大学を卒業しながらも文科大学に再入学した学生身分の小島を案じたのであろうか、『経済大辞書』（同文館 大正三年）の執筆項目のうち、「新井白石」「荻生徂徠」「太宰春台」や「藤田幽谷」、「東洋の経済思想」などの項目の代理執筆の仕事を回したりした（内田智雄「小島祐馬と河上肇」）。もちろんそれは小島の実力を認めた上のことであった。これは河上がのちに、生涯にわたって代筆の原稿は二度だけだったと述べているうちのひとつである。ちなみにもうひとつは、翻訳書の『ワーグナー氏経済学原論』で、作田荘一が訳したものを、当時少しまとまった金銭が必要だった作田のために河上の解説で刊行したものである。河上がちょうど無我愛運動に夢中であった時期のことで、河上は一字も訂正をせずに出版にまわした（河上肇『自叙伝 五』）。

この小島の代理による執筆依頼については、明治四三（一九一〇）年一月一日付の河上の小島宛年賀状として残っている。そこには、「御送付致候目次中「河上」と記入しある分が小生の分担に御座候間右の中にて御執筆被下候分だけ御序之折御一報被下度願上候 猶「ア」より「カ」に至る迄は二月末日原稿締切之筈に御座候」と説明がなされ、「河上」担当の分で小島が執筆する分について連絡をくれるよう依頼しているのである。また大正二（一九一三）年九月三〇日の河上の手紙でも、同文館辞典の執筆について、執筆の諾否は同文館に直接連絡をするように、とも依頼をしている。これは同文館でも小島の代理執筆であることを認識しているのであり、河上が小島を信頼し、また同文館もこのことを認めている証左でもあろう。

この「代筆」にあたって河上は、小島の原稿に対して一字も修正することなく、それを河上肇の名前で掲載した。だがその原稿料について小島は、どうしてものその半分しか受け取らず、河上は代筆してもらって只で原稿料を受け取る結果になってしまったのであった。河上は仕方がなく、墨を買って小島に進呈をした（昭和一六年一一月二五日付河上肇書簡）。河上はこの代筆のこと、また小島がその原稿料を受け取らなかったこと、そしてやむなく墨を贈ったことを、その後も長く忘れることはなかった。

このように河上は小島の暮らしぶりを慮って仕事をまわし、また小島もそれに対して誠実な態度で応えた。そんな様子がよくうかがえる。また一方河上も、明末清初の黄宗羲の政治評論『明夷待訪録』を小島から借用したりした（明治四四年六月二八日付河上肇書簡）。これは君主専制を否定し民本重民の視点から理想の国家を論じた政治評論集であったが、こうした中国関連のことがらや漢籍に関わる内容について河上は小島の学識に頼ってもいたのである。

第三章　嘱託講師の時代

京都府立一中の講師として

明治四五（一九一二）年七月に小島は京都帝国大学文科大学哲学科（支那哲学史専攻）を卒業する。そしてその九月に第三高等学校南の吉田近衛町にあった京都府立第一中学校の嘱託講師となった。またこの頃、武徳専門学校にも出講している。この武徳専門学校の正式名称は私立大日本武徳会武道専門学校といい、本科と国語漢文兼修科を持つ三年制の専門学校で岡崎通にあった（『大日本武徳会武道専門学校史』）。小島文庫には、大正六（一九一七）年九月にこの武徳専門学校が刊行した『校友会会報 第五号』が残されており、そこに小島は「国民道徳と古典教育」と題した論考を寄せている（小島文庫箱2－5）。この論で小島は、国民道徳をその国民性に根ざした道徳と定義し、このように根拠を持った伝来の思想を大切にしなければならないと述べたうえで、そのためには古典的修養つまり古典教育こそが重要であると説いている。そしてこの武徳専門学校においては、武術のほかに古典教育を主眼とした学科科目もあり、それがこの学校の教育の有意義な点であると述べているのである。小島はこの校友会において学芸部長の役に就き（大正五年度）、六月一六日の弁論会では「弁論修練の本旨」と題した演説を行なうなど力を惜しまず教育に取り組んだ。

桑原武夫が三高時代に同級生だった剣道初段の三好達治から聞いた話であるとして、武専（武徳専門学校）の学生の間では、うちにはえらい先生がいる、その先生は夏でも陽の直射する場所で正座して漢文を読んでいると、そんな噂話が紹介されている（桑原武夫「小島祐馬先生をしのぶ」）。がっちりした体格で和装の小島が、岡崎通の武専の校内において、静かなたたずまいをもって漢籍を読んでいる姿は、それが何かを気取っているわけではなく、それこそが小島の生活スタイルそのものであったのだろう。またこの専門学校には後年ともに『支那學』を創刊することとなる青木正児も明治四四年から教員として在職していた（「年譜」『青木正児全集 第一〇巻』）。

さて小島が勤めたもうひとつの学校である京都府立第一中学校だが、小島の嘱託講師としてのこの教師時代は長く続いて、大正一〇（一九二一）年までの約一〇年にも及んでいる。当時の一中の校長は森外三郎であった。森は東京帝国大学の数学科を出て三高教授を経て京都一中の校長として赴任した。森は明治四四（一九一一）年九月から、大正一一（一九二二）年に三高校長として転出するまでのあいだ一中の校長を務めた。それは小島の嘱託時代とちょうど重なっている。森の教育は自由主義的なもので、たとえば内藤虎次郎が命名し静思館と称した図書館では開架式が採用され、生徒は書庫内にも立ち入ることができ、記帳をするだけで本を借りられる仕組みになっていた。森はこうした実践的で実質的な教育によって学力伸長と人格向上に努めたのであった（「第六代森外三郎」）。小島はそんな一中が気に入っていて長くこの一中に勤務したのである（「先学を語る」）。

この森外三郎校長については、桑原武夫に興味深い回想がある（桑原武夫「森外三郎先生のこと」）。桑原が、当時吉田近衛町の一中に入学したのは大正六（一九一七）年であった。その時の校長森外三郎は生徒に、今後は諸君を紳士とみなし「君」づけで呼ぶと訓示をした。この中学はいわゆる自由放任で、雄弁大会の時にある生徒が、「貴婦人の指に光るダイヤは女工の涙であります！」と女工の過酷な労働状況についての演説をぶっても森は平然として聞いていた。森は大正一一年に三高校長として転出することになるが、三高でも森独自の方針を貫き、式はなるべくやらず訓示は短く、また教育勅語を読むときは、明治二三年という箇所を大正二三年とわざわざ読み損ねたりした。桑原は昭和四（一九二九）年秋から三高の講師となったが、時勢は悪くなりかけていた時期で、桑原の受け持ちクラスの学生も政治運動で捕まり、獄中から「獄中の歌」（草野悟一「囚窓に歌ふ」か）と題した短歌を学友会雑誌（『嶽水会雑誌』第百二号）に載せたりして、それを文部省がうるさく言ってきた。それでも当時はまだ規制も緩く、警察に拘留されている学生でも試験時には刑事が付き添ってきて受験をすることができたともいう。

翌昭和五年春、三高でストライキが勃発した。この顛末については桑原に回想もあるのだが、昭和四年四月に三高教授として赴任した宮崎市定の回想もあり、その内容にはいささかの異同がある。宮崎の文章は「北山君と三高ストライキ」と題された昭和六〇年四月稿の北山茂夫への追悼文である。ここで宮崎は、事件が警官の導入で学生を解散させたというように誤り伝えられていることを最近になって知ったこと、教員側の立場から誰も口外したがらない事件について「黙秘したまま死ぬと」三高ストライキの真相が失われてしまうことから書いておくとあり、警官が入ったというそれまでの回想を訂正し、教官が踏み込んで北山らが自主的に出てきた経緯を述べる（宮崎市定「北山君と三高ストライキ」）。小島が長く嘱託講師として勤めた一中時代の、森の教育方針もよく知ることができるかと思うので、この三高のストライキに対する森の対応について、主に宮崎のこの回想に拠り、再び桑原の回想によって補足しつつ述べていく。

三高のストライキは七月二日の生徒大会で決議された。そこには自由寮の門限制撤廃や保証教授制度の廃止、他に佐藤秀堂・平田元吉ら二人の教授の退官などの要求が含まれていた（青山光二「ストライキと京料理」）。ストライキがはじまってから幾度かの教官会議が開催された。森校長は文部省への面目上もこれ以上ストを放任しておけず、寄宿舎の伝染病や火事などの心配もしていた。そして会議を主導していた副校長格の折竹錫教授らの意見から、警察力に頼る以外にないとの結論になりかけたところ、宮崎は、警察力に頼ることには反対であること、籠城している生徒を我々みなで行って引っ張り出そう、と提案した。その場では結論に至らず散会したのだが、翌日再度開かれた会議で森校長が、もう放置できないことから教員のみなさんに生徒を引っ張り出していただくと宣言した。会議ではその手筈を打ち合わせたのだが会議の空気が重苦しくなり、誰かが緊張を解こうとして武術の栗原師範に対して、もし生徒が暴れたときには栗原先生頼みまっせ、と失礼な冗談を飛ばしたが栗原は、「武術はそのように用いるものではございませぬ」

と真面目に切り返した、と宮﨑は紹介し、さらにまた漢文科の老教授が、自分が真っ先に立っていく、生徒の為なら殴り殺されても構わないと叫んだとも記している。当時の学生ストライキに対する対応や雰囲気もよくわかる教員側の回想になっている。こうしてこの古参の教授が先頭に立って寄宿舎に向かうこととなった。先頭部隊が寄宿舎に到達して踏み込んだ時には学生幹部らは集まって協議中であったが、そこを急襲されたかたちになり、ある学生たちは寮を飛び出して校庭に出て行き、また協議中だった学生たちは困惑して顔を見合わした。そんなとき北山茂夫が、「おれ達の負けだ。おい、みんな外へ出よう」と立ち上がったのだという。そして数日後に処分のための会議が開催され、夏休みに該当する期間の短期停学、学期末までだが試験を受けられる長期停学、学籍の抜かれる除名の三種の処分があった。この処分について青山光二は、除名（退学）二六名、停学一五名と記し、謹慎も多数という大量処分であったと書いている（青山「ストライキと京料理」）。

以下は桑原の回想である。この大量処分は文部省ですら再考を求めたほどの厳しいものであった。しかしながら森校長は譲らなかった。そんな厳しい処分を行なった森も、秋になって、高校卒業検定試験を実施すると発表した。つまりこの放校組の学生たちに卒業資格を与えるための試験を行なうというわけだ。この検定試験の前日に森校長は、試験官の教員たちを集めて、静かにしかしながら力をこめて次のように述べたという。勉学の半ばで学業を捨てるのはつらいことであり、明日からの卒業検定試験に際しては、人間という立場から慎重に採点をして頂きたい。校長の自分が試験官の自由を縛ることはもちろんできないことだが、できるだけ慎重に願いたい、これは森個人からの相談である、と語った。そして放校処分にあった学生のほとんどが及第したのだった。それだけにとどまらず森は、これら学生の志望大学や学科が決まると当該の大学教授のもとに出向いて、受験学生の成績が良好であった場合には、三高でのスト処分だけを理由に忌避しないようにと懇願してまわった。そしてこれらの作業が一段落した昭和六年一月に森外三郎は三高を辞職したのである。退官のあいさつで森は、教職員と学生を前にして、自身の不徳のゆえに事件を起こしたことを詫び、最初に三高に来たのが明治二七年で、この三高において一生を教育に捧げるつもりであったと話し、言葉もとぎれとぎれになり、ついに言葉にならずただ黙ったままで二分三分と過ぎ、そしてそのまま降壇した。森外三郎校長を送るための校歌が教職員や学生によって涙ながらに歌われたのだという。この森外三郎は、その後向日町の地にて悠々自適に暮らし、昭和一一年三月六日に七二歳で亡くなっている。

森外三郎について少し長い回想になってしまった。小島は大正元年九月にこの森校長のもとで京都一中の嘱託講師になり、大正一一年には三高の講師を務めたのだったが、いずれもこの森外三郎が校長として勤務していた時代と重なり、とりわけ一中での長きにわたる講師職も、この森の築いた校風によくなじんでいたためでもあったのだろうと思う。

河上肇に論文執筆を促される

大正二（一九一三）年一月、小島に長女素子が誕生した。素子はのちに鈴木成高夫人となる。

河上は大正四（一九一五）年三月、京都帝国大学法科大学の教授に昇進し、翌大正五年九月から「貧乏物語」を『大阪朝日新聞』に連載し始めた。小島が「師友」と称した河上肇であるが、また逆に河上も小島の学識に頼ることが多かった。大正四年六月一八日の書簡では、中等教育用の法制経済教科書を佐々木惣一教授とともに編集することとなったのだが、小島のこれまでの研究で気付いた点をご教示願いたいと書いている。この本とは佐々木惣一 河上肇共著『法制経済教科書』（講法会）のことで、大正五年（一九一六）年一月奥付の同書と、同じ奥付で「文部省指示ニ對シ著者修正稿本」と表紙に書かれ文部省指示に対して修正したもの、「文部省検定済」と表紙に印刷された大正六年一月訂正再版の奥付のものが京都府立総合資料館に所蔵されてある。検定済の同教科書自体は大正六（一九一七）年に刊行された。中国の法制に関してだけでなく他にも河上は、中国の文献のうち人口に関する論述のある資料などを尋ねたりもしている（大正五年二月九日付河上書簡）。これらの手紙は、小島への依頼やその礼を書いたものであるのだが、書簡にあらわれない照会や教示など、もちろんもっとたくさん存在したことであろう。

大正五年五月八日の午後五時半から経済学読書会が開催されて、内藤虎次郎が「支那の人口論」を講演した。この経済学読書会とは、法科大学と文科大学の教官を主体とした研究会で、河上をはじめ神戸正雄・小川郷太郎・米田庄太郎・高田保馬・戸田海市・西田幾多郎らが参加していた（「河上肇年譜」）。この経済学読書会での内藤の講演は、河上が企画して講演依頼を小島が行なった。河上が内藤との交渉を小島に頼み、小島が内藤宅を訪問して依頼し実現したのである（三月二〇日付河上肇書簡）。

小島は自身の回想のなかで、学問を始めるにあたって、師事した狩野直喜や内藤虎次郎、それに河上肇らといったよい先生方が周囲におられたことを幸せであったと述べる（「学究生活を顧みて」）。小島は、草創期の文科大学で狩野・内藤を師として学んだ最初期の学生で、卒業後もそのようなつながりを持っていたわけで、河上はこの小島のつながりに依拠したというわけである。

そんな小島と河上の関係だが、河上は小島に対してしきりに学術原稿を書くようにと進言している。河上が『経済論叢』の編集委員をしていたこともあって同誌への寄稿を促しているのだ。河上の書簡をみてみると、大正五（一九一六）年一一月二四日「先刻御話之玉稿何卒近々御寄贈被下候様懇願」「冬のお休みに御脱稿明年一月十日ごろに拝受叶ふを得ば…」と原稿の督促をし、一月一〇日の書簡では、締め切りを一五日正午まで延ばした旨を知らせて、一部分だけでも提出してくだされぱと、出稿を促している。この原稿は、その刊行の時期から見ると、大正六年三月の『経済論叢』に掲載の「支那経済思想の出発点（儒家及び道家の欲望論）」ではないかと思われるが、これが小島最初の『経済論叢』への寄稿となった。また大正六年九月一九日の河上の書簡では、この際墨子論を一部でも掲載しておかないと掲載の時期が後れてしまうのではないかと考えて、原稿を頂戴したことにするといった事後承諾の手紙もある。これは、『経済論叢』大正六年一〇月に「墨子の経済思想」として掲載されている。河上が先に入手したのは完成稿ではなかったのであろうが、それで入稿したことにするという河上の配慮でもあった。このあとに河上は、『経済論叢』の編輯担当主任を河田嗣郎と交代しているが、河上が編輯担当主任であった時期に小島に寄稿を勧めたわけである（大正六年一〇月十二日付）。この頃のことであろうが、小島が若王子神社の近くに住んでいたとき、大阪朝日新聞主筆の西村時彦が小島を訪ねて入社を請うたことがある（内田「小島祐馬と河上肇」）。小島は断っているのだが、すでにこの時には研究者としての道を歩もうとしていたのであろう。その後も小島は『経済論叢』に多くの論文を寄稿し、それが掲載された。大正八年五月には経済学部が独立し同年九月には、河上の推挙で経済学部の嘱託講師に就いているが、それもこのように河上が執筆を促して書かせたことのひとつの結果であるといってよい。河上が経済学部創立のための会議のなかで、小島を「東洋経済史の講師」として推薦したのだが、何の説明の必要もなくひとりの異議もなく可決されたと手紙に書き送っている（三月二九日付）。

河上によるこのような小島への執筆催促や、さらに講師の仕事を紹介したりしたことは、小島が文科大学への再入学で通常より年齢がいっていることに加え、妻子を抱えて生活が苦しいにも拘わらず、研究のための書物は惜しまず購入する、そんな小島を河上が心配したことによるものである。だがあわせて河上は小島の学識を高く評価していたのだということも指摘しておかなければならない。この河上による原稿の催促と自身の執筆について小島はのちに、「河上さんは私がものを書くことを好まないことを知ると、つとめてものを書くように私に勧められた」と述べ、河上が『経済論叢』の編輯主任になるとたえず督促をし、どうしても書かなければならなくなるようにと始終仕向けてくれられたと回想するが、それは先の「原稿を頂戴したことにする」といった河上の配慮をさしているのであろう。そして、小島の言によれば「だんだん鉄面皮になり」、大正九（一九二〇）年九月には青木正児・本田成之とともに『支那學』を創刊するに至った、と振り返っている。この「鉄面皮」という表現も、もちろん力量ゆえの自信が込められている言葉であるが、書くことを好まないという小島が、河上の矢の催促に対して、苦笑をしながらも感謝をしている様子が思い浮かぶ。小島は、遅筆というわけでもないのであろうが、ただ浅学者が未熟なものを発表するのは無意味であると考えてはいた。そして一生のうちに、自分の創見を一冊でも書けたらよい、というのが若い日からの小島の持論であり生涯の念願でもあった（小島「学究生活を顧みて」）。そうした信念から、のちの大学教官時代にあってもまとまった著作を物しなかったのである。

困難を打ちて通れ得ば

河上が小島に原稿を依頼し督促をしている時期、つまり小島が執筆に取り掛かっているそんな時のこと、河上との間にこんなやり取りがあった。大正六（一九一七）年八月のことである。大正六年創刊の雑誌『書画之研究』のなかで早稲田大学教授の青柳篤恒が、曾文正（曾国藩）の家訓の一節「習字の心得」のことを書いていて、それを河上が読んで感心して小島に手紙を送ってきた。以前に小島が、『読書之栞』という冊子のなかの文章で曾国藩に触れていることを思い出し、この小島の文章を読み直したのだという。小島が書いたのは「古典を読め」という文章である。ここで小島は「長髪族の乱を平らげたので有名なる曾国藩が、其の子紀澤に与えた手紙の中に次の如き文句がある」と書きはじめ、気質というものは天性によるもので改変しがたいが読書ではその気質を改変することができる、と説いているのであった。

この『読書之栞』とは京都府立第一中学校が刊行したもので、森外三郎「生徒に示す」、西田幾多郎「読書」、河上肇「読書に就いて」、新村出「読書する人々に対して」、小島祐馬「古典を読め」、服部謙造「書物の読みかた」と寄稿があり、それに「本校生徒課外読物書目」を付したものである。見てのとおり、まことに錚々たる顔ぶれを揃えた小冊子であった（小島文庫箱２資料目録27）。

青柳が『書画之研究』の中で書いたという曾国藩家訓の一節「習字の心得」とは、「曾国藩の習字訓」のことで、青柳は次のように書いている。曾国藩は清朝末期の軍人でまた学徳高い人物であったが、「長髪族」つまり太平天国軍との戦いで国元を空けることが多かった。留守宅では男子二人が残って家を守ったが、常に書を怠らず、清書をしては使いに持たせて父親の曾国藩のもとへ送り届けた。曾国藩は戦場にいるにもかかわらずこれに朱をいれて送り返したが、そこにはいつも訓戒が書かれていた。その訓戒はのちに『曾文正公家訓』としてまとめられたが、青柳にとってはこの書が座右のものとなったという。その一節を青柳は引いているが、それを記して

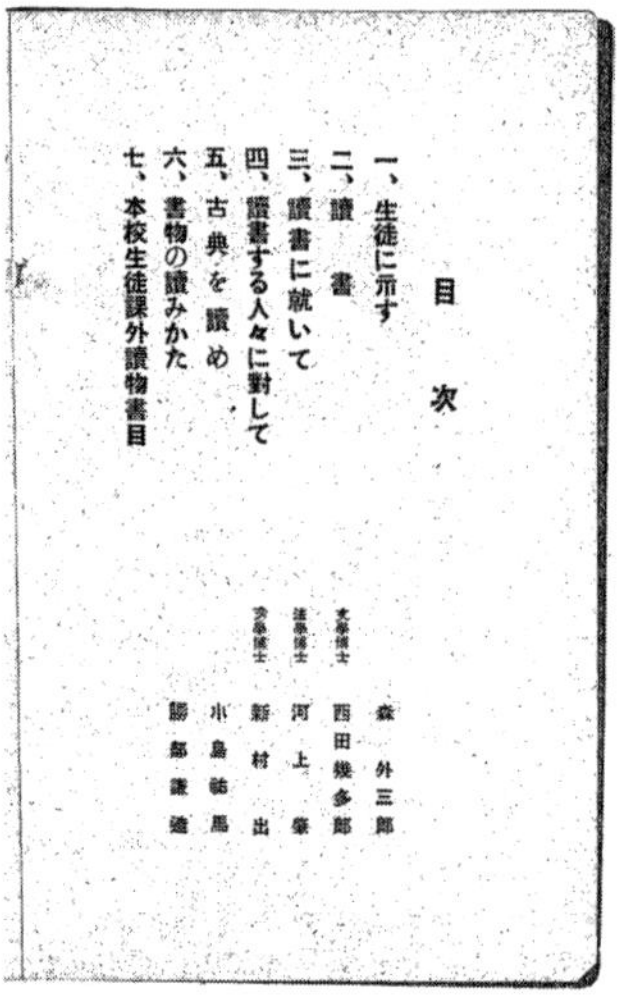
目次

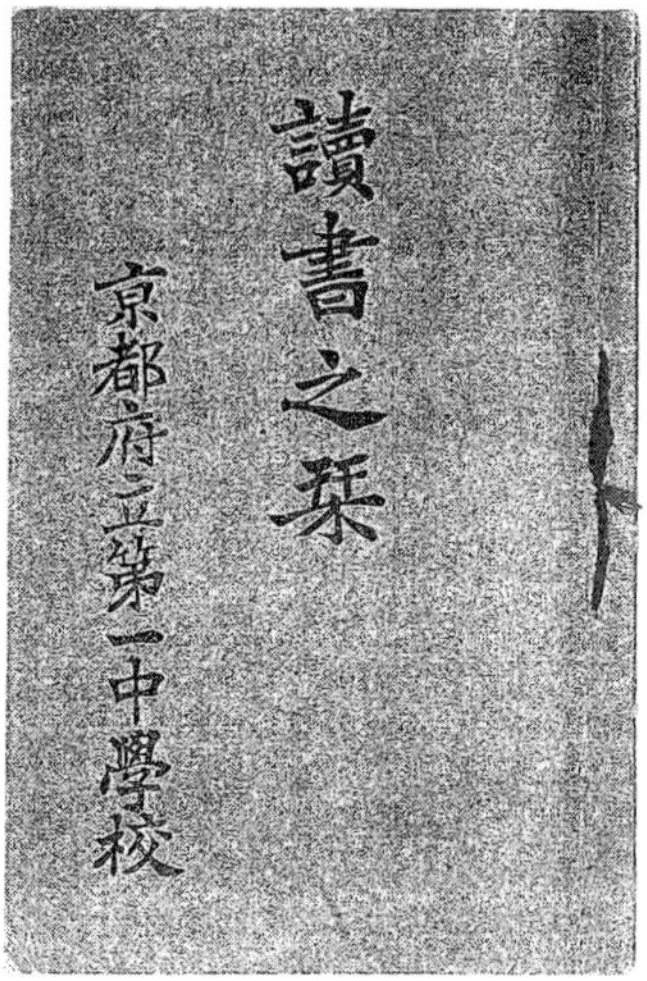

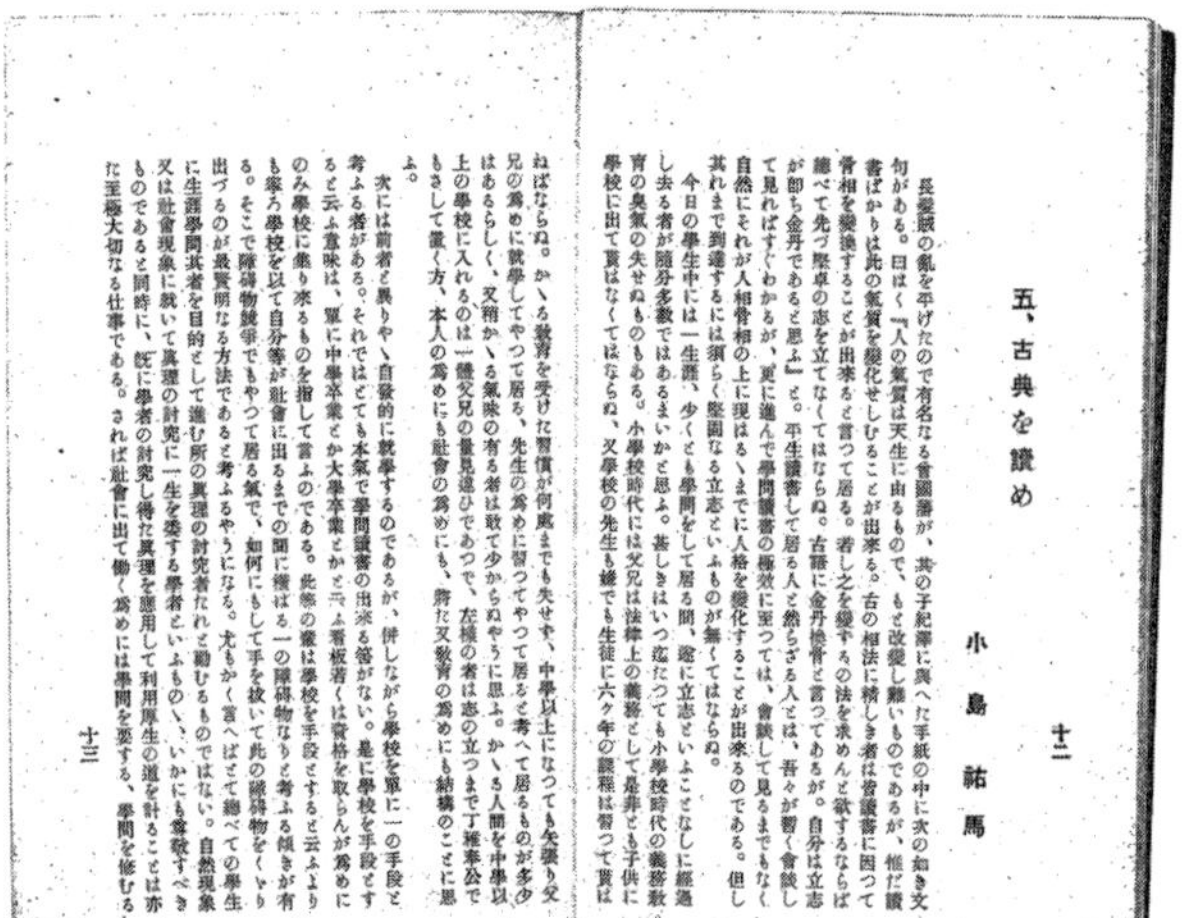
五、古典を讀め　小島祐馬

十二

長髪賊の亂を平げたので有名なる曾國藩が、其の子紀澤に與へた手紙の中に次の如き文句がある。曰はく『人の氣質は天生に由るもので、もと改變し難いものであるが、惟だ讀書ばかりは此の氣質を變化せしむることが出來る。古の相法に精しき者は皆讀書に因つて骨相を變換することが出來ると言つて居る。若し之を變ずるの法を求めんと欲するならば總べて先づ堅卓の志を立てなくてはならぬ。古語に金丹換骨と言つてあるが。自分は立志が卽ち金丹であると思ふ』と。平生讀書して居る人と然らざる人とは、吾々が暫く會談して見ればすぐわかるが、更に進んで學問讀書の極效に至つては、會談して見るまでもなく自然にそれが人相骨相の上に現はるゝまでに人格を變化することが出來るのである。但し其れまで到達するには須らく堅固なる立志といふものが無くてはならぬ。

今日の學生中には一生涯、少くとも學問をして居る間、遂に立志といふことなしに經過し去る者が隨分多數ではあるまいかと思ふ。甚しきはいつ迄たつても小學校時代の義務敎育の臭氣の失せぬものもある。小學校時代には父兄は法律上の義務として是非とも子供に學校に出して貰はなくてはならぬ、又學校の先生も嫌でも生徒に六ヶ年の課程は習つて貰はねばならぬ。かゝる敎育を受けた習慣が何處までも失せず、中學以上になつても矢張り父兄の爲めに就學してやつて居る、先生の爲めに習つてやつて居ると考へて居るものが多少はあるらしく、又稍かゝる氣味の有る者は敢て少からぬやうに思ふ。かゝる人間を中學以上の學校に入れるのは一體父兄の量見違ひであつて、左樣の者は志の立つまで丁稚奉公でもさして置く方、本人の爲めにも社會の爲めにも、將た又敎育の爲めにも結構のことゝ思ふ。

次には前者と異りや丶自發的に就學するのであるが、併しながら學校を單に一の手段と考ふる者がある。それではとても本氣で學問讀書の出來る筈がない。是に學校を手段とすると云ふ意味は、單に中學卒業とか大學卒業とかと云ふ看板若くは資格を取らんが爲めにのみ學校に集り來るものを指して言ふのである。此等の輩は學校を手段とすると云ふよりも寧ろ學校を以て自分等が社會に出るまでの間に横はる一の障碍物なりと考ふる傾きが有る。そこで障碍物競爭でもやつて居る氣で、如何にもして手を拔いて此の障碍物をくゞり出づるのが最賢明なる方法であると考ふるやうになる。尤もかく言へばとて總べての學生に生涯學問其者を目的として進む所の眞理の討究者たれと勸むるものではない。自然現象又は社會現象に就いて眞理の討究に一生を委する學者といふもの丶、いかにも尊敬すべきものであると同時に、旣に學者の討究し得た眞理を應用して利用厚生の道を計ることは亦た至極大切なる仕事である。されば社會に出て働く爲めには學問を要する、學問を修むる

十三

『読書之栞』（京都府立第一中学校）の表紙、目次、小島の文章

みると次のものである。

汝毎日柳字を習うこと百個、単日には油紙をもってこれを摹し、双日には生紙をもってこれに臨め。数日ののち字いよいよ醜く、意興いよいよ低からん。所謂困するなり。困するとき間断するなかれ。再び困せば再び奮い、いよいよ窮しいよいよ懃すればすなわち必ずや通達精進の日有らん。啻に習字のみにあらず。凡そ事みな極困極難の時有り、打ちて通れ得ば是れ好漢ならん

日々精進し精進を重ねてもすぐさま成果が出ずとも、またいったんは難局に至ることがあったとしても挫けることなく絶えず精進を続ければ打開の道が開け、それを打開してこそ誉である、との曾国藩の文章だがそれに河上は感銘を受けたのである。当時の河上の心境にぴたりと合致したのであろう、河上はこのことを手紙に書いて小島に送ったのであった。

この河上の手紙に小島は原文を示しつつ丁寧な返書を出した。それに対して河上は、原文と青柳の引用とに異同があることを疑問に思いその箇所を再び手紙に書き記して問うている。ただこの疑問点について河上は、「重ねて御懇諭を仰がんとには非ず」と断り書きを入れるのも忘れない。この河上の疑問に小島は再び答え、「習字ハ国藩ニ在リテハ一ノ末技ニ過ギズ而モ其刻苦精励工夫ヲ用フルコト如斯可欽之至」と書き送った。つまり曾国藩にとって書道は一つの末技ではあってもこのような努力を重ねていたのであると小島は返書に記したのである。その小島の返答に対して河上は、アダムスもマルクスもともに斯界の第一等の人であるが、ともに天才ではな

く、ただ「刻苦精励」の功を積む努力が尋常ではなかったのだ、と自分に引き寄せての返事を書き送っている。小島相手であってこその河上の心情をよく示す手紙のやり取りである（八月二七日付書簡）。

この件については後日談がある。小島は念を入れて年末にわざわざこの『曾文正公家書』八冊を取り寄せて河上に進呈しているのである。河上はこの進呈に対して「貧居にも斯様の富之所得有之人生の福不過之と窃に相悦居申候」と、この上ない幸せとの感謝の気持ちを表明した（大正六年一二月六日付）。なお小島が河上に進呈したこの『曾文正公家書』の現物は、京都大学経済学部図書室の河上文庫に所蔵されており、閲覧してみると表紙裏に「謹呈河上先生小島祐馬丁巳十二月初一日」と寄贈の記があった。さらに帙には「大正六年十二月小島祐馬君所恵河上肇蔵」と河上の覚えが記されてある。この家訓本文には河上の朱点が入り、河上が熱心に読んだであろうこともうかがわれるのである。河上は、曾国藩の文章に自分の心情を反映させて書き送ったのであり、そんな河上に対して小島は、ならばと『曾文正公家書』の現物を送ったわけである。小島が原稿執筆を急かされている時期のことであるが、二人の間でこのような、書物を仲立ちにしながらの心を通わせるやり取りがなされていたというのもまことに興味深い。こうした交友であるからこそ、生涯にわたってよい関係が持続したということなのであろう。

ついでながら大正七（一九一八）年一月一五日の手紙では、河上が小島に、「其折はスマート氏の名著ご恵贈被為下忝く厚く御礼申上候」と記し、先の『曾文正公家書』とともに座右に備え宝典としたい、と書いている。小島が進呈した「スマート氏の名著」を河上文庫でみてみると、Smart, William　*Second thoughts of an economist ; with a biographical sketch by Thomas Jones. London* : Macmillan, 1916 のようで、ここにも「謹呈河上先生小島祐馬」と寄贈の記がある。このスマートは一八五三年生まれの経済学者でグラスゴー大学教授、河上は一九一五年の『経済論叢』（一巻三号）に「すまーと教授逝ク」との追悼記事を寄せている（大野正英「ウィリアム・スマートの『一経済学者の反省』と広池千九郎（一）」）。小島が贈ったスマートの著作は一九一六年の刊行で、この河上の記事が出たあとに出版されたものであり、小島がこの河上の記事を見たうえで、スマートの *Second thoughts of an economist* が出版されたのを知ってそれを購入して河上に贈ったのではないかと思われる。

河上肇の『社会問題研究』刊行事情

大正七（一九一八）年九月、小島は同志社大学法学部教授に就任し「支那経済事情」と「支那社会政策史」とを講義した。これは直接には同志社大学教授瀧本誠一からの紹介であったが、実際は同志社大学教授を兼任していた河上の推薦によるものであった（一月二九日付）。

その少し前の大正七年八月、大阪朝日新聞への掲載記事をめぐっていわゆる白虹事件が起こった。不吉で内乱の兆候ともされる「白虹日を貫けり」と大阪朝日が書いたことによる筆禍事件である。この事件で長谷川如是閑らが大阪朝日を退社することになり、京都法政専門学校で小島とともに中国語を学んだ花田大五郎も退職するに至った。大阪朝日新聞の社友であった河上は、それに抗議するかたちで新聞への寄稿を打ち切った。そのために大衆への意見表明の場を失なうと考えた河上は、原稿を欲しがっている『日本一』など駅売り雑誌を発表の舞台にしようかと考え、『日本一』に原稿を渡した。こうした事情を聞きつけた小島は河上の弟子櫛田民蔵とともに河上宅を訪れて河上の真意をただした。そして、『日本一』といった大衆誌への寄稿などではなく個人雑誌を出したらいかがかと勧めたのである。小島は発行元を確保するため、その足で丸太町の弘文堂を訪れた。閉店後であったにもかかわらず小島は店主を叩き起こして、河上の個人雑誌をこの弘文堂から発刊することを打診し、その了解をとりつけた。こうして『社会問題研究』は大正八年一月に弘文堂から創刊号が刊行されることになった（「『社会問題研究』創刊に至るまで」）。河上はこの雑誌創刊にあたって、「砂漠の只中に棄てられたる如き蝸牛の殻たる此小誌にたて籠り深山の落葉の底をもるゝ水のやがて大海に注ぐを志す如くに今後静かに辛抱精進仕り」たいと決意をあらたにした葉書の礼状を小島に送った（一月二〇日付）。この雑誌は大きな広告も打たず、また小売店から返本を受け付けない買い切り制との厳しい流通条件であったが創刊後四ヶ月で二万部の売れ行きを記録した。

これ以降も河上や小島と深く関係していく弘文堂についてここで述べておく。弘文堂はその店主を八坂浅次郎（一八七六〜一九四八）といい、江戸時代から出版を業としてきた出雲寺《いずもじ》和泉掾《いずみのじょう》のもとを独立して寺町押小路で古書を販売していた。大正二（一九一三）年に東大路の八坂神社と熊野神社間に市電が延伸となりまた丸太町通にも市電が通るようになったことから、弘文堂は寺町丸太町東入ル北側二軒目（のち四軒目）に移った。そして古本販売をやめて出版を手掛けることとなった。当初は法科大学の受験参考書を出版していたが、津田八郎兵衛の出資を得て合資会社とし、大正六年三月に河上肇『貧乏物語』を出版して当て、この河上の個人誌『社会問題研究』の刊行も引き受けることとなったのである（脇村義太郎『東西書肆街考』）。ちなみに津田八郎兵衛は京都西郊牛ケ瀬の出身で代々八郎兵衛を名乗る庄屋の家柄、大正二年に京都帝国大学法科大学を卒業し代を嗣いだ。次の弟は滝本へ養子に入り滝本秀三郎、その下の弟三男は山口家の養子に入り五代山口玄洞を襲名した。長兄八郎兵衛は河原町二条辺りの藤田という家に下宿して大学に通ったのだが、その藤田と当時寺町押小路に在った古書店弘文堂の八坂浅次郎とが知り合いで、その関係から八郎兵衛と八坂とが繋がったのだという（脇村義太郎「『貧乏物語』前後」、森谷尅久「四代山口玄洞翁と京都市歴史資料館」）。

『貧乏物語』は河上の言によれば、第一貧乏物語を書き終えた大正五（一九一六）年一二月頃からその単行本化についてすでに各社から申し出があったが、そのなかで八坂浅次郎は最後の申し出であった。八坂が出版業をはじめたことからこれを刊行させてほしいと言ってきたので、河上は、京都の土地に出版業を起こしたいとの気持ちから、各社の申し出を断って「最後にやって来た素人の弘文堂にその出版を頼むこと」にした。八坂は出版についてはまるで素人だったことから、出版についてあれこれと世話をしたのだという（「河上肇より櫛田民蔵に送りたる書簡集」〔註〕）。

この次第は先の脇村によれば次のとおりである。弘文堂の『貧乏物語』発刊について脇村は、小島が学生時代から古書店弘文堂に出入りをしていたことから小島の紹介ではないかと当初は考えた。だが実際はそうではなくて、津田八郎兵衛が八坂に、河上の『貧乏物語』がよいからと刊行を勧め、津田自身が河上を訪問して出版の許諾を得て、その後に八坂があいさつに行って実現したのだという。金銭面で余裕のある津田が資金を出して弘文堂を合資会社弘文堂書房とし、弟の滝本秀三郎を代表者とした。脇村はその論文で、『貧乏物語』の大正六年三月初版の奥付図版を掲出しているが、そこには確かに滝本秀三郎が発行者、八坂浅次郎は印刷者となっている。そして八坂の住所は寺町通二条南入とあり、発行所合資会社弘文堂書房の所在地は寺町丸太町となっているのである。脇村のこの調査は弘文堂の刊行物がある時期「弘文堂書房」を名乗ったという次第もよく了解させてくれる。小島はこの『貧乏物語』の刊行に直接的には関わっていないようだが、小島が当時の弘文堂の常連であったこと、河上の個人誌『社会問題研究』刊行の時には店主を叩き起こして依頼するような仲でもあり、なんらかのアドバイスをしたと考えてもおかしくはないだろう。これ以降も、小島や河上と弘文堂とは、その著作などをめぐって深い関わり合いをもっていくことになるのである。

抱関撃柝《ほうかんげきたく》

大正八（一九一九）年二月、帝国大学令の改正で分科大学制が学部編成の制度となり、京都帝国大学文科大学も京都帝国大学文学部となった。この時期においても小島と河上は、それぞれの家を訪ねたりしながら交友を重ねている。小島への書簡に、「度々御光来被下候処何時も不在拝眉の栄を得ず残念至極」と小島がたびたび河上宅を訪問しても河上が留守、という場合が多いことをうかがわせる手紙も残っている。小島の転居に関して、小島を手伝うよう河上の義弟末川博に依頼したりと、変わらぬふたりの往き来はあった（大正八年七月一六日、七月二〇日付）。大正九年五月には長男懋《つとむ》が生まれたが、河上は櫛田民蔵への手紙のなかでも、「小島さんの処では男のお児さんがお出来になったさうです」と書いていて、この三者の交友は私事にもおよんでいることもよくわかる（大正九年五月一九日付）。

この長男小島懋は後に京都帝国大学農学部に進み農芸化学を専攻、昭和二五年から三四年にかけて京都大学農学部助教授、のち大阪府立放射線中央研究所第三部長に就いた。研究所第三部は農産課・食品課とありその部長ということになる（『大阪府職員録』昭和三九年）。住まいは堺市南丸保園の府大校舎となっていて、小島が昭和三八年八月の箱根での講演のあと体調を崩し京都で入院したのち堺市の病院に移ったのもこの子息懋の住居に近かったことによるものであったろう。懋も定年退職の後高知に帰って弘岡上の家を継ぎ、高知県立実践農業大学校嘱託となった（小島懋「故山に帰る」）。小島の女婿鈴木成高によれば、懋が農学の方面に進んだことに対して小島は非常にご機嫌で、自分ができなかったことを息子がやろうとしていることに我が意を得たり、といった様子であったという（「先学を語る」）。

大正八（一九一九）年になり、櫛田民蔵は同志社大学教授を辞任して東京に移ることになるのだが、それにあわせて小島も二月七日に同志社大学を辞職している。同志社に職を得たとき小島は講師の身分であったが、それは教授になると色々と面倒な仕事が増えて嫌だというのが理由であった。しかしながら当局から教授にと慫慂され、大学行政に関与しないとの条件で教授職を受けたのであった。ところが瀧本誠一法学部長の排斥運動が起こり、それを小島は傍観もできずに、櫛田とともに瀧本と話をつけて、法学部長と図書館長とを辞任してもらうこととした。瀧本の法学部長辞任にともなう後任の選考人事で小島は法学部長に推されたが、絶対に就任しないと強く拒否した。その結果これも嫌がる櫛田がやむなく法学部長になったのであった。櫛田はいそいで次年度の講義計画を立て、さらには同志社出身の教授を養成して大学自体に自主性を持たせようとした。そのために法律では佐々木惣一、経済では河上肇に主任へと就任してもらい、それまで講師として招聘していた京都大学の教授たちの出講を断って同志社出身の専任教員を採用したのであった。ところがこれに対してある京大教授が横やりを入れ、それに瀧本が同調したことから、櫛田は瀧本と衝突して辞表をたたきつけたという次第である。この櫛田の辞任にあわせて小島も同志社大学の職を辞したのである（「河上肇と櫛田民蔵を語る」）。

小島はこの時期、京都一中嘱託やほかの学校の非常勤講師により生計をたてて研究を持続していた。この同志社大学を辞職すれば生活はいっそう苦しくなったことであろう。だがこんな苦しい生活の中でも、研究のための書物は惜しげもなく購入して蓄蔵につとめていた。そうした小島が非常勤講師で暮らしをたてている様子をみて河上は、「小島君のホウカンゲキタクと同じやうに、私はセキシュクウケンをモットーにしたいと思ひます」と櫛田民蔵への手紙に書いたのである（大正八年五月一九日付）。

この「ホウカンゲキタク」は抱関撃柝、門番や夜回りというような低い役職の人のことをいい、「セキシュクウケン」は赤手空拳、手に武器を持たず援助なく独力で事にあたるといった意味である。このように小島が一中講師などの職について抱関撃柝と河上に言ったとされるその真意については、竹之内静雄や内田智雄が述べているように、それは学問をするにあたっては職業や身分などは関係がないというほどの意味である。河上は少し前に大原孫三郎から大原社会問題研究所主任への就任を打診されており、河上が就任するかどうかを迷って小島に相談をした時に、その対応と弁明に関して二人の間で使われた言葉であった。その後も例えば河上が、小島宅を訪問したおりに小島が非常勤の仕事に出ていて不在であった場合に、「今朝小島兄訪問致候処、例のホウカンゲキタクにて不在に有之申候」といった使い方をしており（大正九年三月八日付櫛田宛）、お互いの知識を前提にした符牒として使用しているとの印象もある。

この「抱関撃柝」発言は小島にとっても重要な意味を持つことから、河上に対する大原社研主任への打診の一件から書き起こして説明してみる。大正七（一九一八）年秋頃、倉敷紡績社主の大原孫三郎は大原社会問題研究所を創設するにあたって、その主任（所長）就任の打診を河上にしてきた。河上の回想に従えば次第はこうである。大原は河上に打診するにあたってどこかで会食の場所を用意してそこで、と考えていたのであろうが、河上は、「話を聞きたいと云ふのなら先方から遣って来たら可からう、金持ちに御馳走になるなどは嫌だ」というものであった。そこで大学構内の学生集会所で学生の食べるまずい洋食を大原と共に食して話をしたのであった。大原とはさらに翌日も会見して話をしたのだが結局この件はまとまることはなかった。河上の言い分は、社会問題の解決についてはすでに研究も進んでおり、いま急務なのは社会主義思想の普及である、というものであった。この河上の言にはさすがの大原も同調できずに、話し合いは不調に終わった。河上は、金を出して有力な学者を客分に抱えておくことが篤志家らしくみせる資本家の道楽であると考えて断ったのだ、と強気の構えであった。この研究所主任への就任や研究所の運営についてこのように断ったいきさつを河上が手紙で小島に聞かせたところ、小島からの返事として、自分ならば嫌だと思う、という文脈で、門番・夜回りである「抱関撃柝《ほうかんげきたく》」と、支援なく手に武器を持たず戦う「赤手空拳《せきしゅくうけん》」という言葉を使ったのであった。夜回りであっても学問はできるという言い回しであったのだろう（「河上肇より櫛田民蔵に送りたる書簡集」大正九年四月一八日付封書の河上の《注》）。

ここでは河上の回想により主任打診についての河上の心情を記してきたが、大原のいわゆる社会事業や慈善事業に対する河上のこの評価には、思い込みと予断が強く含まれていて、大原にはいささか気の毒な会見だったように見える。また逆にとらえれば、この次第を小島に書いて送るほどに河上は、クリスチャンで篤志家の大原孫三郎の社会事業に心を動かしていた、という証左にもなるであろう。河上は、ある面で自分に近しい考えを持っている大原を、資本家であるという一面を強調することにより主任就任を断ったというわけである。小島と河上の間で交わされた「抱関撃柝」「赤手空拳」はこうした大原社研主任要請への河上のまさに弁明の言辞であった。

実のところ河上は、自身は主任への就任を断ったうえで、東京帝国大学教授高野岩三郎を推薦し大原に紹介状を書き与えている。その後大原社会問題研究所は、この高野を所長に迎えて大正八年二月に創立総会を持ち、人員や機構を整えていったのであった。そして大正九（一九二〇）年三月になり、今度は河上の方から、評議員または研究員として入所の希望がある旨が櫛田を通して知らされていて、実際に河上は同年六月に評議員に就任してもいるのである（『大原社会問題研究所五十年史』）。こんな事実をみても、先の河上の大原や社会問題研究所への評価は大きく割り引いてみておかなければなるまい。大原社研主任への就任やその運営という、ある面では自身の研究とその実践につながる申し出に大きく心を動かしたその裏返しの発言であったと思われる。そしてその心情を河上は、気の置けない小島に明かしまた結論を報告したという次第である。「抱関撃柝」「赤手空拳」というのも、そうした文脈での使われ方であった。

河上肇『改版社会問題管見』の序文をめぐって

櫛田民蔵は河上の弟子筋にあたっているわけだが、櫛田が河上のマルクス理論を厳しく批判し、またそれを河上が受け入れたことはよく知られている。河上は『社会問題管見』を大正七

（一九一八）年に弘文堂から刊行したが、大正九年に大きく構成を変えて改訂版を出そうとしていた。この改訂版の序文をめぐる出来事にも小島は立ち会っている。

大正九年三月半ば、小島は櫛田とともに河上宅を訪れていた。たまたまそこに『改版社会問題管見』の製本ができあがったと弘文堂が届けにやってきた。河上はそれを一瞥して小島と櫛田に差し出した。この改訂版には、初版から大きく構成を変えた改版のための序文が八ページにわたって付されてあった。河上は櫛田に、どうでしょうと一言いったのだが櫛田は何も答えることなく不機嫌な顔をして首をかしげたままでいた。それをみて河上は、待たせていた弘文堂にこの本を返し、新しい序文付きのこの改版分千冊をすべて破棄したうえで、初版のもとの序文をそのままの形で入れて印刷をし直すよう指示した。その結果大正九年に刊行された『改版社会問題管見』は、大きく改訂され構成も変えられているにもかかわらず、そしてその改訂版用の序文を河上が準備をしたにもかかわらず、初版と同じ序文を付けたままの奇妙なかたちで刊行されたのである。

こういう成り行きで、河上が新たに書いた八ページにわたる改訂版のための序文は日の目を見ることはなくなった。ところがこの改版のための序文を附した『改版社会問題管見』、つまり破棄されたはずの千冊のうちの一冊が小島の手元に残っていたのである。そして櫛田が難色をしめしてボツとなり世に出なかったこの序文の顚末について、小島が『河上肇全集』の月報に書いているのである（「『社会問題管見』の序文」）。このいわばまぼろしの序文付『改版社会問題管見』を小島が手元に持っているのには理由があった。それは河上の著作が刊行されると、弘文堂は最初の一冊を見本として河上宅に届けると同時に小島にも進呈する慣わしになっていたことによっている。それについて小島は次のように書いている。

大正七年頃（「でなかったかと思うが」と小島は書くが）、京都で内外出版株式会社が創業した。内外出版というのは、長年京都で本屋を営みいったん廃業した須磨勘兵衛が、帝国地方行政学会の大谷仁兵衛や大森紙店とともに興した出版社で、この出版社は、京都帝国大学法科大学雉本朗造教授や、大森紙店の出身である小川郷太郎教授夫人らのバックアップを受けて法学・経済部門の図書を出版し成長をとげた。こうしたこの急成長は、これより数年前に出版業に転向して法学・経済学関係の図書を刊行していた弘文堂にとっては大きな競争相手の出現となり打撃を蒙ることとなった。こうして窮地に立たされた弘文堂の八坂浅次郎は、旧知であった小島のもとを訪ね、他の先生方の著書が内外出版から出版されるのは致し方ないけれども河上先生の著作だけは弘文堂から刊行するようにお願いしてもらえないかと頼みこんだ。そこで小島が河上と会って事情を聞いてみると、河上は、法科大学の同僚がみな内外出版を支援しているなかで自分がそれに加わらないのは具合が悪い、と答えたという。そこで小島は、内外出版に関しては多くの京大教官が支援しているので河上ひとりが加わらなくとも大過はない、だがいま河上から見捨てられたとしたなら弘文堂は潰れてしまうだろうと説得した。その説得に河上は納得して、これ以降も自分の主たる著書は弘文堂から刊行することとしたのであった。このことに恩義を感じて弘文堂八坂浅次郎は、河上の著書の「お初穂」をかならず小島の処に届けるようになったというのである。そんなことから弘文堂は新たに河上の書いた序文のついた『改版社会問題管見』千部を破棄するという損失もすぐさま了承したと小島は回想しているのであった。内外出版の創業は大正九年四月であるがその創業を前に、内外出版創設の動きがあったのかもしれない。大正八年一二月刊行の『藝文』（京都文学会）の発行元は京都の肇文社であるが印刷元は須磨勘兵衛となっていてその継続性もうかがわれる。いずれにしても弘文堂と河上の背後には小島の姿があったことは確実であり、小島の性格としていわば意気に感ずというか、信義を重んずというか、そんな様子が伝わってくるエピソードであると思う。

この小島と弘文堂との間の出版物刊行をめぐってもうひとつ、小島の姿勢と性格をよく示すエピソードを内田智雄が紹介している（内田「小島祐馬と河上肇」）。少し後の昭和一二（一九三七）年のこと、内田がマルセル・グラネー『支那古代の祭礼と歌謡』の翻訳書を弘文堂から出版した時のことである。この時期小島は文学部長になり校務煩雑であまり時間的余裕がなかった。そんなことから内田は、翻訳の草稿を小島に目を通してもらった上で訂正をしていくにも時間がなく、原稿をまず印刷にまわし三校となってようやく小島が目を通すことになった。この三校で小島は大きく訂正し大幅な頁の移動もあったが、弘文堂は一度も文句をいうことはなかった。当時の校正は活字を組みなおすものなので、その手間は今とは比べ物にならない。一二月に小島は清野謙次と北京へ出張しているのだが、その時も前夜まで修正の作業をした。北京への船上からは、もし内田が序文などを書くにあたっては「小生の名を入るゝ場合ありとも「恩師」などゝいふ語は不可用、これは支那学者の使ふべき語に非ず候」といった葉書も届いた。そしてこの訳書は翌一三年二月に小島の序文を付してようやく刊行となった。この訳書が出来上がって内田は弘文堂に対して、小島宅に一本を届けてくれるように依頼した。そしてその本は果して小島の宅に届いていたはずであるのに、その後に小島から内田へ、訳書を一冊自分に呉れないかと申出があったのである。内田は弘文堂が小島への献本を忘れたかとあわてて一本を持参して小島に献呈した。その後に小島からお礼の手紙がきたのだが、そこには次のように書かれていた。

（略）右は既に弘文堂より見本として一部持来致居候従来同所出版物を寄贈し来る例に徴すればこれも多分くれるつもりかと存候へどもこれは弘文堂と小生との個人的関係に本づくものにて実は此書に関しては弘文堂の寄贈の有無に関せず小生は貴兄より一部頂戴致度念願に有之従って勝手なる事を申上甚相済不申候へども衷情御諒察被下度候（略）」（傍点は小島）

内田は自分の小島への想いの至らなさを羞じ、また悔いたうえであえてこの手紙を紹介してくれているのだが、ここには小島と弘文堂との関係もよく示されていて興味を惹かれる。弘文堂が小島に献本するのは小島と弘文堂との「個人的関係」であり、小島と内田とはまた別の関係であると言っているのである。ここには小島のいわば「礼」についての姿勢がよく表明されている。弟子を頭ごなしに怒ることもまた押し付けることもなくまことに穏やかにみえながら実に厳格な形で、一冊献本するのが礼であることを内田に示している。小島が内田の訳書の校正三校に対して無数にといってよいほど書き入れた朱入り校正刷は内田にとってはかけがえのないものとなった。それを内田は製本して大事に保持してきた。そして内田は、あの世へ旅立つ時にお棺の中にいれて葬ってくれと家族に言い残したのだという（内田智雄「処女論文 なれない仏語で苦心マルセル・グラネーを翻訳」、小島文庫資料目録9）。

学術雑誌『支那學』創刊

大正九（一九二〇）年九月、小島祐馬は本田成之・青木正児らと『支那學』を創刊した。まだ経済学部の嘱託講師の身分で、文学部助教授に就任する二年前のことである。のちに小島が退官するにあたって刊行された『支那學 小島本田二博士還暦記念号』に小島の筆になる「『支那學』創刊当時の事ども」が載り、またそこには創立同人の本田「『支那學』発刊前後の思ひ出」、青木「『支那學』発刊と私」の回想もあるので、これをもとに『支那學』創刊事情を記しておく。

創刊同人のひとりである本田成之は大正九年に神宮皇学館から仏教大学（現在の龍谷大学）教授として転任した。当時黒門通りに住んでいた本田のもとを訪れたのは、「同気相応じ同類相求む」小島祐馬と青木正児である。かれらが寄って語る話題は「天下罵倒論」で、天下の支那学は我々の外の何処にあるかと気炎を上げげた。時には一升瓶二本を持って小島と青木とが来訪、たちまちにしてそれを飲み干しさらに数本を追加し、床の間の画帳を墨で塗りつぶしたりもした。本田の言では「いずれも或は中学の講師、或は私学の教授で、甚だ高級ならざる待遇に固窮呻吟して居たから、何処かで其の豪気を洩らす機関がなければならぬ」ということで、雑誌『支那學』発刊に至ったという。これは本田の言である。先の「抱関撃柝」ではないが、当時の帝大教授などに比して研究環境を顧みればそんな気分もないでもなかったのであろう。もっとも青木の言によると、小島と青木の間ではずっと以前から雑誌刊行の「夢想談」が交わされていた。これは大正五年四月に、青木、小島、本田、さらに佐賀東周、岡崎文夫、福井貞一、那波利貞、神田喜一郎とともに結成された麗澤社のことを指している（「年譜」『青木正児全集 第一〇巻』）。

さてこうして創刊を決定したのだったが問題はその発行元である。この『支那學』創刊に関わる「外面的な諸事情」は小島の回想によればおおむね次のとおりであった。このような学術同人雑誌は多くの部数が売れる見込みはない、そうすれば版元に余計な負担をかけることになってしまう。そう考えた小島らは、当初京都帝国大学支那学会の機関雑誌にすることも検討したが、もし経営が不首尾に終わった場合には大学へ迷惑をかけることになることからそれは取りやめとした。大学の支那学会は狩野直喜・内藤虎次郎・桑原隲蔵らの重鎮のほか荒木寅三郎・新城新蔵ら自然科学系の学者も加わっている権威あるもので、それに遠慮もあって別の組織である支那學社を結成したのだという（宮崎市定「独創的なシナ学者内藤湖南博士」）。また大学の機関雑誌にすると、一面で種々の拘束を受けざるを得ず、もっと自由に編輯したいと考えて、大学とは別に、発行を引き受けてくれる版元を探すこととなったのであった。そうしているうちに旧知の彙文堂先代が自分のところで刊行したいと言ってきた。

彙文堂の先代というのは大島友道のことで、大正八年の羅振玉帰国送別会にも参加した人物であることはすでに述べた。この彙文堂は当時『冊府』と題した図書目録を刊行していて、巻頭に学者たちの新刊紹介や随筆を掲載していた。大島はできれば専門の雑誌を発行したいと考えていて、小島たちの『支那學』刊行と要求が合致したというわけである。そこでこの創刊号を彙文堂から刊行することとしたのであった。

この『冊府』という雑誌については青木正児の回想が『支那學』に載っている。昭和九（一九三四）年内藤虎次郎が死去したときの追悼記事なのだが、それによれば『冊府』というのは大正五（一九一六）年一〇月に創刊され、年に六回刊行の小冊子の目録で、巻頭に載るその文章はおおむね「京大支那学出身在洛浪人連中匿名の暴れ書き」であった。そして時には東京の学者の悪口も掲載され、東大側ではそれを気にしていたようで、狩野直喜が上京した時などに、あんな事を書かせてもらっては困ると東京側から文句が出たりした。富岡謙蔵などは『冊府』の大声援者であり、内藤もそれを面白がっていたのだったが、狩野は東京側の苦情を気にしていた。内藤の言では、『冊府』がもし後世に残ったら、「青木君や本田君は先づ彙文堂のかゝへ文学者であったと云ふことに推定されるね」と語っていたという（青木正児「内藤湖南先生逸事」）。ちなみに小島文庫には『冊府』第六巻第一号が所蔵されるが（小島文庫資料目録298）、その巻頭は瓢公先生談「酒豪地黄坊樽次第（冊府社新年宴会席上講演）」というものであった。この『冊府』の記事にみられるように、この『支那學』創刊当時には、執筆する側も論考を読む側も、東洋学の論考や雑誌を待望するそんな気運がみなぎっていたのであった。

『支那學』の表紙は、漢の武梁祠の石刻から選択した孔老会見の図で、青木が馮雲鵬 馮雲鵷編『金石索』からとったものだった。文字は青木と彙文堂とが相談して六朝の墓碣から採字した。「學」の字だけは別の墓石からのもので少しバランスが悪くなったという。この表紙に使われている図版をみた内藤はのちに、『支那學』ともあろうものが、もとの拓本を用いずして『金石索』に拠ったといって笑ったというが、その実内藤は本誌の熱心な支持者でもあった。それにしても若き日の小島や青木、それに最長老で後見役のような内藤虎次郎や狩野直喜との間の、厳しいながらも何か微笑ましい雰囲気が伝わってくるような話であるように思う。

こうして『支那學』は創刊に至った。その「発刊の辞」は青木が書いた。青木は、当世ほど人びとが支那学を顧みないことはないと嘆いたうえで、「道を伝ふる者、必ずや自ら進んで天下に絶叫し、同志は之を招き、蒙者は之を啓き、以て王国を紙上に建てざる可らず。是れ本誌の生るゝ所以」と勇ましくもまた気負ったものを掲げた。

この彙文堂から刊行した『支那學』創刊号は初版五〇〇部を印刷したが売れ行きも良く完売した。ところが創刊号を出したすぐあとにこの彙文堂の大島友道が病で倒れてしまい、彙文堂からの発行が困難となってしまった。そして発行所問題が白紙に戻り困惑していたところに、弘文堂主人八坂浅次郎が小島のもとを訪ねてきて、『支那學』の刊行を引き継ぎたいと申し出た。弘文堂は、先の河上肇の『社会問題研究』創刊のときに小島が話を持ち込んだ出版社で、小島との縁も浅くない。弘文堂は古書店から出版社に転向したのだが、その八坂に対して小島は、学術雑誌の刊行は利益にならないものであることなど諄々と言い聞かせた。しかしながら弘文堂は引かず、結局この弘文堂に創刊号増刷五〇〇部および第二号からの分を刊行させることとなった。このとき小島が八坂に、この版元変更の実情を誰から聞いたかと問い詰めたところ、それは河上肇からの依頼であったと八坂は白状した。先の『社会問題研究』発刊の次第河上が世話になった返礼のかたちとなったわけである。

『支那學』刊行について経営面は小島が担った。小島はこの雑誌の頒布についていくつかの約束ごとを作っていた。例えば少しでも版元の刊行分が売れるようにと、個人への寄贈は一切せず、したがって、長老の先生方にも買ってもらうこととした。進呈しなければならない場合には、自分で買い取って寄贈をすることとなっていた。そしてもうひとつの約束ごとは、中国や欧米の関連ある大学や図書館には最初から寄贈するとしたことである。これは当時欧米留学から帰国したばかりの小松茂理学部教授の進言によるもので、寄贈先の大学や図書館名までアドバイスしてくれたという。こうした外国への寄贈を考慮して裏表紙には欧文目次をつけることとし、この目次の翻訳には英文学の石田憲次教授の助力を得た。『支那學』はこのような頒布の原則を持って刊行された。たまたま内藤が渡欧したときに当地の中国学者の書斎にこの『支那學』が架せられていて内藤はそれを喜び、小島や青木を励ました。また梅原末治も昭和二年レニングラードで過ごしたとき『支那學』がパリのペリオ教授経由で送られ学者の間で読まれているのをみて肩身が広くうれしかったと述べる（梅原末治「故先生のことども」）。

「抱関撃柝」だが、いや「抱関撃柝」だからこそ、教えを受けた狩野直喜や内藤虎次郎ら先達を前にして学術同人誌を創刊した若き日の小島や青木、本田らの気迫も気負いも感じられ、若き日のかれらの姿を彷彿とさせる。そしてそれを見守る狩野・内藤らの温かいまなざしもよく理解できるところである。さらにまた雑誌を彙文堂や弘文堂から刊行するにあたっても、版元に対し行き届いた配慮のもとに物事を推し進めていった小島の周到で気遣いある経営センスもここで確認しておいてよいと思う。

『支那學』はこのように、大学の刊行物として発刊することを潔しとせず、小島・青木・本田三名による学術同人誌として刊行された。『支那學』は学術同人誌ではあったが、もちろん学術研究誌として十分に評価をされていて、京都大学文学部の年史では、『支那學』創刊号の図版を掲出したうえで、「三学科卒業生の有志」が支那學社を創設し、「支那學研究のよき参考として、海外同學者の間にまで認知せられるに至ったのである」と、大学刊行物に準じた記述をするなど高い評価を与えている（『京都帝国大学文学部三十周年史』）。

「東洋の道を摂《おさ》めた我が道統」

大正一〇（一九二一）年三月二三日、河上肇は、作田荘一を京都帝国大学経済学部助教授に迎えるため山口高等商業に赴いた（「随筆『断片』」）。作田と河上とは山口高校時代には同じ寮生で、作田は河上より一歳年上なのだが中学入学が後れて、大学卒業からすると河上が三年先輩になった。河上が生涯に二度だけ河上肇名義の「代筆」原稿を刊行したと述べたうちのひとりで、それは小島の『経済大辞書』執筆項目とこの作田の翻訳の『ワーグナー氏経済学原論』刊行とであったことはすでに述べた。その作田を河上は京都帝国大学経済学部助教授に招聘した。

少しのちのことだがこの作田は、昭和八（一九三三）年一月に河上が治安維持法違反の容疑で逮捕され八月に懲役五年の判決が出たあと、河上の囚われている市ヶ谷の刑務所を訪れて面会をしている。河上が控訴するか下獄するかを迷っていたちょうど九月初旬のことである。作田は河上に下獄を勧め、その足で河上宅に秀夫人を見舞った。これに対する河上の礼状には、作田が河上の留守宅までも訪ねてくれたことに感謝し、また下獄について「御来諭」があり、普通の人ならば決してこんなにまで深く立ち入って考えてもくれないであろうことに対して「御親切の結果」と、大変に感謝した様子が書き綴られている（九月一一日付）。すぐあと一三日の秀夫人宛河上書簡にも、減刑の可能性を思い巡らして迷っていたちょうどその時に作田博士が来訪されて下獄を勧められたと書いており、この作田の進言もあって河上は九月一五日に控訴を取り下げて役に服することを決意したのだった。一一日の作田宛河上書簡の末筆には、佐々木（惣一）、小島（祐馬）、恒藤（恭）らの諸兄によろしくと記されていて、当時の獄中の河上にとって心を許した京都の学者同僚たちが誰であったかがうかがえる。

作田はこの数年後の昭和一四年、満洲国に渡って建国大学副総長に就任した。昭和一七年に中国人学生の大量検挙の責任をとり辞任して帰国、京都に住んだ。昭和二〇年七月には山口県徳山に住まいを変えて終戦を迎え、同じ年の一〇月に生まれ故郷の出雲村に帰った。この一〇月に作田は河上に葉書を送り、河上は自らを老廃兵と呼んでいるが自分（作田）は惨敗の国に生き残り、世のために働き得ない老廃兵として故郷に帰り恥ずかしい余生を送ることとなった、と心境を書いた（作田荘一『時代の人河上肇』）。これに対して河上からは一〇月二三日付で、ご心境拝承、このようなときにはご所蔵の仏典などもお役に立つのではないか、と書き、自分（河上）の近況が新聞記事に掲載されたようだが当地では載らず、西部方面からの見舞いの手紙が多く寄せられるのでその記事が作田の手元にあれば送ってほしいと気易い依頼をしている（昭和二〇年一〇月二三日付）。気落ちしていた作田に対してこのようにちょっとした用件を頼むという河上の作田に対する心配りなのであろう。作田は依頼のとおりにこの新聞の切り抜き記事を送ったのだが、その礼状のなかで河上は、「御生地に御隠退」の作田のことを「羨望の至り」と書き、老いれば故郷が恋しいものだが自分は遂に故山をみることなく生涯を終えそうだと気弱な気持ちを吐露している。そしてこの作田の境遇に対しては、「山紫水明楼を羨み、また大兄の御書斎を羨むの情に耐へません」と書き送り、「這ひ出でていひをし箸をおくやいな　また身を投げて床にいねふす」と、食べて臥すだけの自身の現況を歌に詠んで送った。この作田と河上とは思想的には真逆なものであったが、心を許し合った交友のさまがうかがわれる。

こうした作田と河上との親密な関係は、また小島と河上との交友にも通底するものがあった。

河上をめぐっての作田と小島、かれらは思想的にも生き方や行動面においてもまことに相容れない三人であるように思われるが、各人がそれぞれの学識に敬意を払っていることは別にしても、お互いに何か強く惹き合うものがあったということであろう。それは先に作田の河上評を引いて紹介したように、若き日の素養としてその心の底に流れる「東洋の道を摂《おさ》めた我が道統」（作田）と言えるものが共振しあっていたのではないかとあらためて思い至る。その底流での共鳴感により、思想も行き方も異なりながら、その親密な交友が生涯続いたのである。河上は社会主義の道を邁進していったのだが、その底流から人道主義が滲出してきてそれが批判されたりもした。作田はその東洋というかアジアというかそれらに対する主張を強く持ちイデオロギー的に現出させて満洲国の建国大学に向かい、五族協和の大学に身を投じるに至った。小島は若き日に身につけたゆるやかなアジア主義を抱えながら大学を退職したのち郷里に戻り農本の心性のもとに帰農した。もちろんこの三者だけをことあげするわけにはいかないだろうが、作田の「東洋の道を摂めた我が道統」という補助線を借りて三者をとらえ直してみると、その道を異にしながら、それぞれの交友が終生続いたということも、どこか納得することができる気がするのである。

三高講師の小島と学生の桑原武夫

少し急ぎすぎて戦後にまで話が渡ってしまった。もう一度大正一〇（一九二一）年に戻る。河上肇が作田荘一を京都帝国大学経済学部に迎えた同じ年の一二月、小島は第三高等学校の講師となった。京都一中および三高時代に小島の学生だった桑原武夫によるその出会いや印象が『展望』の追悼文に出ているのでここに紹介しておく。

　桑原が小島を見知ったのは京都一中時代であった。桑原は小島の印象を、羽織袴に靴を履いて頑丈な感じの体躯で古武士の面影を感じたと言い、それがまた堂々闊歩というのではなく、どこかそそくさと歩いていく感じがあり、その姿に親しみを感じたと回想する。

　小島が三高講師に就いたのは大正一〇年だがその翌一一年に桑原武夫は三高に入学した。四月に三高では第三代校長金子詮太郎の排斥運動が起こった。それまで放任で無干渉主義の三高の校風に対して金子は引き締めにかかったのだが、卒業生・在校生の反発をかって金子校長排斥のストライキが打たれた。入学してすぐの桑原は、後に北海道銀行頭取になった島本融に誘われて三好達治とともにストライキ委員となり、ストライキを理解してもらうため三高の各教員を訪問した。そのとき桑原と島本の担当した教員が小島祐馬で、「小島先生係」というわけであった。桑原らは小島の自宅に出向いた。そんな桑原らを小島は叱ることもなく、逆に法学を例に出しながら、法解釈学など学問ではない、法律が悪いのであればそれを作り変えるぐらいの心構えがないと学問にはならない、と桑原らに説いたのだった。結局金子校長は静岡高校へと異動となりそのあとに京都一中から赴任してきたのが先に述べた森外三郎というわけである。

　ストが終結して全校学生が一週間の停学となり、五月一〇日から授業が再開となった。その最初の授業時間に小島は「孟子」を取り上げた。授業を始めるにあたって小島は、孟子など古臭い学問でまた漢文かと思うだろうが、孟子はチャイニーズソシアリストなのである、と述べたという。この時代に孟子を社会主義者、それを英語でチャイニーズソシアリストであると明言した小島に学生はみな驚いたと桑原は回想する（桑原「小島祐馬先生をしのぶ」）。

また桑原は、三高における小島の授業の試験で、小島が一六〇名ぐらいの受講生を前に、自分で一人一人に問題用紙を配布して廻るのだが、桑原は最前列に席をとって、問題用紙が配られるやいなや猛スピードで答案を書きあげ、小島が全員に配ったあとに配布漏れはないかと受講生に訊ねる瞬間に答案を差し出したりした。小島はその答案を一瞥したが答えはすべて書いてあり、黙って受け取って、この桑原のやんちゃな行動に特段嫌悪の情も持たれることはなかった。これが桑原と小島とのいわば幸せな出会いであった。

京都帝国大学文学部助教授に就任

大正一一（一九二二）年七月、小島は高知の弘岡上ノ村の実家に戻った。父親の病気で帰省したのだが、風雨のため停船し到着が遅れたうえに父親の病気がなかなか快方に向かわず、ずいぶん気をもんだ。このように夏季・冬季の授業がない時期には小島はよく高知に帰省した。大正一二年の暮れの帰郷中には櫛田民蔵・森戸辰男から京都の小島宅に牛肉の味噌漬けが送られてきたのだが、それを高知に転送するように手配したと河上書簡にある。高知弘岡上の両親のことが気になるのか、また孝をつくすということか、それとも郷里の弘岡上の地に帰ることで地域への責務を果たそうとしていたのかわからないが、京都に住んでいた時期から小島は、高知の弘岡上のこと、両親のことを気に留めていたことには違いなかった。

小島は変わらず『支那學』編輯に励み、とりわけ経営の面では小島が責任を持って刊行を持続した。その宣伝広告には河上も力を貸しており、『社会問題研究』などで弘文堂に大きな利益をもたらしていた河上は弘文堂に対して、『支那學』をもっと広告するようにと要請したりするのだが、それが要領を得ず十分な広告が打てていない状況であると河上は弁明をしたりもする（大正一一年七月一五日付）。また同じ河上の書簡では、河上は家族を京都に置いて一足先に帰省するときに、なにか困ったことが生じたら小島の処に訪ねていくようにと家族に申しおいて出かけている（八月一六日付）。留守を頼まれた小島も河上不在の間、河上宅を度々見舞いに出向いたりもしていて、先の櫛田からの牛肉の味噌漬けの転送など、私的な面でも家族ともども小島家と付き合いがあり信頼しあった仲であった。

大正一一（一九二二）年八月一一日付で小島は京都帝国大学文学部助教授に就任する。小島は四一歳になっていた。変わらず河上からは頼りにされていて大正一二年一月には、河上からの紹介で大学院生谷口吉彦が小島宅を訪ねて相談をしている。この谷口は苦学生で、谷口が翻訳した仕事をなんとか刊行にこぎつけてやりたいとの河上の配慮から小島に相談するようにと向かわせたわけである。谷口は事実「苦学力行の士であり典型的な立志伝中の人物」であった（石川興二「追憶文谷口吉彦兄と当時の学部」）。そんなことから河上が力になってやろうと翻訳書の刊行を小島に頼んだのであろう。この谷口の仕事について小島は弘文堂に話をつけた。そしてロバート・マルサス『人口の原理に関する一論　其が社会の将来の改善に及ぼす影響』と題した翻訳書が大正一二年三月に弘文堂から刊行されることになったのである。谷口は大正一二年二月に和歌山高等商業学校へ赴任し翌一三年四月には京都帝国大学経済学部講師として戻り、翌年助教授に昇進している。先の石川の回想では、この時代赤レンガの建物の西側にあった河上研究室を中心に、蜷川虎三、森耕二郎らとともに自由で活発な議論が展開されていたという。そのひとつの例は、河上らがマルクスを根本から研究するということで組織していた「経済学批判会」である。この研究会では西田幾多郎を講師として呼んで「唯物史観の公式」を批判してもらったりもしていて、この席上で西田が、言語を唯物史観で説明できるか、と河上を問い詰めたこともあった。こんな場所でも自由闊達な議論が展開されていたということであろう。この西田と河上については次のような後日談もある。

河上は獄につながれて昭和一二（一九三七）年六月にようやく出獄し、さらに昭和一六（一九四一）年一二月京都に戻ってきたのだが、それからのちの昭和一九（一九四四）年六月、鎌倉と京都とを行き来していた西田から、河上が京都に戻ってきていることをちっとも知らなかったこと、近くにいるなら会いたいとの伝言があった。そこで河上は、孫の由紀子のモンペイを借りて六月一六日に西田宅に出かけた。西田は常日頃から、河上の思想には賛成せんが、その態度には敬服していると話しているとのことだった。実際に会ってみるとそれも嘘ではないようで、「とても理解のある対応をして頂いたので、近頃こんなに気持ち好い対談をしたことがなく、話のはづみからドストエフスキーの『死人の家』を読んで見ろ、英訳本があるから上げると云われたり、帰りには卵だのあらめだのニシンだのを貰ひました」と、大連に住む次女芳子に書き送っている。朝九時から約二時間の「極めて心持ちよし」といった面談であった。そんなこともあってか帰路に狩野直喜宅を訪問している。西田の好意的な再会を心から喜んだ河上の様子がよく伝わってくる（昭和一九年六月一八日付書簡、「日記」六月一五日・一六日）。

さて、話を戻して小島であるが、変わらず河上のよき相談相手となっていた。先に講師の就職口などの面では河上が小島の世話をしたのだが、精神的な交わりでは小島が河上の相談に乗り、河上の出処進退などの助言を行なっていた。河上の弟子長谷部文雄のたとえで言えば、河上があばれ馬の悍馬《かんば》であるとすれば小島は牛のような人物で、この性格上の相違が長きにわたる親交の基礎条件ということになるのだろう（長谷部文雄「小島先生と河上肇」）。大正一二年五月上旬のこと、小説家有島武郎が河上肇を来訪して、北海道の農園などその資産を河上に提供したいと申し出たことがあった。どうしたものかとその返答に河上が迷っていたときも小島は、「売名的なことはよした方がよいでしょう」と進言し、その小島の忠言に河上は従った。長谷部は河上が小島とこの件で相談し合っている現場にいたのだという。その有島武郎は六月に波多野秋子と心中して世間を騒がせることとなった。

同年九月一日には関東大震災が起こったが、その日難波大助が河上宅を訪れ、旅費借用を申し出たことがあった。河上が同郷であるとの理由で、東京から山口までの旅費を立て替えてほしいというものであった。ちょうどそのときも小島が来訪していて二階で話をしていた。妻の秀が取り次いできたその難波のメモには、自分は共産主義者であると書かれているだけであった。小島は、共産主義者などと書いて無ければよいのだがスパイである可能性もあり、断ったほうが無難でしょうとの意見を述べた。それで河上は小島の言うとおりに難波の申し出を断った。この難波はそのあと親戚筋の市川医学部教授のもとで旅費を調達して帰ったのだが、一二月二七日には皇太子裕仁親王（後の昭和天皇）銃撃の虎ノ門事件を起こした。旅費を調達した市川教授はこの件で裁判所に召喚された。難波は河上の書いた「断片」に影響を受けて行動したとも供述しており、旅費をカンパしていれば大きな問題になったことは必定であった（「随筆『断片』」『自叙伝五』）。小島は河上が研究の道から離れて政治運動へと参加していくことについては賛成ではなく、昭和五（一九三〇）年一一月一九日の河上の書簡にも「度々の御懇諭にも係らず」とあるように折に触れて忠言をしていた。小島の冷静で客観的な判断を河上は信頼し、当てにしていたのである。

対支文化事業の「趣意書」

小島は大正一一年八月文学部助教授に就任した。この時期すでに狩野直喜の信望も篤く、対支文化事業の一環として北京などに文化施設を創設するための「趣意書」を作るようにと狩野直喜に指示されている。この対支文化事業の文化施設というのは、義和団事件による賠償金をもとに中国の地で文化事業を展開するために設置される施設のことで、このことについては第一章で述べた。この対支文化事業に対して京都帝国大学支那学関係教官の間で大規模な文化研究所の設立が熱望され、その計画案および趣意書を書くようにと狩野が小島に命じたのである。この趣意書を書くにあたって小島はその材料とするために各教授の意見を箇条書きにして提出してもらい、狩野からも書付が出された（小島「狩野先生の学風」）。

桑原隲蔵もこの聴取で自身の意見を表明したであろうが、大正一三年一月号の『外交時報』には「対支文化事業に就ての希望」として桑原の見解が発表されている。桑原は、事業についてはは中国側の人気取りではなくまた利益を優先するのでもなく、永遠の価値を目的とするものとして日本人にふさわしい事業を行なうべきとし、中国文化の研究のために、資料の収集と保存、その整理などの事業が適当であると述べる。そして具体的には古書の蒐集・保存と出版、中国に関する外国人の著作の蒐集、古蹟古物の調査保存、学術探検隊の派遣、漢籍の整理、主要な漢籍の翻訳などを提案した。これら桑原の提唱する事業内容は、この事業を政治的に利用させてはならぬと強く主張した狩野の見解と合致するものも多く、京大支那学関係者の間で共通の認識であったのであろう。この狩野らの計画案は調査会の認めるところとなり、北京に図書館ならびに人文科学研究所、上海に自然科学研究所を設立することが決定された。この狩野が提出した書付を小島は裏打ちをして大切に残しており、趣意書などとともに現在高知大学小島文庫に保存される（小島文庫資料目録303）。高知大学文学部助教授時代に小島文庫を整理した松田清によるとこの書付および趣意書については、小島祐馬旧蔵書を高知大学に搬入した昭和五六（一九八一）年夏、小島文庫に加える許可を子息懋氏から得た一群の文書類のなかから、「毛詩正義残巻」とともに見つかったものであった（松田「小島祐馬旧蔵「対支文化事業」関係文書」）。

この文化事業は済南事件の勃発により、中国側委員が総辞職して挫折、その結果昭和四年には日本国内に東方文化学院東京研究所と京都研究所を成立させることとなり、京都研究所の所長（主任）に狩野直喜が就任した。先の意見聴取のうち文化事業の研究所の内地設置説を唱えたのは京都側では桑原隲蔵だけで、桑原は今日のような状況にあって中国人学者といっしょに仕事ができるはずがないと、中国内での研究所設置には見向きもしなかった（宮崎市定「桑原史学の立場」）。結果的にはこの桑原のいうように昭和四年日本に研究機関が設けられることとなり、小島の回想でも「桑原先生の説が最も実際的であったことを立証したことになりました」と桑原を配慮した発言をしている。しかしながらそれは結果論であって、対支文化事業として自然科学を含めたすべての機関を北京の地で、政治的に利用されることのない総合的な研究を展開することが至当だと述べたのは狩野の見識であった。

昭和四年に創設されたこの東方文化学院京都研究所において小島は創設時から評議員となっている。またこの狩野らが主張した、対支文化事業に関わる人文科学研究所の事業概要、つまりその研究や資料蒐集と保存、出版事業や辞書索引類の編纂などは、その後の東方文化学院京都研究所の活動や、満洲国建国後の文化事業建議案、満洲国文化研究院の事業として継承されていく。

弘文堂の労働争議

大正一四（一九二五）年一〇月、小島は京都帝国大学文学部助教授の身分でフランスへ留学した。帰国は昭和三（一九二八）年四月であった。ところがこの小島の留学中の昭和二年八月に弘文堂で労働争議が起こった。ここまで述べてきたように弘文堂は、小島とも親しい関係にあり、また河上の『貧乏物語』『社会問題管見』など多くの著書を刊行して河上と緊密な関係を保ってきた版元である。そんなことからこの争議が勃発したその日に、弘文堂主人八坂浅次郎と若主人浅太郎は河上を訪問し相談している。もし小島が京都にいれば、弘文堂は小島にまず話をしたことであろう。小島がいないことから八坂は、河上がこの争議に対して何らかの力になってくれると期待して河上に相談した。ところが河上は、平生の学問上の立場があるから今度ばかりは資本家たる弘文堂の相談に与かるわけには行かぬ、と言い渡して以後の面会を謝絶した。その後争議は岩田義道・淡《だん》徳三郎が調停を試みたがそれを弘文堂が断って争議は決裂寸前に至った。ところがその最終局面で結局河上が調停に立ってこの争議は収まることとなった。争議は収まったものの弘文堂は、一二年にもわたって深い関係を持ってきたにもかかわらず弘文堂の側に立ってくれなかった河上の態度に不満を覚えたのか、その後の河上への対応も悪く、河上はついに個人誌『社会問題研究』の刊行を弘文堂から引き揚げる決意をする。河上にしてみれば自著の刊行のおかげで弘文堂も経営が軌道に乗ったと考えたであろうし、弘文堂にすれば河上からの多くの無理を聞き入れて出版を行なってきたとの認識があったのだろう。それがこの時代に頻発する労働争議で均衡を崩し、河上が社会運動重視の側に立ったことから関係が壊れたわけである。

この個人誌『社会問題研究』の創刊には小島祐馬と櫛田民蔵とが大きく関与していた。小島が弘文堂に声をかけてくれて刊行に至ったからである。そこで河上は、「御両君の完全なる御了解を得ずして之を他へ移すといふ事は、相成らぬ儀」と考えたのだった。しかしながら折悪しく小島が外国留学中であるため、せめて櫛田にだけでも賛同の意を得ておきたいと考えて、河上は櫛田に手紙で願い出たのであった（「河上肇より櫛田民蔵に送りたる書簡集」昭和二年九月二四日付）。

結局この『社会問題研究』は一二月に岩波書店へ発行元を移して継続刊行することとなった。ところが昭和三年になりこの岩波書店でも労働争議が起こる。河上にとってはちょうど岩波文庫版『資本論』刊行の時期にあたっていた。岩波書店の争議団は河上にも支援を依頼し、河上は弘文堂争議のときと同じように争議団を支持する旨の表明を岩波茂雄宛に送った（昭和三年三月一七日付）。そして六月には岩波書店と河上との関係が破綻し、『社会問題研究』は岩波から再び引き揚げてまたもや弘文堂に戻して刊行することになった。いったんは河上から引き揚げられた弘文堂であったが、刊行を引き受けるにあたって、たとえ経済的に損失が出ようとも刊行を持続すると確約したのだという。弘文堂は自社の経営のことなども考慮して再度引き受けることとしたのであろう。

〈コラム〉河上肇の妻と母

河上は昭和三年四月に京都帝大に辞表を提出した。指導教官をしていた社会科学研究会の学生が治安維持法違反で検挙され、また『マルクス主義講座』の内容見本が不穏当との理由で経済学部教授会から辞職勧告がなされたのだ。大学を辞した河上は政治活動へ走り、一二月の東京での新労農党結成大会で検束される。この大会参加に際して秀夫人は気がかりでならず、上京前に河上の袖をおさえて今回の上京は見合わせてくれないかと訴えたが、それに対して河上は、分からない女だと怒鳴って叱った。すると秀夫人は「悲しいとも情けないとも言ひやうのない顔付をして泣き出した」という。のちに河上が囚われて獄中にあった時でさえ気丈に河上を励まし続け、仮釈放を考えた河上に対して、無理して出所するとあとできっと後悔なさるに決まっているときっぱり原則論を述べた秀夫人である。この秀にしてもなおこんな場面があったのかと胸を打たれる。

翌四年五月に河上は新労農党結成をめざす細迫兼光説得のため山口県厚狭町に出かけ、帰路岩国の母親のもとで一泊した。翌朝帰りぎわに母親タヅは河上を見送りながら、用心おしよ、と言葉をかけた。河上は「用心はしますが、私も男ぢゃけえのう」と答えた。この母親は河上が京都帝大に講師の職を得た明治四一年の翌年四月に祖母とともに京都見物に訪れて一二日間滞在した。その間に、東西本願寺や方広寺大仏などを回り動物園に、別の日に上賀茂下鴨神社や「都をどり」と動物園、さらに北野天満宮に行き再び動物園と、動物園には都合三度も出かけた。息子の京都帝大教官就任が嬉しかったのであろうか。そんな母親がそれから一〇年、教授に昇進したが政治運動に邁進する息子の河上肇に、「用心おしよ」と忠告し、それに「男ぢゃけえのう」と応えられたのである。妻に母親に、このような態度をとらざるを得なかった河上の姿には、学問や政治の世界とは別の、家族への心情がほの見えて切ない。

河上肇の「最初期の弟子」か

昭和三（一九二八）年四月小島はフランス留学から帰国する。そして翌四月、高瀬武次郎教授のあとをうけて哲学科第三講座（支那哲学史）を担当した。

昭和五年一月、河上は東京に転居する。鹿ケ谷法然院の静けさを好み、死んだら親戚と二三の親友とだけで法然院を借りて葬式してくれと言っていた河上だったが、小島からの「度々の御懇諭」にもかかわらず東京に出て政治運動に打ち込んだのである。河上は小島に、「今日の情勢下において静に書斎にとぢこもり居ることが気が咎めてならず、極めて不適切なしごとであるとは自分でも百も承知しながら」と書いて東京に向かうのだが、一方で、自分のような非合法活動の経験がない者がでしゃばると非マルクス主義的反革命的な方向に誘導してしまうことを思い知り、仕事がひと段落したら書斎に戻り、今後は「筆硯の間に過ごさうと考へて」いると、いささか気弱な心情を打ち明ける手紙を小島に送っている。その末尾には、「御旧誼を思ひ出して、余事ながら心事の一端を申上げました」と京都での交友の様子を思い出してもいるのである（昭和五年一一月一九日付）。河上は早くに「啓蒙運動」に取り掛かりたいことを小島に告げ、その折に自分は生来軽忽で思慮が足らないことから、機会を見てなにとぞ「御遠慮なき御忠言」をいただきたいと述べていた（大正八年一二月二日付）。こうした河上に対して小島は、政治運動に身を投ずることには不賛成であることを事あるごとに忠言してきたわけであった。この手紙はそんな小島に対する河上の弁明の手紙でもあったのである。

小島と河上とはこのような心を開いた間柄であったのだが、この小島がのちに、「櫛田氏と並んで最初期の弟子」と書かれたことがあった。それは昭和四〇年に筑摩書房から刊行された『河上肇著作集』の「解説」での記述である（小林輝次「書簡集解説」）。小島が河上の弟子であるという小林の記述に対して狩野直喜の晩年の弟子である吉川幸次郎は不快に思い、筑摩書房に勤めていた竹之内静雄に対して速達の手紙で、小島先生に対して非礼ではないか、小島先生へのわび状が必須であると書き送った（竹之内静雄『先知先哲』所収の昭和四〇年三月二六日付竹之内宛書簡）。

このことについて竹之内は以前に河上秀夫人に問うたことがあった。昭和三九年五月、高知の小島宅へ向かう前、『河上肇著作集』刊行の挨拶のために京都の吉田上大路の河上宅を訪問したときのことである。竹之内は秀夫人に、小島先生は河上先生の初期のお弟子さんでいらっしゃったのでしょうか、と尋ねた。それに対して秀夫人は、「小島先生は、主人の弟子ではありません。主人が、始めから終わりまで、いちばん信頼申上げていた、親しいお友だちでした」と答えたという（竹之内『先知先哲』）。

吉川幸次郎は、小島が亡くなったあとの追悼文のなかで、この小林の「最初期の弟子」という記述を受けたかたちで、河上の『自叙伝』はある意味で裏切りの歴史であり、信頼をしていた人びとがつぎつぎに河上を裏切っていくなか、「例外的にさいごまで河上氏を裏ぎらない人、或はさいごまで河上氏から危惧をもたれない人、それはまず河上夫人であり、ついでは小島祐馬であるごとくに、読める」と述べている（「小島祐馬博士追憶」）。

先の吉川の抗議と申し入れについてそれを気にした竹之内が直接小島に手紙で尋ねてみたという。それに対する小島の返答は、「小生は大学の教室で河上肇さんの教を受けたものではありませんけれども、大学外で直接に、また著書を通じて、啓発せられるところ尠からず、弟子とみなされても別に異存はありません」と答えている（竹之内『先知先哲』所収の昭和四〇年頃の竹之内宛書簡）。河上の著作集を刊行していた筑摩書房に勤める竹之内をおもんばかった回答でもあったろう。しかしながらそのことを割り引いたとしても、この返書は、小島が生きていくうえで何が重要でありどれが緊要の課題であるか、といったことをよく見極めた返答であると言わねばならない。自身の研究の進展にとってなにがもっとも大切であるかをよく見定め、時に師や友人を訪ねまたそこから学ぼうとする姿勢を保持してきた小島にとって、河上の弟子であったかどうかということはどちらでもよかったのである。この小島の姿勢は、たとえば自身の研究を著作としてまとめたがらなかった小島がそのことに関して、一生のうちに自分の創見を一冊でも書けたらそれでよい、と若い時から考えてそのように行動をしていた、と述べていることとどこかで共振するものがあるようにも思う。

第四章　教授就任と帝国大学総長任命権問題

京都帝国大学文学部教授

昭和六（一九三一）年三月三一日、小島は京都帝国大学文学部教授に昇任し、継続して支那哲学史の講座を担当した。普通講義の「支那思想史」は時代を追って毎年開講、特殊講義は「春秋通論」（昭和四年）、「尚書研究」（昭和五年）、「周易序説」（昭和六年）、「古代支那人の信仰」（昭和七年）などと続けられた（『京都文学部五十年史』）。昭和六年六月には文学博士の学位が授与されている。学位請求論文は「支那古代社会の研究」である。教授になって二年目の昭和八（一九三三）年四月には京都帝国大学評議員に選ばれている。

小島が教授に昇任した年の一一月三日、小島は母伊佐を亡くした。享年七三歳であった。河上は東京の西大久保から弔意を表し、母親が病気になっても遠隔の地に住んでいたことから何かと心残りであろうこと、また残された父親も今後は不自由であろうと、河上自身に置き換えたような親身の手紙を書き送っている（昭和六年一一月三日付）。小島の母伊佐が亡くなった時、一中・三高時代に授業を受けた下村寅太郎らは友人とお悼みに出かけたのだが、まだ三〇歳前の「小輩」だったはずの下村らのところにまで、小島はモーニングの正装でわざわざお礼の挨拶に来たのだという（下村寅太郎「小島祐馬 追悼会での回想」）。こうして高知弘岡上ノ村の在所に住まうのは父親だけとなった。

昭和一一（一九三六）年一〇月に小島は文学部長となった。任期は昭和一三年一一月までである。この昭和一一年に長女素子は、鈴木成高と結婚している。鈴木成高は明治四〇（一九〇七）年高知市永国寺町の生まれで西洋中世史が専門、京都帝国大学文学部史学科を卒業し第三高等学校教授、京都帝国大学助教授となったが、戦後には思想上の事由で不適格判定されて京都大学を去った。鈴木は素子の六歳年上にあたっている。この鈴木成高と素子の墓も小島家裏山にある。鈴木は亡くなる一年半ほど前に、小島の長男懋に「高知はいいな、オレの墓もここに造らせてくれ」と頼んで葬られたのであった（小島懋「故山に帰る」）。

昭和一二（一九三七）年六月一五日になり、囚われていた河上肇が出獄した。七月三日付でさっそく小島宛に手紙が届いた。文学部長となっての多忙へのねぎらいと、検挙入獄当時の差し入れへのお礼、また河上の次女芳子の結婚祝いへのお礼である。そして西下の折には拝眉の栄を得たいといい、さらに自身の弟子でありまた河上の厳しい批判者でもあった櫛田民蔵が亡くなったこと、その墓参にも行きたい旨を書き綴っている。河上の弟子でまた論敵にもなった櫛田は、河上が獄につながれている間の昭和九（一九三四）年一一月五日、四九歳の若さで亡くなった。墓所は多摩霊園である。

また九月一九日付で河上から書簡が届く。七月に勃発した盧溝橋事件後の手紙である。この事件について河上は、中国事情に詳しい小島のことゆえご感想もあるかと推察すると書いたあとで、古い文明国中国の歴史的な建造物が戦火で烏有に帰してしまうことに痛惜の念が起こること、蒋介石が掃討に手こずった共産軍を敵に回してしまえば日本軍の今後は容易なものではなかろうと、感想を述べる。心を許した小島であってこその文面である。

この昭和一二年一〇月三日には富永仲基（謙斎）の追遠法会が大阪天王寺区下寺町西照寺において開催されている。その呼びかけ人は、小島祐馬・亀田次郎・吉田鋭雄・内藤乾吉・勝本鼎一・石濱純太郎であった。小島が筆頭に名を連ねる案内状には、内藤虎次郎が仲基を「激賞し我国第一流の天才学者」と称していたこと、また「紀念祭典を修めたき意」を常々漏らしていたがそれが果たせなかったことから、この内藤の意志を継いで開催した旨が記されている（小島文庫資料目録302）。この法会で小島は祭文を読んだ。また同時に仲基を偲んでの展観もなされ、小島は『出定後語』（文化二年 補刻本）、『服部蘇門赤倮々』（天明五年）を出陳した（水田紀久「富永仲基研究の近況」、「富永謙斎先生紀念展観目録」小島文庫目録68）。

濱田耕作総長の辞職願

昭和一三（一九三八）年七月二五日、文学部から総長に出ていた濱田耕作が亡くなった。濱田は春頃から体調を悪くして大学病院に入院していたのだが、親友で医学部教授の清野謙次が古文書窃盗の容疑により逮捕されその心痛も重なって亡くなったとされている。

小島はこの濱田の死去に関して昭和三一年に刊行された『京都大学文学部五十年史』に、「七月に清野事件が起って心痛甚しくついに同月二十五日に現職のまま逝去した」と記載されていることに違和感を持った（小島祐馬「総長選任問題のころの思い出」）。事実関係はそのとおりなのだが、「現職のまま」というのは正確に言えば事実と異なっていると考えたのだ。「現職のまま」という記述であれば、濱田耕作が清野事件に関して責任を取らずに総長職に就いたままで死去したとも読み取れることを案じて訂正の文章を書いたのである。小島の説明をもとに経過を記すと事情は次のとおりだった。

昭和一三年六月三〇日午後、高山寺所蔵一切経の窃盗容疑で濱田の旧友京都帝大医学部解剖学教室清野謙次教授が逮捕された。当時の『京都日出新聞』の記事をみてみると、七月二日には「大学教授寺宝を盗む　名刹神護寺高山寺の一切経二百五十を隠匿　学者肌の収集癖が禍ひ」と社会面のトップで報じられ、また「京大教授の破廉恥罪！　清野博士罪の全貌明るみへ　盗んだ古書千四百点　名だゝる寺院悉く被害　研究を装っては持去る」と目をおおいたくなるような見出しが躍っている。清野は濱田の古くからの友人であり、そのことから文学部の講義も担当した。藤岡謙二郎は実際にその授業を聞いたと回想している（藤岡謙二郎『浜田青陵とその時代』）。

清野の事件が報じられると濱田は、自らの総長としての責任を痛感して文部大臣荒木貞夫に辞表を提出した。ところが荒木貞夫はその議に及ばずとして辞表を受理しない。荒木文相の言い分は、濱田は総長として適任であり留任を希望する、もしあくまでも辞任する意向なら大臣と直接会見の上その旨を表明すべきであるというものであった。辞意のかたい濱田だが病身でもあり文部省に出向いて辞表を提出するわけにもいかない。そこでこの辞表を受理してもらうようにとその任を文学部長の小島に託して文部省に向かわせた。

荒木文相はこれより先の昭和一三年七月八日、つまり濱田が死去する少し前のことだが、総長の公選制度に反対であるとの意見表明をしていた。そんな荒木文相への対応もあって、小島は荒木との面談前に、宮本英脩法学部長・中村恆三郎書記官とともに東京帝国大学総長の長與又郎を訪ねて、荒木のこの総長候補選挙反対の問題について懇談をしている（『長與又郎日記』七月一三日、七月二二日）。

二四日になり小島は荒木文相と面談をした。ところが荒木はなかなか話が通りにくく、話題をそらして埒があかない。しびれをきらした小島は荒木に対し、あなた方の軍隊では部下の不正行為に対して上官は責任をとらなくてもいいかもしれないが、わたしたち文教の職にあるものはそうはいかない。これは濱田総長個人の問題ではなく我が国の教育行政に関わる大きな問題である、文部省が辞表を受理しないのはまことに困った事態であると強い調子で述べた。荒木文相はついに折れて濱田総長の辞職を認めて、在職中の功績を書き出して送るようにと命じたという。小島はその晩の夜行列車で引き返し、京都に着いたのは七月二五日早朝であった。家に着いてみると、濱田の病状が急変して危篤に陥ったのですぐに来いとの伝言が残されてある。小島はその足で総長官舎に駆け付けた。しかしながら到着したときにはすでに濱田の意識はなかったという次第であった。

このように濱田の総長辞任に関しては、正確に言えば、小島が東京まで持参してようやく文部大臣の了解をとり、まさにその手続きに入るところで濱田は死去してしまったということになるのである。したがって、『五十年史』の「現職のまま逝去」という記述は間違いではないものの、厳密に言えば、辞表を提出し、まだ発令はなく現職のままだが文部大臣による辞職の許可はとれていたのだ、というのが正確な記述であるわけである。このように小島が細部にこだわっているのも、濱田の旧友で監督下にあるべき医学部教授清野謙次の事件で濱田は責任をとり辞意を表明していたという事実、つまり濱田はこの件で自らの責任を痛感して出処進退を決定しており、文部大臣による辞職の了承をとったうえで亡くなったという経緯を明確にしておきたかったからである。またこの事情を了解しているのは文部大臣と会見した小島だけ、という理由もあり、濱田が決して総長職に拘泥し留まろうとしていたわけではなかったことを明らかにしたのである。

帝国大学総長任命権問題の発端

ところで、機会を狙っていた荒木文部大臣は、この濱田総長辞任にあわせて、かねての持論の通り京都帝国大学の総長選任に対して介入をしてきた。これが帝国大学総長任命権問題と言われるものである。小島は先の回想で、文学部長時代の昭和一二年六月、文部大臣に就任した安井英二から、あなたは大学自治に対してどのように思うか、と問われたことがあったと明かしている。その後任として陸軍大将荒木貞夫が文部大臣に就任したのだが、それが濱田逝去の二ヶ月前であったことから、小島はこの荒木文相が大学自治へと介入してくることについてはおおむね見当がついていた（小島「総長選任問題のころの思い出」）。

小島祐馬の生涯が語られるときに、その功績のひとつとしてこの総長任命権問題の時の小島の働きが取り上げられ、小島は大学の自治擁護に尽くしたと評価される（『京都大学文学部五十年史』、「先学を語る」など）。そうしたことから、この任命権問題についてはいささか煩雑になるが詳しく経過を記述しておきたい。この問題に対する小島の考え方もよく理解できると思うからである。総長任命権問題については、先の小島の回想のほかに、岡敬一郎の研究があり、また東京帝国大学側の当事者であった田中耕太郎の回想や当時の東京帝大総長長與又郎の日記もあることから、これらにも導かれながら時を追って述べていく（岡敬一郎「田中耕太郎の大学行政の研究」、『長與又郎日記』、田中耕太郎『生きて来た道』など）。

荒木文相が、総長の公選は非なりと述べたのは、先に記したように濱田が死去する少し前の昭和一三年七月八日のことで、一三日には山川建専門学務局長が東京帝国大学に出向きその旨を報告している（『長與又郎日記』七月一三日）。その後二週間ほど経った七月二五日に京都帝大総長濱田耕作が死去し、荒木はこれを好機と見て総長選任問題に介入してきたわけであった。京都帝国大学では平野正雄工学部長が総長代理に就き、後任の総長選出準備に取り掛かっていたが、その矢先に専門学務局長の山川が京都大学に派遣され、後任総長の選挙をしばらく見合わせるようにとの文部大臣の指示を伝達したのである。

七月二八日になり荒木大臣は六帝大総長（京大は平野代理）を東京に召集した。そこで荒木はまず濱田総長逝去に対して弔意を表したあと、現状のように総長選挙が実施されてその結果を取り次ぐだけでは文部大臣は大臣としての輔弼《ほひつ》の任を全うすることはできず、それゆえ責任を持って天皇に奏上することも出来ないことから何かこれにかわる案を協議をするようにと述べた。そして、総長選挙の結果を取り次ぐだけであればそれは憲法に定められた天皇の官吏任命という大権を侵犯するものでもあるとも言い、それが大学での各種弊害の根本理由ともなっていると持論を展開して適当な解決方法の答申を要請した。あわせて学部長・教授・助教授の候補者推薦にあたっても同様に検討するようにと追加要望も出したのであった。総長選出を急いでいた京都帝大では七月末に特別委員会を設置して会合をかさね文部省当局とも折衝した。一方、東京帝大側でも八月一日に緊急評議会が開催され、総長や学部長・教授らの推薦については今の制度を変更する必要性は認められないこと、もし運用に不都合がある場合には慎重に検討してそれを改めるにやぶさかでないといった結論で一致した。東京帝大ではこの八月一日の評議会決定が以後の基本線となる。

八月一二日には東京帝大総長および各学部長と文部大臣ほか文部省担当者との懇談会が荒木文部大臣出席のもとで開催された。各学部長が順次意見を表明したが、田中耕太郎法学部長はその場で、これまで大学総長や学部長らは弊害なく選ばれてきていること、選出は決して天皇の大権を侵すものではないと三〇分にわたって持論を説明した。この時の田中の意見表明に対して長與又郎総長は、話は良かりしも例により余りに講釈ぶりにて長く、理屈は通っても先方に不快の感を与えたるべしと述べ、また平和の時代において純理を弄ぶ態度なりとも述べている。一方、これは戦後からの田中への追悼文であるのだが、当時学務課長だった有光次郎は、田中の説明はこの座に連なる各人に大きな感銘を与えたと語っている（『長與又郎日記』八月一二日、有光次郎「田中さんの思い出」）。

八月二七日には再度文部省と東京帝大との懇談会が帝国学士院において開催された。この会議に参加したメンバーを示しておくと、東京帝大側は田中耕太郎法学部長・石原忍医学部長・丹羽重光工学部長・桑田芳蔵文学部長・寺澤寛一理学部長・佐藤寛次農学部長・舞出長五郎経済学部長・江口重国書記官、文部省側からは伊東延吉事務次官・山川建専門学務局長・菊池豊三郎教学局長官・有光次郎学務課長である。この山川は大正二年に東京帝国大学総長となった山川健次郎の四男である。田中は山川建に対して、父健次郎が明治三八年の日露戦争ポーツマス講和会議拒否上奏文を提出した法科大学教授戸水寛人らの処分問題への対応を例に引いて、今回の総長選任問題についても理解を持ってあたってほしいと要望を述べたという（『大学の自治』）。

この懇談会の場で、総長の選挙については、教授が署名入りの文書により意見を述べること、などの内容の文部省素案が示された。先には公選制を否定していた文部省が、ここで無記名の投票は不可としながらも、公選制は認めるという地点にまでに軟化したことになる。小島が先の「思い出」のなかで、これまでの大学総長選任が天皇の大権を侵すものではけっしてないということについて文部省はようやく了解したのだが、選挙投票は不適切で大学教授ともあろうものが無記名でなければ自己の意思表示ができないというのは卑怯であるとまで言われるほどであった、と述べているのはこの内容を受けたものである。

東京・京都両帝大の協議

京都帝大ではこの事態について慎重に審議したうえで、選挙の投票を、総長または学部長の諮問に対する教授の答申と表現を改め、その答申書は何らかの方法で答申者の責任を明らかにはするが、記名式にした場合の弊害は未然に防ぐ方法を採ることとし、その他の事項については従来の方式と変わらぬものとして京大答申案とした。これが京大側の基本方針となった。

九月二日には京大と文部大臣らとの会見が持たれ、三日には東京・京都両帝大の会合が開催されている。この会合での京都側のメンバーを書いておくと、平野正雄総長事務取扱・宮本英脩法学部長・小島祐馬文学部長・高田保馬経済学部長・野満隆治理学部長・中村恒三郎書記官であった。京大側から総長公選についての意見と前日の文部大臣との会見内容の説明があり、東大側も大学としての基本方針や文部省との両度の懇談会の経緯を説明した。そして答申案については東大側・京大側とで一致をさせたうえで他の四帝国大学に呼びかけることとした（『長與又郎日記』九月三日）。東大では九月七日に評議会が開かれたが、先の八月一日の評議会決定を基本的な考えとし、さらに文部省提示の仮案も参考にしつつ協議を行なうこと、総長選挙に関する原案を作成するため各学部長からなる起草委員会を設置することとなった。長與の日記には、この会議においても「文部省仮案を参考に」という点に対して、田中や舞出が例の調子で神経過敏に反応したと書き記され、東大側委員が原則的な主張を展開していたことがみてとれる（『長與又郎日記』九月七日）。

九月一六、一七日には愛知県蒲郡で東大と京大の第一回連絡会議が開かれた。その連絡会議の委員は、京大側が小島祐馬・宮本英脩・中村恒三郎書記官、東大側は田中耕太郎・桑田芳蔵・江口重国書記官であった。小島の回想では加藤寛治農学部長の参加があったとあるが長與や田中の記述では加藤の出席はない。この蒲郡会談において東京帝大側が東大案を持参してこなかったと小島は述べている。ただ東大側は、この会議で東大案は持参しなかったものの、八月一日の東大評議会ですでに決議がなされていることから、選任問題についてはこの従来の方式からの変更の必要はないということで案を持参しなかったのであった。つまり東京側の情勢観測では、変更をしないでもそれで文部省側に対して押し通すことが可能であるとの認識を持っていたのである。小島の回想からは、持ってくるべきなのに持参しなかった、とのニュアンスにも読み取れて、東大・京大の間でも温度差があったことがみて取れる。

小島は東京側のこの情勢観測に対して、政府お膝元の東京側の見解を疑っては失礼だが、先の瀧川事件での観測は当たっていなかったことから、今度も東京側のそれを全面的に信用することはできないと意見を述べた。ただこの総長選任手続きについて、従来通りで変更を加えないとの東京側の意見を荒木文相が了承するのであればもちろんそれに越したことはないことから、今回はこの現状維持案を第一案とし、他の帝大と話をつけたうえで六帝大案として答申書にまとめて提出することとなったのである。そして小島は、もし東大案を骨子とした答申を文部省が受理しなかった場合には、第二案として京大がまとめた案で進めるのでそれを支持してほしい、と縷々説明した。田中耕太郎は、その場合には京大案を支持すると約束をし、とりあえず東大案を基本とした答申案を作成することとなったのである。これが蒲郡会談での両大学の申し合わせ事項であった。

その一週間ばかりのちの九月二一日には熱海ホテルで第二回会談が開かれた。小島の回想によれば、東大案はまだできておらず会談は進展をみせなかったとあるのだが、『長與又郎日記』では、京都側は東大案について今一度相談の上返答するとし東京側は京都側のその返答を待ったうえで態度を決定するとしたと述べられる。ここにも両大学の感触の相違がみられる。この次第については他の四帝大にも連絡がとられた。これらの案に関しての長與の印象は、東北・北海道両帝大は東大案で通過すれば異存はないが、「手続方法を内密」(無記名投票)という方式が認められるかどうかは疑念を持っていて、京大も同様である、というものであった。これらの大学は無記名投票のままでは文部大臣は了解しないとみていたのである。一方九州・大阪両帝大は東大案に賛成で、東大京大の動向を見守ることとしたのだという(「長與又郎日記 昭和一三年九月」の九月二二日)。

そうこうしているうちに九月二七日になり文部省から六帝大に対して、今度は各大学独自の答申書を持参して東京に集まるようにとの通告が出された。東大は東北大・北大からの電話により、これが東大だけでなく各大学にも通達されたものであったことを知った。この件について小島の回想によれば、その後の経緯は以下の通りであった。

小島たちはこの文部省の通達が、六帝大案を提出するという従来の方針と異なるものであることを不審に思いながらも三人で東京に向かった。東京駅では文部省側の連絡員である池崎忠孝参与官・山川建専門学務局長・有光次郎学務課長が待ち受けていて、そこで池崎らは、荒木文部大臣が六帝国大学の答申書ではなく各帝大独自の答申を出すようにと言い出したので上京してもらったのだと説明し、京大側ではすでに成案ができていると聞いているからその京大案だけでも答申してもらいたいと述べた。原則論で押し通そうとする東大案にくらべて現実的な案となっていた京大案を提出させることで文部省は、東大京大はじめ六帝大を分断しようと考えたのであろう。小島はそれに対して即座に「それは出来ない」と拒否した。そしてさらに、従来の通達とは異なる筋の通らない大臣方針をなぜあなた方は阻止しないのかと問うた。これに対して池崎らは、それは我々にはできないことだと答えた。小島はその返答を聞いて「それでは私が言ってやろうか」というと、そうしてもらえればありがたいとの返事であり、小島と文相との会見を伊東延吉文部次官に伝えることとなった。

翌日、会議が開かれる予定の上野の帝国学士院に行ってみると、各大学の総長や教授、事務官が参集している。その場にいた伊東次官がすぐに小島を呼んで、小島が文部大臣のところに行ってくれるそうだが電話を入れておいたのですぐに向かってもらいたいと言った。小島は自動車に揺られて代々木の荒木の私邸に向かった。荒木邸では右翼の壮士風情の男が玄関横の待合に小島を案内しながら、大学自治など怪しからんことだと食って掛かったりしたが小島はそれには取り合わず大臣の部屋に案内させて大臣と談判をした。小島はまず、「あなたはさきに六帝大総長を集めて六大学の一致する答申を要望しておきながら、今更個別撃破に出るということは卑怯ではないか」と問い詰めた。荒木はこれに対して、この問題を一二月まで引きずって議会の問題にしようとの噂があるからだ、と弁明する。小島は、それはデマであろうと応え、荒木文相がこの問題を提起したのは七月二八日のことで、各大学は夏季休暇に入り、総長選出を急ぐ京都帝大以外ではまず不急の問題で、九月末からようやく取りまとめにかかっているのが実情であること、できるだけ早く話をまとめたいのでもう少し待ってもらいたい、と説明した。荒木文相はそれではせいぜい早く答申するようにと述べて了解したという。この会談は二〇分ばかりで終わった。小島は上野の学士院会場にとって返し、伊東次官に報告して参集していた他の五帝大と打ち合わせを行なったのであった。

一〇月二日には箱根強羅ホテルで再度各帝大連絡委員会を持って協議した。その結果は従来の申し合わせの通り東大案を骨子として多少の修正を加えた答申案、つまり総長候補者については文相を補任する趣旨をもって全教授の意見を徴し文部大臣に推薦するものとし、その手続きや執行は秘密にすること、総長の任期については定めるも秘密にする、というものであった。これは強羅案とよばれる。長與は「之では到底駄目ならん」と一〇月二日の日記に記しているのだが、ともあれこの案を翌日文部省に提出することとなった。

翌一〇月三日、京大小島・東北大宮城・北大小熊・九大満田・阪大鉛それに東大桑田・佐藤・江口（書記官）がこの合意案をもって文部省と会見した。しかしながらその翌四日に、この東大案を骨子とした答申は受理できないから再考を望むと文部省が通告してきた。小島や長與が予想した通りであった。『長與又郎日記』によれば、四日に各帝大総長を大臣官邸に呼び寄せて荒木は「極めて強き語調にて」この帝大案は認められないと述べ、選挙を廃すること、総長候補を二名以上とすること、署名文書をもって教授が意見を述べることなどの持論を説明し、両三日中に各帝大別案を作成されたしと通告したという。また長與は、田中の情勢判断が全然裏切られたことに対して京都・九州帝大はよい感じを持ちおらずそれも当然のことなりと書いている（『長與又郎日記』一〇月四日）。

京都帝国大学案

これを受けて東大では協議を重ねた。なかには、当初の東大案である強羅案にまで立ち戻るような田中の発言もあった。こうした発言に対しての長與の見解は、強羅案にまで戻るというのは大局を見ない意見であり、また他大学から見放されるもので義理も悪くて、京大・東北大は東大不信任の態度を示すようになるというものであった（『長與又郎日記』一〇月八日）。文部省からは一四日に東大に対して文相官邸への呼び出しがあり、代案の提出を要請してきた。

一六日になり六帝大は東大懐徳館で連絡委員による会議を開催した。会議の冒頭では、この連絡会議の出席メンバーの資格について疑義が出され混乱した（『長與又郎日記』一〇月一六日では京都の申し出とある）。この会議の会場が東大であったという事情もあるのであろうが、連絡会議を開会してみると連絡委員ではない長與又郎東大総長や東大各学部の部長が出席していたのである。まず東大学部長の中から、長與総長は連絡委員でないことから退場すべきであるという意見が出されて長與は退場となったのだが、それに対して長與総長の高弟佐谷大阪大学教授が、東大の学部長も連絡員ではないから退場すべきではないかと憤然として意見を述べた。この佐谷の意見に対して東大の学部長たちは、オブザーバーとしての出席であると主張したことから、今度はこれらオブザーバーの会議への出席を認めるか否かについて審議することとなった。審議の結果は大差でオブザーバーとしての出席を認めないこととなった。委員でない東大の四学部長は退場を余儀なくされたが、隣室で待機して会議の経緯を見守り、この連絡会議が重要事項の審議にさしかかると田中耕太郎東大委員は、隣室に向かい学部長の意見を徴した（小島「総長選任問題のころの思い出」）。

ようやく会議の本題に入り、前日の東大での審議とその案の説明があり、その後に各大学から順に意見が表明された。小島はこれまでの申し合わせの通りに、東大案が敗れた場合には第二案の京大案で進むという方針を提案した。さらに今回の事態は、必ずしも文部省が元凶というわけでもなく、外部の圧力に抗しきれずに文部省が提案してきているという側面もあること、それゆえ文部省の顔も立つような解決案を提案する必要があると小島は説いた。そして今回は幸いにも、と言うべきか荒木貞夫という右翼側にも影響力のある人物が文部大臣であり、荒木をもってしてもここまでしか介入できないという結果となれば、この総長選任問題はこれで終止符を打つであろうという見通しを述べた。この点については長與又郎も日記の中で山川建局長の観測として、荒木文相はこの学長選任問題についてすでに某将軍らと確約している形跡もあり省内に「とりまき」もいて、かならずしも荒木の本意とは言えず大臣もノッピキならぬ状態におちいっていると述べている（『長與又郎日記』八月二日）。

小島が第二案で進むという点について、東大の田中委員に対して、先の蒲郡での了解事項の再確認を会議の冒頭で求めたところ、田中は東大案でも京大案でも大した違いはない、大山鳴動してネズミが一匹出るか二匹出るかの違いに過ぎない、と語ったという。小島は回想の中で、「今にその言葉通り記憶しておる」と、憤懣を抑えながらもいささか語意を強めてこの会議を回想している。またこの点について長與は、強羅案そのままでは駄目であることは各大学が一致していたが、田中の発言は、これもなお一案なりと情勢論を述べただけだと日記に記している（『長與又郎日記』八月二日）。

この東大懐徳館での会議の結果、総長候補の推薦人数については（一名という含みで）白紙にしておく、総長推薦の方法と手続きについては、「署名せる文書その他責任ある方法」によることとし、それを学部長や教授らにも適用するとの案でまとまった。これに対して東大側の出席三委員は、これが最後案なら別室の学部長らに諮りたいということで別室において協議した。その結果、五帝大はこの案で一致したが、東大側だけは再度評議会を開催して承認を得る必要があるということで、東大評議会の決定を待ってから一八日午後に六帝大の総長が文部省に出向いて提出する手はずとなった（この五帝大の成文は『長與又郎日記』一〇月一六日に載る）。小島の回想および長與の日記によれば事の次第はおおむね以上であった。

こうして一〇月一六日の会議では、五帝大としては京大案を骨子とした答申案で一致し、あとは東大評議会の結論を待って文部省に提出するところまでこぎつけた。ところがその夜に文部省の有光学務課長から小島に連絡が入り、四大学総長が文部省に揃ってきているところだが、問題が発生したのですぐさま来省されたしという。小島は用件はすべて済んでいるはずだと断ったのだがどうしても来られたい、ということで出向いた。そこには文部省側の連絡員に加えて、伊東事務次官、内ケ崎作三郎政務次官も来ていた。そこで文部省側が言うには、明日帝大側から提出されるはずの答申案を前もって拝見したが、この前文では文部大臣が承知するはずがない、そこで文部省で代案を作成したのでこれに差し替えをできないか、さらに文中の「変更」という言葉を「改正」と置き換えてもらいたいというものだった。すでに文部省に来ていた四大学総長は、京大の小島の意向を確認しなければ決定できないというので小島が呼び出されたというわけだ。小島は、文部省側が手を廻して提出前の案文を入手していること、それを文部省側に漏らした大学があることに怒りを覚えたがいまさら仕方がなくその追求は差し控えた。前文は九大の荒川文六総長が起草したもので、それは、これまで大学が行なってきたことは決して不当なものではなかったという趣旨のものであった。文部省の見解は、これでは今回改訂するにあたって改訂の意義や趣旨と整合性がとれないし、こうした文書を残しておきたくないという意向であった。小島の考えは、大学側にとってこの前文自体は、将来にわたって選任問題を拘束する性格のものでもなく強いてそれを存置せねばならぬというほどでもない、さらに「改正」の字句変更も、改めて正しくするという意味を持たせようとの意図でもあり、それ自体は大した問題ではないというものので、そのように意見を述べた。午前四時ほどになってようやくまとまり、この協議の結果は東大に対して、東大評議会が開催される前に北大今裕総長が連絡する手はずを整えた。

一八日になり、連絡会議の本部となっている神田の学士会館で、五帝大は東大評議会での結論を待った。午前一一時頃田中耕太郎委員が、開催中の東大評議会で前日夜の文部省でのやり取りの内容を確認するために出向いてきた。小島からその経緯の説明を詳しく聞いた田中は、たぶんそんなことだろうと思ったが評議会で確かめるようにと言うので確認のためにやって来たのだと述べ、また評議会に戻っていった。これは長與の日記では、評議会の場で、前日に五帝大共同案の前文が変更されたことについて、「五帝大の不信」と「憤慨」する意見が出たことからその確認のために田中が学士会館に出向いたのだと述べている。

この東大評議会が終わって長與総長が会場にやってきたのは午後九時を過ぎていた。小島の回想では、東大評議会の結論は、その内容は五帝大のものと変わらないが、前日の五帝大で一致した答申内容のうち骨子として盛り込んだ一条項が含まれていない案文になっていた、と述べる。いささかわかりづらい表現なので、この異なる点というのを長與の日記の補記により示せば次のとおりである。東大の評議会では、五帝大の「教授の答申は署名せる文書その他責任を明らかにする方法を以て之を為すものとす」という案と、「教授の意見は責任を明らかにする方法を以て之を表示するものとす」との両案を協議し投票した。つまり署名などによる方法の諾否が諮られたのである。その結果、総長推薦に関しては僅差で、前者つまり前文をふくめて五帝大と同案のものとなったが、学部長・教授・助教授の推薦に関しては、現行のままで執行するというもので、この一条項が文面に含まれていなかったのである。この点については長與自身も、学部長や教授らの銓衡までも改変することには弊害が多いという考えを持っていた（『長與又郎日記』一〇月一九日）。

こうした東大の案文は小島にしてみれば、蒲郡会議以降東大側の代表委員である田中委員らと確認し合ってきた見解、つまり東大案が認められない場合には第二案として京大案を支持するという了解事項を、学部長・教授・助教授の推薦に関してではあるが、東大側が土壇場になって破ったようにみえた。このあたりの小島の回想の筆致はいささか強いものがあり、この約束の破棄に憤っている様子が行間から伝わってくる。

翌一九日小島が学士会館に出かけてみると、文部省は、五帝大答申と東大答申の両者ともに受理していた。それを聞いた小島はこの処置に大きな不満を覚え、他の四帝大総長立ち会いのもとで文部省の連絡員に対して強く抗議した。小島の主張は次のようであった。文部省は先に提出した強羅案をもとにした六帝大共同の第一案を却下したことから、帝大側はその後に第二案を答申としてまとめるために尽力して今回提出に到ったものである、今回の東大提出の答申案は先に文部省が却下した答申と内容は変わらないものがあるにもかかわらず受理したと聞いたが、もしこの東大の答申でよいと判断して文部省が受理するのであれば、今回提出した五帝大答申を取り下げたい、というものであった。そしてこの五帝大答申をこの場で返却願いたいと小島は強い調子で申し入れたのであった。立ち会っていた東北帝大の本多光太郎総長が、「それ程までに言わなくても」といさめたというから余程に激しい抗議であったのだろう。この東北帝大は東大に次いで「強硬派」であるとされ、高橋里美東北大学法文学部長は、東北大が五帝大側となって東大と分離した後も、東大とは密に連絡をとりあい、東大の田中が深夜にも情報を持ってくるなど情報交換を密にしていたと述べる（高橋里美「小品・随想、その他」）。

翌日の二〇日になり、文部省は五帝大答申を受理し東大案は却下すると通告し、東大に対して再考を求めてきた。そしてその期限を二日後の二二日午後四時と指定してきたのである。東大では文部省に却下された答申について各学部教授会で審議することにしたのだが、その結果は、医学部で多少の議論がでたほかはいずれの教授会でも一八日の評議会案を支持するという結論であった。長與総長は起草委員と協議をして、東大側の答申案については、評議会や教授会で決定され支持を得たものであることから、文書は「変更せず」の方針とし、別に総長から付属文書をもって足らない点を補うとして二四日に文部省に伝えた。

ところがこの総長名の付属文書には、これまでの東大答申案を一部修正した文言として、「学部長教授及び助教授候補者の推薦に関しても選挙を行わざるの趣旨にこれ有り　教授の意見は各学部の実情に即し署名せる文書の提出其の他適当なる方法に依り之を表示せしむるものに候」との覚書が付記されていた（提出書類は片仮名）。この付属文書の文言は、二三日に各学部長や江口書記官らと検討し、その後二四日に学部長会議で検討して修正を加えられたものであった（『長與又郎日記』一〇月二三日、二四日〔註〕）。しかしながらこの文言は、先の東大評議会決定やその後の一連の、「変更せず」という内容とは明らかに矛盾するものであった。

この東大側の答申に対して二六日、文部省側は、「署名せる文書の提出其の他適当なる方法に依り」云々というのは教授各自が責任をもって為すの意味であって投票を含まないのか、と照会があった。東大側は二七日に、それは「責任を明らかにする方法」の意味であると回答したが、文部省はそれに満足せず同日に、「責任を明らかにする方法にして投票を行わず」と、投票によるものではない旨を明示するよう追加記載を求めてきた。東大側はこの文部省の要求について六学部長で協議し、学部長の挙手により文部省の要請を受け入れ妥協することを決定したのである。ただ田中学部長だけは、如何なる理由であるかわからないがこの挙手の前に退席して決定には参加しなかったと長與は日記に書いている。結局こうしてこの妥協案をもって東京大学案も二八日大臣決裁により承認されることになったのである（「長與又郎日記 昭和一三年一〇月」の一〇月二五日）。

このように、この総長選任問題について、当初は従来の方法から変更する必要はないとの旗を高く掲げた東大の答申案であったが、その後数度の文部省との折衝により妥協を重ね、結果的には選挙投票を行なわないと明記せざるを得ない地点にまで後退した。こうした経過について小島は、聞くところによると、と断ったうえで「一旦却下された答申に覚書を付けて再提出したが、文部省はそれをも却下したので、東大はさらに第二の覚書を付けて、やっと文部省の受理するところとなり、結局実質的には五帝大の答申と同一の内容のものになったということであった」とその回想をシニカルな筆致で書いて結んでいる。

この一連の経緯についてのちに東大側の田中耕太郎は、「選挙」という言葉を避けて、「投票」というかわりに「意見書の提出」と改めるに留まり文部省の面子を立てたのだと述べ、田中が在職中の候補者選びは、投票人が候補者名と選挙者名とを書いた紙を切り離して別々にし、実質的には無記名投票としての実をあげてきたと、この成果を評価している（田中『生きて来た道』）。

この時代、こうした文部省の大学自治への干渉への反対運動の姿勢や戦術については難しい問題があり、またその対応に対する評価も様々であろう。この昭和一三年の総長選任問題の経緯のなかで、東大側にあってもっとも原則論を掲げた強硬派は、長與総長に「純理」と言わしめた田中耕太郎であった。田中が東大の方針を策定するにあたって指導的な役割を果たしたのは間違いないであろう。この田中の原則論とは対照的に、小島は状況を見まわしたうえでの現実路線をとったように見える。この両者の評価は難しいところであろうし、結果論だけで語ることもふさわしくないだろう。小島は先の回想で、東大側とりわけ田中耕太郎委員の約束違反をいささか厳しい筆遣いで批判しているのだが、小島にしてみれば京大側にあって濱田総長の後任人事を急ぐ必要もあり、またその折衝の代表委員として大きく代表権限もあたえられていたようで、それゆえに迅速で具体的な解決に向けて折衝を行なおうとしたわけであった。一方総長選任という意味では差し迫った状況でもなかった東大側の田中らとしては、背後の大学評議会を気にしながら、またそれを舞台として使いながら、自身のいわゆる「純理」を貫徹しようとしたようにみえる。

このように小島と田中は、この件では対照的な対応をしたのであった。そしてさらに興味深いことは、この総長選任問題で東大側京大側の代表格で折衝した両者が、戦後の文部大臣就任ではその去就を分けたことである。小島は後の昭和一六年に退官したあと高知の吾川郡弘岡上ノ村に帰郷し帰農した。そして戦後になり、文部次官が高知に足を運んで吉田内閣の文部大臣就任を請うたのだが断ったとされる。一方の田中は戦後になり前田多門文相の懇請により文部省学校教育局長に就任したが、昭和二一（一九四六）年五月には第一次吉田内閣のもとで文部大臣として入閣している。あとで述べるように、この両者の文相打診と文相就任についてその前後の関係はいまひとつ明らかでないのだが、いずれにしてもこの二人の総長選任問題をめぐっての折衝手法や思考方法、そして戦後の自身の大臣就任や辞退、またその生き方や身の振り方など考え合わせてみると、なにか奇妙な巡り合わせであったと思わざるを得ない。

任命権問題のあいまに

このように総長選任問題が難航し小島は幾度も上京して、忙しく文部省や東大をはじめとする六帝大での会合を重ねた。だがその間に二度にわたって河上肇宅を訪れて河上と面会することもできたのだった。河上は前年の昭和一二（一九三七）年八月一五日に囚われの身からようやく放たれて出獄し東京に住んでいた。昭和一三年一〇月二六日付の書簡で河上は、小島が「大学の問題」で貴重な時間を費やしたことをねぎらいながら、このちょっとの間に「重ねて御枉駕を辱く致し」と二度も会うことができた喜びを示している。「大学の問題」とは言うまでもなく総長選任問題である。小島は大学自治に介入してきた文部省と対応しながら、また原則論をもって押し通そうとする東京帝大田中耕太郎法学部長らと協議を重ねながら、片方では牢からようやく解き放たれた元京都帝大経済学部教授河上肇と、時間の工面をしつつ会っていたわけである。この河上との面会が小島の総長選任問題にあたっての基本的な考え方に何がしかの影響を与えたとは思わないのだが、小島はその心の片隅のどこかで、いつも河上の存在を気にかけていたのではないかと思ったりする。それが、生々しい現実の政治運動に飛び込んでいった河上の姿であったか、また河上がその核として握りしめて放そうとしなかった人道主義という理想のかたちであったか、わからないが、このあわただしい折衝の間にそんな河上の存在を忘れることなく、二度ほども面会する機会を持ったのであった。

その河上は、一〇月二三日付の葉書で次の漢詩を小島に送っている。この漢詩は河上の弟子堀江邑一に送られたものと同一のものであった（河上肇「閉戸閑詠第一輯」のうち「天猶活此翁」昭和一三年一〇月二〇日）。

秋風就縛度荒川
寒雨蕭々五載前
如今把得奇書坐
盡日魂飛萬里天
戊寅秋十月念日當五十九回誕日賦所感乞御一笑閉戸閑詠（刻印）

数日後の二六日付書簡に河上自身の書き下し文がついているのでそれを示す。

秋風縛に就いて荒川を度りしは
寒雨蕭々たりし五載の前なり
如今奇書を把り得て坐せば
尽日魂は飛ぶ万里の天

この二六日の河上書簡では、先の「大学問題」へのねぎらいのあと、この漢詩についての説明がなされている。河上は一〇月二〇日が誕生日であったことから、逮捕されたちょうどこの日手錠をはめられ、浅葱色の薄い袷をまとって、小菅刑務所に収容されたこと、雨風が吹き付けてくる中、シャツもズボン下も足袋もとられて外廊下にガツガツと震えながら一時間ほども立たされたことなどを思い起こして、それを漢詩に詠んだのだと言うのである。河上は読み下し文をつけて送っているのだが、この小島への手紙にも、「果たしてさういふ意味に読めますものやら」と書き記している。また少し後のことになるが昭和一五（一九四〇）年六月一二日の書簡では、獄に繋がれた当時と比べ出獄した今では、シャツもズボン下も足袋も用い、その上にネルと袷《あわせ》を重ね着し、火鉢を横にして、スノウの快著を読み耽る幸福を享受することができていると、その喜びを語っている。

ここにあるスノウの快著とは、Edgar Snow の *Red star over China*（中国の赤い星）である。小島には、読んで無駄にならぬ「近来の良書」といい、だまされたと思って通覧くださいませと、一読を薦めている。その文中で河上は、瑞金から延安への赤軍の大行軍、いわゆる長征に関する記事について、「中々愉快に読むことができる」とずいぶん気を許した書きぶりの長い手紙である。このように筆が走ったことを気にしたのか河上肇は、「その筋へは子守の外に漢詩の真似事をするとのみ申出てあり」、元来はこうした本を読んでいるわけではなく、また読後感を他へ吹聴しうる境遇にあるわけではないと書き、「只だ多年に亘る辱知の間柄でありますます故に、何事も遠慮なしに申上げました次第、お含みおきのほど願い上げます」と述べている。「辱知の間柄」の小島であるからこそ、このように中国の政治情勢などを書き送ったというわけである。

京都帝国大学人文科学研究所所長

先に少しふれた東方文化学院京都研究所は、昭和一三年四月に東方文化学院東京研究所とたもとを分かつこととなり、京都研究所は東方文化研究所と改称した。そして狩野は所長を退き、松本文三郎が初代所長となっている。この研究所は京都帝国大学への移管を希望したが、次の人文科学研究所（旧）の発足もあってその移管はすぐには実現しなかった（『人文科学研究所五十年』）。

それは昭和一四年八月京都帝国大学に設けられた人文科学研究所のことであり、小島祐馬が所長を兼務した。この人文科学研究所創設の次第は次のとおりである。昭和一四（一九三九）年一月に荒木文相と六帝大総長との懇談会が開催され、席上で文相は日本的学問の展開、東亜新秩序の建設に向け大学側に協力を求めた。これに対して京都帝大（総長は文学部出身の羽田亨）では、人文科学に関する総合的研究所創設の気運が高まり、二月四日には計画委員会が発足して文学部からは小島が委員に選ばれた。一七日には法学部石田文次郎・経済学部石川興二、農学部橋本傳左衛門とともに計画案を策定している。これが文部省に認められるところとなり、学内では一〇名の委員で構成された準備委員会が新たに発足し小島がその委員長となった。八月には官制が制定されて発足にこぎつけ、小島がこの人文科学研究所の初代所長となった。同年一一月一八日には小島が「支那政治思想ノ特質」と題して研究報告を行なっている（『人文科学研究所五十年』）。この研究所の紀要は『東亜人文学報』で、小島が発刊の辞を書いた。小島所長の後任は高坂正顕である。

昭和二九（一九五四）年一一月六日には、東方文化学院京都研究所の二五周年を記念して、「京都大学人文科学研究所創立二五周年記念式典」が挙行されたが、小島は「昭和一四年開所旧人文科学研究所所長」として祝辞を述べている（小島文庫資料48の祝辞草稿）。また退職が迫った昭和一六年一一月二二日には京都哲学会で「自然の秩序と社会の秩序」と題した講演も行なわれた。哲学会での退職記念の講演会であったのだろう。この講演のメモも小島文庫に残されている（小島文庫資料目録309）。

第五章　定年を迎えて高知へ帰郷

小島の退官、河上の京都転居

昭和一六年一二月三日の誕生日をもって小島は還暦を迎え、京都帝国大学を定年退官することとなる。早くも一〇月には河上肇から手紙が届き、「いつかのお話通り、之を機会に御郷里へ御引上げの事かと推察致し、寂しき気が致します」と小島の帰郷が既定の路線であることが語られている。河上がこのように「寂しき気がする」と言っているのも、実は羽村二喜男に嫁した河上の長女シズが京都に住んでいて、河上の体を心配し河上に京都へと移り住むようかねてより勧めており、河上夫妻もようやく京都に戻る決心をし、昭和一六年一二月に京都に向かう手はずになっていたからである。河上は書簡で、近頃支那の本ばかりをみていて偶然陸放翁に邂逅しその作品を読んでいること、漢詩でわからないことがあれば定年を迎え少しは時間のゆとりができた小島に訊ねることもできるし、「御近所に住まふことが出来ればどのようにか仕合わせするだらうと思ひ〳〵相過ごし居ましたのに、いまやっと自分が京都へ移らうとする時に学兄はお去りになるのだらうかと考へ、繰返し残念に存じ居るところであります」と書き送っている。心身ともに弱らせてしまった河上のこの文面には偽りも大仰さも外交辞令もないだろう。まことにそれは河上の小島への真情であった。そしてまた河上は、小島が帰南におよんだ後の貸家に入ることになれば、その人の元の家が手頃の物件であればそれを紹介願いたいとも書いている（一〇月一四日付）。これに対し小島は、帰郷は明年の二、三月になること、借家については心当たりがあるからあたってみる、という返事を出した。そして河上から再び、老人夫婦二人の生活なので玄関をのぞいて三間もあれば十分、家賃も四〇円を限度に、といった心安い手紙が送られている（一〇月二三日付）。

先に河上が小島に、近頃偶然陸放翁に邂逅し、と述べるのはこの昭和一六年四月二三日に原鼎から国学基本叢書『陸放翁集』四冊を贈られたことを言っている。もちろん河上はそれより早く大正末頃から漢詩鑑賞や詩作を行なっていて、小島から『詩韻活法』を借りて漢詩の勉強もしていた。そんなことから小島は、獄中にあった河上に対して『陶淵明集』を差し入れている。河上はこの『陶淵明集』を便器に胡坐《あぐら》して終日読み耽り、「園田の居に帰る」を写し取ったりしていたのである（河上肇『陸放翁鑑賞』の寿岳文章「後記」、河上肇「獄中で迎えた昭和九年の元旦」）。

そんな河上が、ようやく獄を出ることができ、さらには京都に帰る決意を固めたのである。それにもかかわらず、それと入れかわるように小島が高知へ去ってしまっては、勉学中の漢詩についての疑問を小島に問い質し指南を受けることが叶わない。すでに帰郷の決意を固めていた小島だったが、この河上の意向が気になったのか、漢詩指南の役を吉川幸次郎に依頼した。昭和一七（一九四二）年冬のことである。小島と吉川は円山公園の料亭也阿弥のあとにできた中国料理店での会合に参加したあと、円山公園歩道の木の下で、この河上の漢詩指南について話をした。河上さんが近頃しきりに漢詩を読んでおられること、しかしながら『国訳漢文大成』の訳には信頼できないものもあり疑問が百出する、そんなとき気楽に疑いをただす人が欲しいと言われている、そこで吉川幸次郎を推薦しておいたのでそのうち河上さんが訪ねてくると思うがよろしく、というものであった。河上さんは近頃は運動からはすっかり手をひいておられると、小島は河上の社会主義運動について配慮して付け加えた。吉川はこの場で承諾の旨を小島に伝えたのであった。

そんな河上が小島の紹介状を携えて東方文化研究所の吉川研究室を訪ねたのは、先の小島の依頼後しばらく経ってからの昭和一八（一九四三）年一月二〇日のことである（「日記」）。吉川は小島からすでに聞き及んでいるその来訪の趣旨をあらためて河上から聞いた。そして河上から、以後随時訪問をしたいと思うが研究室がいいか自宅がいいかと問われた。吉川は研究室でお目にかかりたいと答えて、月曜水曜および午後は毎日が差支えあるがそれ以外の時間なら結構ですと、自分の空いている時間を伝えている。そして吉川は、河上博士のような泰西の学に深い人と共に中国の詩を読むのは自分にとって新しい興味であり勉強になると答えたのだった。用件を済ませて研究所の玄関まで吉川が見送った際に大学の事務官がそこに来合せていて、河上の姿を見ると目をそばだて見たといい、河上も表情をこわばらせたともいう。こうした小島のお膳立てにもかかわらず、若い研究者に迷惑をかけてはならぬと思い遣ってのことなのか、この来訪以後河上は一度も吉川を訪ねることはしなかった（河上肇『陸放翁鑑賞』の吉川幸次郎「跋」）。

小島祐馬の高知帰郷

もう一度小島退官の時代に戻る。小島の退官一週間ほど前の昭和一六年一一月二五日付の手紙で河上は、伝え聞くところによると蔵書も片付けはじめて帰南の用意をしておられるとの由、今後は一切の俗事と絶縁して静かに読書三昧にお耽り遊ばされること喜びにたえません、と書き送る。河上はどこからかの消息で小島の近況を聞き知った書きぶりで、「私は大兄の御帰南は既に数十年前から確立してゐる御方針であると信じて居りますので、人々は是非御止め申すなどと噂して居りましたけれど、所詮その甲斐はなきものとかねてから確信して居りました」と、小島の帰郷の意図が若い時期からの確信であったことを述べている。さらに小島の万巻の書籍もこの帰郷のために用意してきたものであり、小島の帰郷について河上は、「心から大兄今後の御清境を祝福申上げるものであります」と小島の真意を推し量り祝意を表明している。そして帰郷の餞別品として、友人から貰ったものであると断ったうえで古墨一丁を拝呈すると述べたのだった。

餞別に古墨一丁を贈る理由について河上は次のように書いている。すでにふれたように、小島は若き日に、『経済大辞書』の太宰春台や荻生徂徠などの項目を河上の名前で代筆したことがあった。これは河上の小島への経済的支援の表れでもあったのだが、この時に河上は小島原稿に一字たりとも修正加筆をしなかったにもかかわらず、小島はその原稿料をどうしても半分しか受け取らなかった。その結果河上は、ひとさまに原稿を書いてもらって只で原稿料を受け取ることになったのだが、その時河上はやむなく墨を購入して小島に贈ったというわけであった。河上はこの手紙のなかで、大兄はもはやお忘れになっているかもしれないが自分はそのことを今も忘れずにいることから、この度の帰郷にあたってもやはり墨一丁を拝呈したいと考えたのだと贈呈の意を述べている。二人の交友を象徴するよい話である。

河上はこうして昭和一六（一九四一）年一二月二〇日京都に戻ってきた。京都帝大を辞めて昭和五（一九三〇）年一月に京都から東京に向かうにあたって、死地を東京に求めて多年住み慣れた京都を去る、と書いた河上だったが、再び京都に帰ってきたのである。

この河上の帰洛については小島も進言した、との話が内田智雄の回想で明かされる。河上が京都に戻ってきたある日の夕暮れ、昭和一七年か一八年の、晩春か初夏に近い頃とされるが、高知から出てきた小島と内田と同門友人の三人が吉田神社の赤い鳥居の参道を東山通に向かって歩いていたその時、三人は痩躯の人物と行き違った。小島は立ち止まってその人物と話をしはじめた。内田らが待っているとしばらくしてその人物と別れた小島が、「あれは河上さんだ。実は戦争が始まったら（開戦は一二月八日）、すぐ京都に引きあげるように。東京にいてはいけないといっておいたので、河上さんはすぐにこちらにきたわけだ」と話したという（内田「小島祐馬と河上肇」）。吉田神社の参道で、朱塗りの大きな鳥居を背にしながら話をしている小島と河上の姿が思い浮かぶようである。

ともあれ小島が高知に引き揚げるまでのほんの短い期間だが、京都に戻った河上は小島と会うことができた。河上は一二月二〇日に京都に戻ったのだがすでに二一日には小島と会っており二三日にも小島宅を訪ねている（河上肇「日記」）。そして河上は黒谷や法然院あたりを散策し、時に臨川書店で漢詩本を求めたりした。一方河上に京都へと戻るよう進言した小島はといえば、河上と入れ替わるように京都を去って郷里高知へと帰ることになる。老父茂太郎が妻伊佐を失ったあとも久しく住んでいる高知弘岡上ノ村の屋敷に戻るのだ。この屋敷も山林田畑も茂太郎が築き上げてきた。そこで父茂太郎と暮らすのである。そんな小島に対して河上は、「もゝとせをこさせたまへとおんちちを かしづきゐますわが老博士」と歌に詠んで贈った。そして「私は老母を弟に任せきりにして居りますので、うらやましさにこんな腰折をつくって見ました。ご一笑下さい」とも書き記している。これも母を思う河上の真情であったろう（昭和一八年三月二七日付）。

この河上の手紙は、小島の弟子たちが小島退官記念の形で出版した『古代支那研究』受領の礼状であった。またかねてより小島に請われていた漢詩については、高知の屋敷の書斎の写真でも頂戴できたらそれを拝見して書いてみたいと言っていたのだが（昭和一七年一〇月二九日付書簡）、昭和一九年八月になりそれをようやく小島に送っている。先年のものと最近の作を合わせて送ったと書いている（昭和一九年八月二四日付書簡）。このうちのひとつであろうか、「心平無厭夢身静有良朋愛此残春夕悠朧待月昇」と詠まれた漢詩が軸装されて小島邸に残されてある（小島懋「故山に帰る」）。

また小島の退官にあたって門下生や受講生から、小島の講義筆記稿を贈られた。その「目録」および「講義筆記細目及写定者」が小島文庫の資料として残されているのだが、贈呈された講義筆記および筆記者は次のとおりである。「支那思想史 上」藤枝了英、「支那思想史 下」秋田成明、「春秋學史」重澤俊郎、「尚書研究」平岡武夫、「周易研究」鈴木隆一、「古代支那人信仰 上」内田智雄、「古代支那人信仰 下」森三樹三郎、「讖緯説研究」大久保荘太郎、「五行説研究」笠原仲二、「支那ニ於ケル数理的宇宙論」西田太一郎、「王充研究」佐藤匡玄、「北宋五子ノ学」安田二郎、「支那ニ於ケル法ノ概念 上」清田研三、「支那ニ於ケル法ノ概念 下」常盤井賢十、「清代今文学」木村英一、この一五冊分であった（小島文庫資料目録138）。

帰田の願いがかなう

小島が自身の学問への道を語ったものに、ここまで幾度か参照してきた「学究生活を顧みて」がある。このなかで小島自身が帰郷についてを語っており、それを引きながら述べていく。小島は京都帝国大学で、狩野直喜や内藤虎次郎といった学びの師にめぐまれて勉学を進めた。そうした大家に巡り会って仕合わせな研究生活であった一方、この大家を目の前にして逆に自身の能力に疑いを持ち始めた。その思いは文科大学を卒業した当時から持っていたという。そうかといっていまさら引き返すこともできず、いろいろと考えた末に、「一応自分一人で研究のできるだけの素養が出来たならば、京都を引揚げて田舎に帰り、蜜柑畑でもいじりながら独りで読書研究を楽しむことにしよう」と決意したのである。このように帰郷して高知で過ごすためには、研究に必要な資料を持ち帰らねばならない。そこで小島は書物の蒐集に力をそそぎ、また京都での生活を支えるための仕事については、いつでも辞められるようにと責任の軽いものを選んだ。しかしながら「いろいろの行きがかりから、自分の心底にまかせないこともでき、たうとうかねて自分のお世話になった京大文学部の教壇に立つこと」となった。いったん仕事に就くと責任も生じていつでも逃げ出すというわけにもいかず、「私が停年に達した時になって、やっと帰田の願がかなったやうな始末」というわけである。

これは小島が戦後から自らの研究生活を振り返ったときの文章である。細部にいささかの物語が潜まされているかもしれないが、高知で帰農して蜜柑畑を耕し農業をしながら読書と研究に明け暮れたいと考え始めたのがずいぶんと早く、文科大学卒業の時期であったことが語られている。その頃から小島は古書店に頻繁に出入りし、生活費を節約しながらともかく書物の収蔵に努めてきたわけだが、そうした小島の行動とも符合する。文学部助教授の職も「いろいろの行きがかりから」就いたというのであれば、内田智雄が述べている「一中の雇教師が「抱関撃柝」であったのと同じように、京大教授もまた「抱関撃柝」であったというべきかもしれない」というのはまことに正鵠を得た指摘であるというべきであろう（内田「小島祐馬と河上肇」）。

このように小島は蔵書家であった。聖護院か田中門前町の家だと思われるが下村寅太郎がはじめて小島宅を訪れたときには座敷は書物でいっぱいで二人以上の席はなかったというほどの蔵書だった（下村「小島祐馬 追悼会での回想」）。小島の蔵書に対する姿勢は、内藤への追悼文「湖南先生の『燕山楚水』からもうかがえる（小島祐馬「内藤湖南先生追悼録」）。内藤は明治三二（一八九九）年三月に隣家からの出火で蔵書をすべて焼いてしまったのだが、京都田中在住時代の内藤は、蔵書のうち貴重な、『史記』など宋元版や弘法大師の『性霊集古写本』などをまとめて風呂敷に包み、夜分になると夫人の枕元に置き、いざ火事になったら内藤郁子夫人がそれだけをともかく抱えて素早く逃げる手はずになっていた。内藤は常日頃から古書を購入するときにもその価格を聞かなかったこと、稀覯本については一応値段を尋ねるが、内藤は価格を聞くと「それは廉い」と言うのが常であったこと、それゆえ古書店は珍籍奇書を得ると競って内藤のもとに持っていったというエピソードを、小島は共感しながら紹介している。当の小島は京大教授時代、月給が二、三百円ほどのころ、正壽夫人には毎月五円ずつしか渡さずあとは書籍の購入にあてたとまで言われる（小島懋「故山に帰る」）。小島には、ここで紹介している内藤の蔵書集積の姿勢と相通じるものがあったのである。

小島は蔵書家であるとともに愛書家でもあった。フランスの仮綴本は読んだ後、良い本については、フランス留学中に買い求めて持ち帰った紙などを用いて表紙とした。また皮で背表紙を造るために、わざわざ堺町丸太町の職人気質の製本屋に依頼をしたりもしている（内田「小島祐馬と河上肇」）。小島が書物を大切に扱うという習慣は、母から教えられたものである。たとえば少年時代の小島が誤って書物を踏んだりしたときには書物を手にとって押し戴き、「戴きました」と詫びなければならなかった。そうした母親の「書物を粗末にしてはならない」という教えにより、長い生涯にわたって書物を大切に扱うようになったのであった（小島祐馬「書物を大切にする話」、小島文庫245はその原稿)。また小島は竹村竹亭に印刻を依頼してつくったその印章を持っていた。小島文庫には、京都御幸町押小路奥郁直康と押印された封筒に、「小島家蔵」「抱甕」「小島祐印」の三種の印の押された印影が残っている(小島文庫資料目録279)。

このように小島は、若い時期から彙文堂や弘文堂などの古書店に出入りして書物の購入に勤しんできたのである。そしてこうした古書店への出入りが、その後の小島たちの雑誌創刊や河上の書物・雑誌の刊行にも大きく役立つ結果となった。こうして集められた小島の蔵書、それが後の「小島文庫」ということになるわけであるが、この小島文庫の整理をした鈴木成高の言に従えば、洋書などは偏っていて哲学書などがないのだが、漢籍については体系的に集められていて大学を離れても研究に困らないように収集がなされたもの、であったのである(「先学を語る」)。

小島邸に書庫

京都を引き揚げた小島は、というか小島とともに移動したその蔵書は、吾川郡弘岡上ノ村の屋敷に運ばれた。京都からのこの書物の引っ越し作業を小島はひとりで行なった。蔵書の箱詰めなどをシャツ一枚になって、汗とほこりにまみれながらひとりでこなしたのである。小島の「講読」授業の受講者であった平岡武夫が、漢籍の整理や片付けを申し出たが、小島はその申し出をねんごろに謝して手を付けさせず、蔵書の荷造りに忙しい最中ながら小島はさまざまな話題を出して話をしてくれたという(平岡武夫「小島祐馬先生(初代所長)の著書 追憶の記」)。

平岡はこの回想で、小島と同じ時期に文科大学を卒業しのちに東北大学教授となった岡崎文夫の蔵書整理の一件を紹介している。岡崎は小島の書斎の蔵書がいつもきちんと整理されているのをみて、これはおそらく正壽夫人が整理を手伝っているにちがいないと考え、さっそく岡崎は岡崎夫人に対して、岡崎が使った線装の漢籍を整理して片付けるように言った。夫人は唯唯として役目を遂行し、帙におさまるようにと収めていき、きれいに片付いた。整頓し終えて岡崎が確認してみると、夫人は『四部叢刊』も『二十四史』も関係なく、同じ大きさ同じ形の本をどんどん帙に収めていって整頓し終えたのであった。この話を小島はさも楽しそうに披露して腹を抱えて笑ったという。こんな岡崎のエピソードを平岡は小島から聞いているからこそ、強いて小島の蔵書整理と箱詰を手伝うことをしなかったのであった。

さてそうした蔵書は、特段そのための書庫などを構えているはずもないこの弘岡上ノ村の屋敷に運びこまれた。小島の研究生活にとって不足ないほどの量の蔵書である。小島の女婿鈴木成高の回想だが、小島の父親茂太郎は、祐馬が屋敷じゅうむやみに本を積み上げるから風通しが悪くてかなわん、とご機嫌斜めであったという。また小島が帰郷してしばらくしてからのこと、多年にわたって収集してきた学術雑誌が見当たらないのでどうしたことかと思い父親茂太郎に尋ねたところ、「あれか、あれは、みな風呂に焼《く》べた」と答えたともいう（竹之内『先知先哲』）。

そんなことがあってから、というわけでもあるまいが、万巻の書物を収めるための書庫が必要となり書庫を増築することとなった。このときの書架配架の略図らしいものが二枚小島文庫の

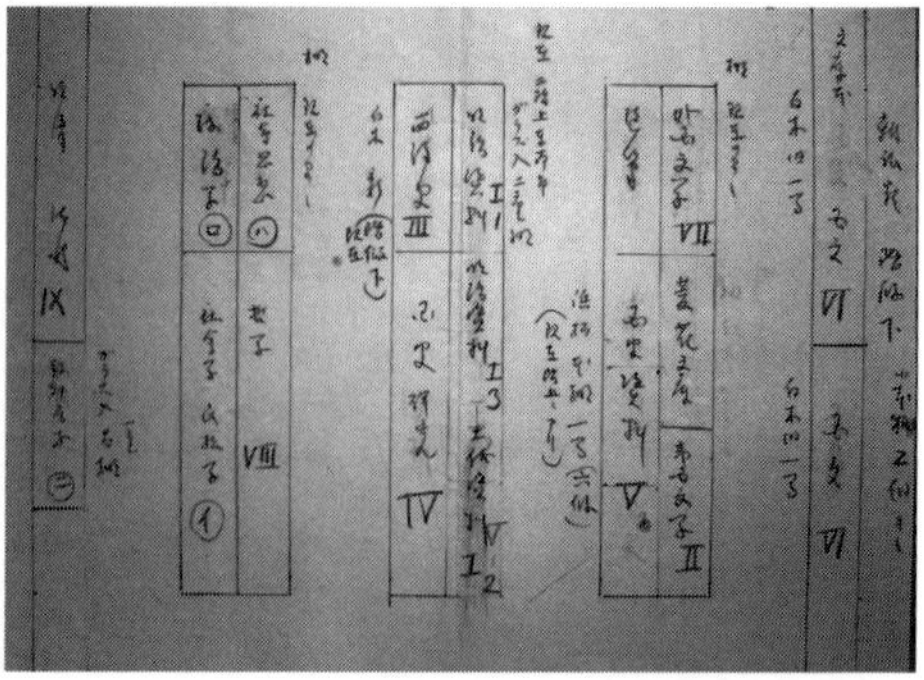

小島邸に増築された書庫の階下部分書架配置図か

資料に残っている（小島文庫資料目録22）。小島の弟子で筑摩書房の竹之内静雄が昭和三九（一九六四）年五月二六日に、『河上肇著作集』編集と監修の依頼のため弘岡上の小島邸を訪れたとき、この建増された書庫の話題がでて見せてもらったその書庫である。木造の書庫を建てるにあたって小島は京大建築学科のある教授に相談をした。すると教授の言では、書庫の下は風通しのよいように造ればよいということだったので、階下は納屋代わりに使い二階の一二畳を線装本の書庫にしたのだという。

小島は若くて暮らし向きも楽でなかった頃、河上が京都の冬は寒いから買うようにと、丈の長いコートにケープのついたインバネスの代金を渡すと、小島はそのお金ですぐに本を買ってしまい、結局インバネスなしで冬を過ごした。本さえ買えればそれでいいんだからと河上に嘆息をつかせたのだが、そのように蓄蔵してきた蔵書であった。小島は毎日この書庫から本を出してきては庭に面した座敷に机を置いて読んだり書き物をしたりした。この部屋には家族は誰も入ってはいけないことになっていた（小島恒「祖父・小島祐馬のこと　私の二〇世紀　一五」）。竹之内は先の訪問のときに小島からこの書庫を「見るかい」と言われて見せてもらっている。その喜びは如何ばかりであっただろうかと想像する。竹之内はこの書庫で宋版初刷『十三経注疏』を見ている。

竹之内が書庫で話を聞いたあと座敷に戻ると酒が出た。小島から、灘の酒もあるが、土佐の酒とどちらがいいかな、と聞かれ、竹之内は土佐の酒を所望し、千寿土佐鶴を飲んだ。その時に小島は、書庫で見せた宋版『十三経注疏』は当初買い求めた折には『孟子』を欠いていたこと、それが二〇年も過ぎた頃とうとう古書目録に出たのを見つけて補うことが出来た、とその喜びを語り、それを中国に送ってよい帙を作って入れなおしたのだと話した。小島は唐本を買ってもそれが粗本であった場合には北京に送って当地で修理し保存した（小島祐馬「書物を大切にする話」）。

竹之内はこの小島家訪問にあたって、小島邸周辺の地図を小島に書いて送ってもらっているのだが、竹之内はそれを新潮社版『先知先哲』の表紙裏に刷り入れて出版をした。この小島直筆の地図と小島からの手紙は、小島に案内してもらった書庫の記憶とともども、竹之内が宝物として保蔵し胸に刻んできたのであった。

高知での日々の暮らし

昭和一七（一九四二）年早々に高知に帰った小島の暮らしぶりはどのようなものであっただろうか。特段に記録が残されている訳でもなくその正確な時期が特定できる事項も多くはないので、戦争をはさんでの高知の暮らし、ということで女婿鈴木成高らの回想や小島文庫所蔵の小島メモなどをもとに記してみる。

高知県吾川郡弘岡上ノ村の家に戻った小島は、集落の長を務め、地域の農民らとの共同作業にも精を出し、また来訪の客を快く迎えて話もした。長男でありながら、年老いた父親を長年当地に残して家をあけてきた、ということもあり、村人に負担や迷惑をかけてきたという気持ちが強くあったのであろう。小島にとってこの帰農はかねてよりの方針であったことから、帰郷前にはすでに果樹栽培などの計画も持っていて、農業の専門家に相談をし、接ぎ木の苗もあらかじめ植え込んだりして準備を整えていた。ただ時局柄サツマイモを栽培することが奨励されたりして果樹の苗も除去せざるを得なかったという。その合間に依頼を受けて昭和一七年一〇月二九日には高知高等学校で「支那人の歴史観」と題した講演を行なった（小島文庫資料目録311）。

小島は「農」への執着とも言うべきものを少年の頃から持っていた。小島が進学するにあたり、当時小島家で実権を持っていた小島の祖父、それはたいそう怖い人物であったのだが、その許可が必要で、小島が祖父に進学の希望を告げにいった時、どこで何の勉強をするつもりかと祖父に問われた。農学校と答えると祖父は、百姓なら家でもできる、学校に行くならもっとましなことをやれと言われた。学校に行きたい一心の小島は農学校をやめて県立第一中学に進学することにしたのだという（「先学を語る」の鈴木成高発言）。この進学についての話は、女婿の鈴木成高が小島から聞いた話であろうが、小島が農業への志向を持っていたことは確かであった。息子懋の京都帝国大学農学部への進学で小島の機嫌がよかったことは述べた。鈴木は、小島に農本主義のようなものが学問以前の自身の心にあって生涯それが尾を引いていて、帰農とか土着とかの意識がどこかにあったのかもしれないと述べている。この小島の帰農への志向の強さは、彼自身が京都帝国大学を定年退官するにあたって、役職や他の公職への要請もあったであろうにそれには見向きもせず、また帰郷して隠退することに必ずしも賛成ではなかった正壽夫人の意見も振切って、高知へと帰南した小島の行動自体がよく物語っている。事実退官にあたって小島を京都帝国大学総長に推そうという動きもあったようで、ある教授が定年間近い小島の家を訪ね、次の総長選挙に出てほしいと懇請したこともあった。それに対して小島は、私には土佐に九〇歳になる父がおり、一人で暮らしている。いままでは公務があり父に仕えることができなかったが、このたび定年退官の時を迎えた。私は土佐に帰って父の世話をするつもりであると答え、総長の話など一顧だにしなかった（竹之内『先知先哲』）。

小島の父親は九六歳まで生きた長寿の人であった。この父親は根っからの土地の人であり、小島が京都の大学に職を得て京都に住むことになっても、京都どころか本州にも行ったことがない。ただ讃岐の金毘羅宮にお参りに行ったぐらいであった。「先学を語る」の平岡武夫の言によると、小島が退官して高知に帰郷した後京都に出向いてきたとき、小島が真っ黒な顔をしていたことから、どうされたのですかと問うたところ、年老いた父親が田んぼに草抜きに入るものだから、定年で帰った自分が還暦であるからといって本を読んでいるわけにはいかないのだ、と話したという。田植えの後の時期であろうか、年老いた父親が田んぼに入れば小島は後について田に入って草取りをせねばならず、読書どころではなかったというのである。とはいえこの平岡の回想を読んでもなお、小島が苦笑しながらも嬉しそうにそのように語っている様子を想像することができる。父親とともに田んぼに入って草取りをしている小島に、それを厭うたり後悔したりした感じはまったくみられない。明治三六（一九〇三）年に京都帝国大学法科大学に入学してから昭和一七（一九四二）年に京都を去るまでの四〇年足らず、この京都での生活は、小島にとっては「始めから終わりまで旅の生活」であり、京都に暮らしていても、いわば明日にでも高知に帰るという姿勢でずっと暮らしてきたという鈴木成高の発言も、心から納得をすることができる。

このように小島にとっての帰郷は既定の路線であった。貝塚茂樹はこの小島の帰郷について、何の未練もなく住み慣れた京都の地を去るにあたってどんな動機かはわからぬが、京都に残れば文学部や研究所のことに口を出したくなるのが人情であり、それがどんなにか善意であっても若い研究者の自由を妨げることになるということも配慮し、固い意志力で退隠を断行されたのであろうと推し量っている（貝塚茂樹「恩師の学徳」）。ともあれこのようにして小島の帰郷が実行されたのであった。

正壽夫人の歌と書

昭和一七（一九四二）年四月に、小島らが創刊した『支那學』の「小島本田両博士還暦記念号」が刊行された。「支那學同人」名の献辞、豹軒鈴木虎雄の「送小島贄川祐馬博士帰休故山歌」「小島祐馬博士著作年表」などが載り、『支那學』創刊時の回想が掲載された。

　この還暦記念号は小島の依頼で版元の弘文堂から京都の河上肇宅にも届けられた。この号には小島の「「支那學」創刊当時の事ども」が載っていて、創刊当時のことが書かれている。この記事で小島は、『支那學』創刊当時に、彙文堂にかわって弘文堂から刊行されることとなったのは河上の尽力によるものであると記し、それは河上が小島たちの窮状に対して同情をしたからだけではなく、東洋の学問に対する深い関心から弘文堂八坂浅次郎に刊行を頼んでくれたのだと、河上への深い感謝の念を表明していた。この小島の記事に対して河上は、「老生の事にまで御言及あり、恐縮の次第」と書き送った（昭和一七年五月一六日付）。東洋の学問への深い関心によって動いてくれた、と小島が書いてくれたことが余程に嬉しかったのだろう。この時河上は、小島が自分の心のうちまでよく理解してくれているとあらためて感じ入ったのだと思う。

　一〇月、小島に京都帝国大学名誉教授の称号が授与された。この授与に対しても河上から、今後まだまだ仕事をなされねばならないことからこうした肩書があることは何かと便宜であろうと祝意の手紙が出されている（昭和一七年一〇月二九日付）。そんな河上に対して小島は、高知から鰹節を送りまた蜜柑や切干を届けたりもした。この蜜柑は小島の屋敷内に実った蜜柑であった（河上肇「日記」一一月一四日）。京都では物資がなかなか手に入りにくくなった御時勢にあって、まだ物に少しはゆとりがあった南国高知から、心づくしの生活物資を送ったのであった（一〇月二九日、一一月一六日付）。そんな河上は京都に住まい、こよなく愛する東山の法然院を、「この京の静けき寺の一つあり ゆふぐれに来て鐘のねをきく」「たかむらに暗くこもれる古寺の 門にうづくまり山時雨よく」などと歌を詠み暮したのであった（一〇月三一日付植田たき子宛）。

昭和一七（一九四二）年一一月三日付で河上からまた手紙が届いた。そこには「過日平安書道会展に参り、奥様の御筆蹟を拝見することが出来ました。殊に短冊の方は上乗の御出来であったかと…」と記されてあった。この奥様は言うまでもなく正壽夫人で、正壽は平安書道会に所属していてこれは河上がその展覧会に一一月二〇日出かけたことを言っている（河上「日記」）。平安書道会は、大正二（一九一三）年京都岡崎の山本竟山の呼びかけで発足した平安同好会がそのはじまりで、大正九（一九二〇）年に平安書道会と改称、昭和六（一九三一）年には体制を整えて会長に荒木寅三郎、副会長に雨山長尾甲を選び、昭和八年には学芸部長に湖南内藤虎次郎、さらに君山狩野直喜、紫竹山本行範（京都女子専門学校書道教授）、春鶏出雲路敬通（下御霊神社神主）らを顧問に迎えた（「平安書道会史」ホームページ）。この正壽夫人は書道も教えた。正壽は高知に帰ってからもこの平安書道会には所属していたようで、昭和二一（一九四六）年二月に正壽夫人が死去した後の、昭和二五（一九五〇）年には、その年に刊行の三〇周年記念誌が小島のもとにも送られてきていた（小島文庫箱2-42）。そんなことから、小島邸裏山の墓域に、小島の墓碑に並んで建つ正壽夫人の墓石の傍らには小さな筆塚が建てられてある。正壽の弟深瀬基寛の回想によると、二日も三日も飯をたくことを忘れて書に没頭し部屋を用紙で一杯にしたこともあったという（深瀬基寛「私の京都観」）。

正壽は若い頃から文学少女で、短歌を詠み小説も書いた。短歌は三宅雪嶺夫人の龍子（花圃）について学んだ。小島と結婚してまもなく、小島がまだ正規の職もなく暮らしに困窮していた時代には『女学世界』に原稿を書いて生計の足しにした。さらに小説も書いたりしていて島崎藤村に飛び込みで弟子にしてほしいと頼んだが断わられてもしている（「先学を語る」の鈴木発言、深瀬基寛「藤村訪問記」）。

南禅寺帰雲院や熊野若王子神社前に暮らしていた時代、苦しい生活をやりくりしていた正壽夫人の歌が「先学を語る」に出る（小島正壽には歌集『菱花残片』がある）。

　颪に鳴り月にそびえて世に合わぬあるじが友となりし渋柿
　この夜ふけ米洗う人のあるべしやと思えどあすの糧を如何せん
　縫い返せ縫い返せというきみが衣赤みやれしをいかが直さん

また大正一一年一月『女性日本人』所収の「花蔭會同人詠」に正壽の歌が三首載っている（小島文庫資料目録289）。『女性日本人』は三宅龍子（花圃）の主唱で大正九（一九二〇）年九月政教社より刊行された婦人総合雑誌で、そこに載るのは次の歌である。

　きれ長き涼しき目ざしならずとも親しみあるを美はしと見る
　なつかしき人の眼は春の日のわたつみのごと長閑やかに見ゆ
　美はしき衣にはだえはつゝむとも心のそこのみゆるまなざし

さらに同誌二月号に次の歌も載る。

ふと逢し其の目なざしは火や燃えし後に思ふも面ほてりする

小島ます子と記名のあるこの歌で、「そのまなざし」とは誰のことであるかは知れぬところだが、大正一一年初頭であれば小島が京都帝国大学助教授になる前のことであり、家計をやりくりする正壽の傍らで一心に本を読んでいる小島の姿など思い浮かべることもできて心和む心地がする。

昭和一八年一〇月一七日、小島は山口高等商業学校へ講義に出かける途中に、ということでわざわざ京都の河上宅を訪問している。河上のことを気遣ってのことであろう。そんな河上は昭和一九（一九四四）年一月二一日、正壽夫人のからだの具合が悪いことへのお尋ねの手紙を送った。また小島から蜜柑が送られたようで、河上はそれを大事に食べ、食べ終わった後で箱の底に切干が詰まっていることに気づきこれも賞味したという（三月二五日付）。畑で小島が作った大根を切って干し、切干大根にして送ったのであろう。また京都では下駄が手に入りにくい旨を書いたところさっそく小島は小包で下駄とまた切干を送った。京都はいよいよ食料不足で、京大正門前の歩道までが菜園に転化され、昭和一八年四月に移った河上の上大路の家の隣組では抽選で陽あたりのよい大学側の歩道が当たったのだというが、河上には耕す余力もなく棄権をしている。そんな河上は、田舎暮らしの小島から食物を送ってもらって、「いのちをわけていただいたと同様に有難いこと」と感謝の手紙を送っているのである（四月二八日付）。

抱甕灌圃《ほうおうかんぽ》

その小島も時局が進むなか晴耕雨読といった緩やかな生活は農村においては許されるべくもなく、「純然たる百姓と相成申し候」といった毎日を送る（内田「小島祐馬と河上肇」所収の昭和一九年六月二二日付内田宛小島書簡）。小島は老骨の身で専業の農夫たちとともに働く毎日一二時間の共同作業はくたびれると述べ、作業はようやく一段落したものの、「猶自園割当の甘藷栽培柑橘蔬菜の手入等夏期は百姓の仕事相当多忙にて之を処理することは到底困難の業に御座候」と、柑橘類からサツマイモなど野菜栽培まで、まるで専業農家のごとくである。そして本年は梅雨前の期間に雨が少なくて麦は豊作であったが、梅雨に入ってもなお雨がなく、稲やサツマイモの植え付けに頓挫をきたしているとも書き送っている。小島が郷里に帰農した日々の生活や田んぼ、畑の作付けの様子をこんな手紙からうかがい知ることができる。小島はこの手紙の中で、村内の人たち老若男女はみな協力してよく働くことから集落の長として至極愉快であると述べていて、この集落の長として慕われその務めを果している様子も知れるのである。

小島邸の八畳の座敷には、「抱甕灌圃」と書された狩野直喜揮毫の扁額が掛けられてあった（小島懋「故山に帰る」、扁額の写真は「土佐人物山脈　一三〇　小島祐馬」にも載る）。抱甕は小島の号である。畑に水をかけるのに甕を抱いて行なうという鈍重なやり方を言ったもので、『荘子』の天地篇十二がその出典である。それを金谷治訳注『荘子』（岩波文庫）に導かれて書いてみる。それは次のような話である。

狩野直喜筆「抱甕灌圃」の扁額（平成26年7月6日小島恒氏撮影）

孔子の弟子子貢が楚の国を旅していた時のこと、一人の老人が畑の畝づくりをしているのに出会った。老人は切り通した道から井戸に行き、水甕《みずがめ》に水を入れてそれを抱え、畑に水をやっていた。努力をしているのに水甕で一度ずつ汲むものだから苦労の割には効果が上がらない。そこで子貢が、一日に百畝にも水を掛けることのできる装置があると教え、それを使おうとは思わないかと言うと、甕を抱えて水を運んでいた老人は、それはどんなものかと尋ねた。子貢がそれは槹《はねつるべ》という仕掛けからくりであると説明をすると、老人はそれを聞いてむっとして顔色を変えたものの、すぐに笑いながら次のように答えた。わしは師匠から教えられたことがある。仕掛けからくりを用いる者はかならずからくり事をするようになる。からくり事をする者は、かならずからくり心をめぐらす。からくり心が起こると純真潔白な本来のものが備わらなくなり、精神の働きが安定しなくなるのだ。精神が安定しなくなった者は「道」に支持されない。わしはその仕掛けからくりを知らないわけではない。だがそれは「道」に対して恥ずかしいから使わないのだ、と答えたのである。子貢はそれを聞いて恥じ入ってうなだれていると、老人はあんたはどういう人かと聞いてくる。孔子の門人ですというと老人は、あの博学で聖人気取り、名声を天下に売ろうとする者ではないか。あんたは自分の一身をさえ治めることができないのにどのようにして天下を治めることができるだろうか。早く去ってくれ、わしの仕事の邪魔をしないでくれ、とこう言ったのだという。子貢は顔色を失い三〇里も歩いてからようやく我に戻った。子貢の門人が、なぜあの老人に会って顔色を失われたのかと問うと子貢は、自分は孔子先生こそが第一人者と思っていたのだが、あんな人物が他にいようとは思いもよらないことだった。孔子先生から教わったのは、物事には善いものを求め、仕事は成功することを求め、骨折りが少なくて大きな効果を得られるというのが聖人の道であるということだった。ところが今の老人はそうではない。しっかりと道を守る者は本来の徳が完全であり、徳が完全な者はその肉体も完全であり、肉体の完全な者は精神も完全である。精神が完全な者こそが聖人なのである。生をこの世に託して民衆とともに生き、その行くところも知らない。仕事の利害やからくりの巧妙さを考えてしまうとあの老人はその心も失うのだろう。あのような人物はその志が働かなければどこにも行かず、その心が望まなければ何事も為さず、天下があの人を誉めてその言い分が叶ったとしてもそれを顧みず、天下があの人のことを非難してもそれに左右されない。これこそ全徳の人と言うべきであろう。自分など風になびくような風波の民だ、と述べたという。

「抱甕」という言葉は、諸橋の『大漢和辞典』では、拙陋《せつろう》に安んずる喩えとあるのだが、小島にとってのそれは、牛歩の学びであってもそれが本来持っている姿を忘れないこと、そのことこそが大切であるという意味であり、それは小島の生き方の決意表明の号であった。また一甕ずつ水を汲んで抱え圃畦に流していくという小島の学びややり方の象徴である甕には、もしかすると小島の好きな酒が入っているのかもしれず、まさに小島の研究の姿勢や高知での暮らしを何よりもよく言い表した言葉であると言える。そんな小島の生き方ややり方を恩師狩野直喜はよく理解しており、小島にとってもっともふさわしい言葉を書して贈ったのであった。

第六章　戦後の高知暮らし

小島祐馬の戦後

昭和二〇（一九四五）年八月終戦となった。河上肇は終《つい》の棲家《すみか》と思い定めた京都で終戦を迎えたのだが、翌年の昭和二一年一月三〇日に死去した。吉田上大路の自宅で告別式が執り行なわれ、かねて河上が希望していた通り東山の麓の法然院墓所に埋葬された。戒名は天真院精進日肇居士、法然院の墓所には、「多度利津伎布理加幣里美禮者山河遠古依天波越而来都流毛野哉」（辿りつき振り返り見れば山河を　越えては越えて来つるもの哉）の碑文が刻まれ、のちには郷里の岩国市普済寺に分骨もされた。終戦を迎えて、「あなうれしとにもかくにも生きのびて　戦やめるけふの日にあふ」と終戦を喜び、「新しい頁を始めたいものぞと思ふ」と決意を新たにした河上だったが、九月になると「再起もはや望なきに似たり」と実感するに至ってしまった（「日記」八月一五日、二五日、九月一六日）。高知から物心ともに支援していた小島だが、終戦後五ヶ月あまりで河上肇の死に遭った。

　河上の死から日をおくことなく二月一日には正壽夫人を亡くした。享年六十有五歳。予て病気療養中であったが、一日午後一時に弘岡上ノ村の自邸で亡くなった。その葬儀が四日午後三時に執り行なわれたことが『高知新聞』で報じられた（二月五日付）。さらに翌昭和二二年一月八日には父茂太郎を亡くしている。享年九十有六歳である。京都帝国大学の定年を迎えた小島が早々に高知へと帰郷して、共に農業に励んできたその父親を失ったのである。同年五月にはここまで続いてきた『支那學』も終刊を迎え、七月には長女素子の夫君で京都帝国大学助教授の鈴木成高が教職を追われることとなった。戦前に「近代の超克」（『文學界』）や「世界史的立場と日本」（『中央公論』）の座談会に参加し大東亜戦争を肯定したことが理由とされる。昭和二一（一九四六）年一〇月に京都帝国大学文学部適格審査委員会において教職不適格者としての判定を受け、鈴木は再審査請求および文部大臣特別審査の請求をしたのであったが、不適格の判定は覆らなかった（山本礼子『占領下における教職追放』）。侵略主義や好戦的国家主義の鼓吹など今次の戦争に理念的な基礎を与えた者、という広範囲かつ抽象的な判断指標により不適格者の判定を受けたのであるが、小島にあっても娘婿の処遇に忸怩たる想いを持ったことであろう。この教職適正審査は、東大教授兼務で学校教育局長に就任した田中耕太郎が情熱を傾けて取り組んだ仕事であった（相良惟一「田中先生の文部省、参議院時代」）。

昭和二二年一二月には恩師狩野直喜が死去している。小島にとっての戦後は、妻や父親、知友や恩師を相次いで亡くすというつらいものとなった。

文部大臣就任の打診

終戦後間もないころ、吉田茂首相の意を受けた文部次官が弘岡上の小島邸を訪れて文部大臣就任を請うたという話がある。竹之内静雄によれば次のような次第であった。次官が小島邸を訪れたとき九十歳を過ぎたとみられる老翁が縁側でひなたぼっこをしていた。次官が耳元で小島の行く先を訪ねると、「祐馬か、祐馬ならはたけへ行っちょる」と畑の方角を指した。その方角に行ってみると畑を耕しているいかつい老人がいた。それが小島であると確かめた文部次官が、次の文部大臣には是非とも小島先生に、と吉田首相の意を伝達した。すると小島は「わしは、麦を作らんならん。そんな事をしているひまは、無い」と答えたという。小島に辞退されたことからその文部大臣には天野貞祐が就任したという話である（竹之内『先知先哲』）。この話も伝説めいて伝わっているようにも思えるが、孫の恒氏もこの話を新聞に紹介している（小島恒「祖父・小島祐馬のこと　私の二〇世紀　一五」）。

吉田茂の第一次組閣は昭和二一年五月、その時の文部大臣は戦前に総長任命権問題で論戦を交わした田中耕太郎である。学校教育局長を経て文部大臣に就任した。この田中は昭和二二年一月三一日に高橋誠一郎と交代している。昭和二三年一〇月に成立した第二次吉田内閣の文部大臣は下条康麿、昭和二四年二月の第三次吉田内閣文部大臣は高瀬荘太郎で、天野貞祐が大臣に就任したのは同じく第三次吉田内閣の昭和二五年五月のことである。小島の父茂太郎が死去したのが昭和二二年一月八日であることから考えると、縁側に座っていた茂太郎に次官が尋ねたというのは田中の前の昭和二一年春か、田中の後任の打診として昭和二一年暮れのことであろうか。いずれにしても竹之内がいう天野の文相就任はもう少し後のことであった。

小島が、京都一中の嘱託講師も帝大教授も同列の「抱関撃柝」と考え、また帝大を定年退官したあと早々に高知へと帰郷した小島の真情から推し測って考えてみれば、文部大臣とて抱関撃柝の類であり、就任を受諾することなど、もとよりありえない話であった。もしもあの田中の後任ということであれば、自らのいき方を思い定め、「麦をつくらんならん」と言下に断ったと考えられなくもない。もしこの時期であるとすれば、高知を訪れた次官は、昭和二一年一月一六日から翌年二月一〇日までの間文部次官であった山崎匡輔ということになる。

この件とは別に文部次官が高知に小島を訪ねたことを知れる記事が『高知新聞』に出ている(昭和二二年一一月一三日付)。記事によると小島はこの時期、第一回高知県美術展に出品しようと絵画制作に励んでいた山本茂一郎の、「小島博士像」のモデルをつとめていた。郷里高知県の文化振興の一環として県展の重要性を説いていた小島は、研究や農事に多忙な日々のなか山本の依頼を受けて毎日午後三時から六時半までの一ヶ月の間、同じく弘岡上ノ村の山本のアトリエまで出かけてモデルになっていたのである。そしてモデルをつとめていた時間に、『高知新聞』の記事では、「とくにさきほど」とあるのだが、有光次郎文部次官が高知市内にやってきたこと、急用だと呼ばれて高知へ出かけたこと、午後四時に小島はその用件を済ませて高知市内から戻ってきて七時までモデルをつとめたことが報じられている。有光は、その日記によれば一一月三日に高知入りして四国教師会議に出席し県内各教育機関を視察して八日に高知を去っているが、特段小島と会見したなどといった記載はない（『有光次郎日記　昭和二年〜二十三年』）。

ただこの記事で有光文部次官が昭和二二年一一月に高知にやってきて小島と面会したという事実は知ることができる。有光は小島と同じ高知の出身で、昭和一三年の総長任命権問題で小島が交渉をしたときには専門学務局学務課長であった。この有光は昭和二二年二月に文部次官に就任しているから、それ以前に死去した父茂太郎と対面したわけでもなく、かりに大臣への就任依頼だったとしてもそれを高知まで呼び出してするというのは非礼であろう。これは時期的には文部大臣就任とは関係のない高知来訪であったと思われる。

ちなみにこの山本茂一郎は高知県安芸郡田野町の生まれで小磯良平らに師事してのち高知県に戻って活躍した画家である。昭和二八（一九五三）年五月には日展に入選した山本の祝賀会を開催することが上ノ村議会で決議されている。当地での芸術活動は村の誇りであるということから、村では山本茂一郎後援会を結成することとなったのである。その後援会長には小島が推されて就任している。このように、ある村が村ぐるみでこうした芸術活動を推進するといった事例は珍しく、上ノ村は「芸術家を育てる村」として注目を浴びていると『高知新聞』は報道している（昭和二八年五月一二日付）。また昭和二九（一九五四）年八月には高知大丸で第八回山本茂一郎個展が開催され、小島は、山本茂一郎後援会長の肩書で「山本君の作品について」という文章をパンフレットに執筆した（小島文庫資料2　山本茂一郎関係資料）。ほかにこのパンフレットに書いているのは、小磯良平はじめ中村博、島野大作であった。小島はその後も山本のために「後援会のことば」（『山本茂一郎の渡欧を祝して』）、「山本君の渡仏に当たって」（『高知新聞』昭和三四年一〇月一一日、小島文庫箱(2)資料目録6）、「山本茂一郎君の滞欧作品展を前にして」（『高知新聞』昭和三六年一月二一日）、「写実の画に長じた妙味 山本茂一郎君の写真集について」（『高知新聞』昭和三七年七月二三日）と記事を執筆している。郷里弘岡上ノ村の文化振興に意を尽くそうとする小島の姿がよくうかがわれると思う。

高知県知事・高知大学学長候補

高知県の公選知事初代の川村和嘉治が昭和二二（一九四七）年七月公職追放により解職となった。その後任の選挙にそなえて各党・各団体からは知事候補者の名前が挙がってくることになる。その中で小島も候補者のひとりとして取りざたされている。京都帝国大学文学部長や（旧）人文科学研究所長を歴任し、京大退官時に次期総長候補ともいわれた小島である。またさらに文学部長時代に起こった総長任命権問題で文部大臣を相手に政治的手腕を発揮した、そんな小島が高知に帰郷しているわけである。小島が知事候補に担ぎあげられたとしても不思議ではない。

昭和二二年一二月一〇日付『高知新聞』には、「小島博士擁立か」との見出しで報じられた。この記事によれば、社会党県連は小島を有力候補者として県内の民主団体に呼びかけて進歩勢力を結集したうえで正式に出馬要請するとしていて、国民協同党も了承の見通しという。社会党は職員組合にも擁立を交渉したところ、組合としては候補者が追放に関係がないかどうか慎重に調査したうえで態度を決定する、とした。この「追放に関係がないかどうか」というのは、直接的には現職知事川村の公職追放のことを念頭に述べているのであろう。ただ当の小島にしてみれば、女婿鈴木成高が昭和二一年一〇月に京都帝国大学文学部適格審査委員会で教職不適格者とされ昭和二二年七月に確定した経緯もあって、この職員組合の発言は小島にとって愉快なものではなかったかもしれない。ともあれこうして自由党・民主党の保守勢力に対する進歩勢力の統一候補として小島擁立が検討されたのであった。

進歩勢力から有力候補として推された小島は、一二月一〇日に私用で県庁の経済総務課を訪れたとき、記者の質問に対して、「畑違いだし全然立候補の意思はない、余生は今までの研究の整理をしようと思っているがそれもいたずらに日暮れて道遠しの感をいだいている」と答え、立候補しないことを表明した（『高知新聞』一二月一一日付）。それでも各政党はあきらめることなく擁立に動いていた模様で、「共産党小島氏擁立支持」の記事もあり、国民協同党は小島の共同推薦以外は考えられないとの見解を示している（一二月一二日、二〇日付）。小島が記者に述べたとされる、いたずらに月日が流れて日暮れて道遠しとの感、という言は、大学を退官してのち帰郷して農業に従事しながら研究を継続し、さらには律儀にも地域の人びととの付き合いなどを欠かさぬ毎日であってみれば、まことに小島の実感であったろう。そしてまた、高知県知事とて小島にとっては「抱関撃柝《ほうかんげきたく》」であり、立候補辞退も予定通りの選択であった。

そしてこれも予想されるところであったのだが、高知大学の学長候補としても小島は取りざたされている。高知大学は、旧制の高知高等学校および高知師範学校、高知青年師範学校を母体に昭和二四年五月に発足したのだが、この設立準備過程で小島も学長候補に名が挙げられたのである。小島は昭和二二年の『月刊高知』(五月号)に「恒久平和への道」の記事を書き、続いて昭和二二年一〇月号には「高知大学の設立について」を寄稿していて、学長候補としては名実ともにふさわしく、名前が挙がっても不思議ではなかった。

そんなことから昭和二三年六月八日の『高知新聞』の記事では、県内の候補としては小島が挙げられ、県外からは一高教授で戦後東大ドイツ文学科講師であった片山敏彦の名前が挙がっている。この時期はまだ打診前の、いわば期待される学長、といった体である。現実問題としては高知大学が農学部を新設するということから、母体の学校だけでは農学系の教員が足らないという事情もあり、設置にあたっては京都大学農学部の協力を得ていた。それゆえに農学系学長候補の打診も図られていて、その分野からの就任も予想された。高知大学設置期成同盟会では元京都帝国大学教授農学部橋本傳左衛門に学長就任を要請したとされているが、最終的には、東京帝国大学助教授・朝鮮総督府林業試験場技師から京都帝国大学教授を歴任した苫名《とまな》孝太郎が新生高知大学の学長を承諾し就任した(『高知新聞』昭和二三年八月一四日、一二月一〇日付)。小島がこの学長候補として有力であったことは間違いないところであろうが、大学に農学部が設置され、その陣容をそろえるといった必要性からも、農学系の学長が選ばれることになったのであろう。巷ではこんなように学長候補者が取りざたされていたのであった。当の小島はと言えば、たとえば長谷川如是閑が高知に来て講演をするにあたって「如是閑さんと私」を書き（『高知新聞』昭和二三年六月一四日付）、また連載記事「わが師わが友」の最終回では「君山先生と湖南先生」を寄稿したりして（九月一九日付、草稿は小島文庫資料目録161）、自分の生活のリズムを守りながら、高知の文化振興のための執筆には労を惜しまないのであった。

この高知大学学長についてはその後の昭和二八年六月に初めて公選制で選出されることになるのだが、学内の三名の他に、学外からの「大モノ学長」としてふたたび小島の名前が挙げられている。小島の他に「大モノ学長」候補として名前が挙がっているのは、西村巌文部省渉外ユネスコ課長と高知県出身の前文部次官有光次郎であった（昭和二八年五月四日付）。こんなところでも有光と小島は並んで取りざたされているのである。

『月刊高知』掲載の小島論考にふれたところで、この同じ号に掲載された石丸重義論文「未発表の河上博士の手紙」について言及しておく（昭和二二年一〇月号）。これは石丸が小島のもとを訪れて聞き取りを行なったうえで書いたものなのだが、その聞き取りの間違いから事実と異なる記事となってしまっていた。この件について小島は石丸に、要訂正の手紙を送っている（小島文庫資料目録162）。小島はあからさまな批判などはしてはいないのだが、気配りをしつつ要訂正の文章を綴る。まず小島は、河上博士の書簡を取り上げるにあたって、石丸の手にかかればかくもまとまりのある興味深い文章になるものかと褒めたうえで、石丸が「河上博士は悪口はいわなかったが、佐々木博士に対しては決してよくはいわなかった」と、あたかも河上肇が佐々木惣一を悪く言っていたかのようにとれる文章を書いている点について訂正を求めているのである。小島が石丸の取材に答えたのは、『大阪新報』の記事が、河上の悪口は言わなかったものの佐々木博士の悪口は書いているということであった。河上は生涯佐々木に敬意を表していたわけであり、石丸に訂正を求めているのである。佐々木は河上との共著もあり獄中からの河上書簡にも、小島と並んで佐々木にもよろしくと記されていたりして、両者は信頼しあった仲であったのだ。これは明らかに石丸の取材ミスによる誤記であったが、小島はそれを難詰せず、丁重な訂正の手紙を書いているのである。

小島はこの『月刊高知』以外にも、自身のところに送られてきた冊子や新聞記事などは丹念に読み返して、その記事にもう一度朱を入れて訂正したりして保存しており、正確を期する姿勢を堅持していた。出稿の際に、旧仮名遣いを直さぬようにとか、一字一句訂正しないようにと言った指示をする草稿も残っているのだが、高知での文化活動には、それがどんなに小さな催し物であっても進んで協力をしていたことから、こうした誤解や出版上の行き違いはいくつも存在していたようであった。

学士院会員になる

小島は昭和二三（一九四八）年一一月一二日の学士院総会において学士院会員に選ばれている。

先に死去した狩野直喜と仏教学者望月信亨の補充人事であった。会員になったのは昭和二四年一月一九日のことである。このことを『高知新聞』は小島の略歴を紹介し文末には「現在弘岡上ノ村で農事のかたわら文庫を開設して地方民の啓発につとめている」と報じた（一一月一九日付）。ここには文庫の開設とあるが、書庫の一階部分のことであろうか有志の利用を許していたようである。一八日には上ノ村役場や農地委員会、農業協同組合などの共催で学士院会員推薦の祝賀会が持たれている。ただその祝賀会の会場が小島博士邸とあり、何ともそれが小島らしい。小島邸が上ノ村の文化活動のある中心点であったように感じ取れる出来事である（一一月二三日付）。

小島は春と秋に開催されるこの学士院例会には努めて出席するようにした。長男懋が昭和二五年から三四年にかけて京都大学農学部助教授を、またその後大阪府立放射線中央研究所に移って第三部長を務めていたことから、小島は高知からの行き帰りに京都や大阪の子息や孫たちのところに立ち寄ったのであろう。晩年にあっても東京の帰路に京都で弟子たちと歓談していて、弟子たちもそれを楽しみにしていた。こうして京都に立ち寄ることになっても、遠隔地に住んでいる諸氏については呼び寄せなくてもいいこと、小島は皆の顔を見ればそれで満足であるから集まりはお茶程度でよいこと、などといった気配りの葉書を書いている。このようにして京都で会うのが常であったが、時には小島の帰路にあわせて浜松の方広寺や南紀の温泉などにも出かけたりした。小島最晩年の昭和四〇（一九六五）年夏には別の門下生数名が高知を訪れたこともあった。押しかけられた形の小島だが、それも小島にとっては愉快な出来事であった（内田「小島祐馬と河上肇」）。このように小島は高知に住み日々研究と農耕の生活を送りながら時に上京し、その往路や帰路において時間をとって弟子たちと語らい合っていたのである。

小島が学士院会員になった時期からこうして会議に努めて出席していたのは、もちろんこれを機会に上洛して子息や孫たち、また知友らに会うという楽しみもあったであろうが、その目的のひとつに、東洋学者の学士院会員への候補者推薦という意図があったようにもみえる。小島文庫には昭和三一（一九五六）年九月の日付を持つ「梅原君推薦関係書類」や「日本学士院会員候補者推薦一覧表」など多くの書類が残されているのだが（小島文庫資料目録81、小島文庫箱(3)資料目録）、こうした推薦文の起草や書類の作成など、面倒で時間を取られる作業を小島はこなしていたのである。それも小島が、自身の研究領域での会員を推薦することを自分の責務であると考えていたからであろう。小島は亡くなる年の昭和四一（一九六六）年一〇月一二日にも学士院の会議に出席しているが、内田智雄が知人から聞いた話では、こうして小島が学士院の会議に出席するのは学士院の人件に関してのことがあるからで、学士院は常日頃に出席していないと発言権がないから出席するのであって、なにも自分から好き好んで高知から出かけるわけではない、京都の学士院会員が出席をしないから自分が出席するのだ、と語っていた（内田「小島祐馬と河上肇」）。この人件が誰のことを指しているのかはわからないが、先の梅原末治の会員への推薦書類をみても、小島は先輩会員のいわば責務としてこうした任務を自分に課していたのであった。

晴耕雨読の百姓暮らし

昭和二四（一九四九）年初夏には、長谷川如是閑と大内兵衛とともに「河上肇と櫛田民蔵を語る」と題された座談会が鎌倉香風園で持たれている。この座談会の会場へ最初に到着したのは小島であったが、この時の小島の様子を座談会の編集子は活字になった「前書き」のなかで、「先着の小島翁は、郷里土佐の山奥から久しぶりの上京で、晴耕雨読の百姓暮らしを匂わせる元気なからだを、廊下の椅子に休ませている」と書いている（『朝日評論』）。「土佐の山奥」とはいかにもの表現だが、小島の「晴耕雨読の百姓暮らし」はよく知られていたようで、「百姓暮らしを匂わせる元気なからだ」という言い回しから、相変わらず農業生活に励んで日焼けをしていた様子がうかがえる。篤農の老父を亡くしてのち、自分のペースで農事と共に執筆活動や高知での文化活動に時間を配分しながらの日々であったろう。知事候補の時には、「日暮れて道遠し」と述べた小島だったが、そんな状態がずっと継続しているかのようである。

昭和二五（一九五〇）年一一月には中島美子と再婚した。正壽夫人を喪って四年半あまりしてからの再婚である。この中島美子は、正壽夫人のとなりに建つ墓碑によれば、中島済造三女で、亡くなったのは昭和四六（一九七一）年九月九日享年七二歳であった。

今回高知大学小島文庫の資料を閲覧していて、何といってよいのか月並みな言い方なのだが、感銘を受けたそんな資料と出会った瞬間があった。小島はここまで書いてきたように退官後に帰郷し帰農して弘岡上ノ村で、先の対談の言を借りるならば、「晴耕雨読の百姓暮らし」をしてきたわけであった。そんななかでこのような活動もしていたのだ、と驚かされるような資料が残されていた。その資料とは、小島が弘岡上ノ村の農業者たちと共に刊行したガリ版刷り冊子『田やすみ』（目次は「田休み」）である（小島文庫箱2-99）。昭和二六（一九五一）年八月一二日の日付を持つ五二ページ建ての冊子で、この巻頭には小島の、「農業は闇に面するか光に面するか」と題した九ページにわたる文章が載っているのである（その草稿は小島文庫資料目録178）。この五二ページという結構な厚さの冊子には、小島とともに一二名が寄稿している。市場経済の原理が少しずつ農業に対しても影を落としつつあるこの時代状況の中で、小島の文章は、自身もふくめて日々農業に携わる農民の行く末を論じた切実なものになっている。地域の人たちと編集し原稿を書いて作ったこのガリ版刷りの冊子をみたとき、京都帝国大学の教授を退官した小島は、高知に戻ってほんとうに帰農したのだなと、あらためて感じ入ったのであった。

　小島は、事務連絡文書などの裏紙をつかってメモを書き、草稿に至るまでの覚え書きを作成するのが常であったようで、それが膨大な量の資料として小島文庫に残されている。そしてそのなかに、「壟上独語」と題したメモもある（小島文庫資料目録282）。壟上《ろうじょう》とは畑の畝のことで、そこで感じたことや思い付いたことを独《ひと》り言《ご》つといった意味なのであろう。また河上の「獄中独語」にならったのかもしれない。ここには文字通り畑仕事の最中に小島が畝の上で考え付いたことや農業生活のかたわらで思い付いたこと、思考のプロセスなどが断片的に書き付けられている。そのなかに、「百姓からみた社会主義」「ある農夫の見た共産主義」「機械と労働」などのメモもみら

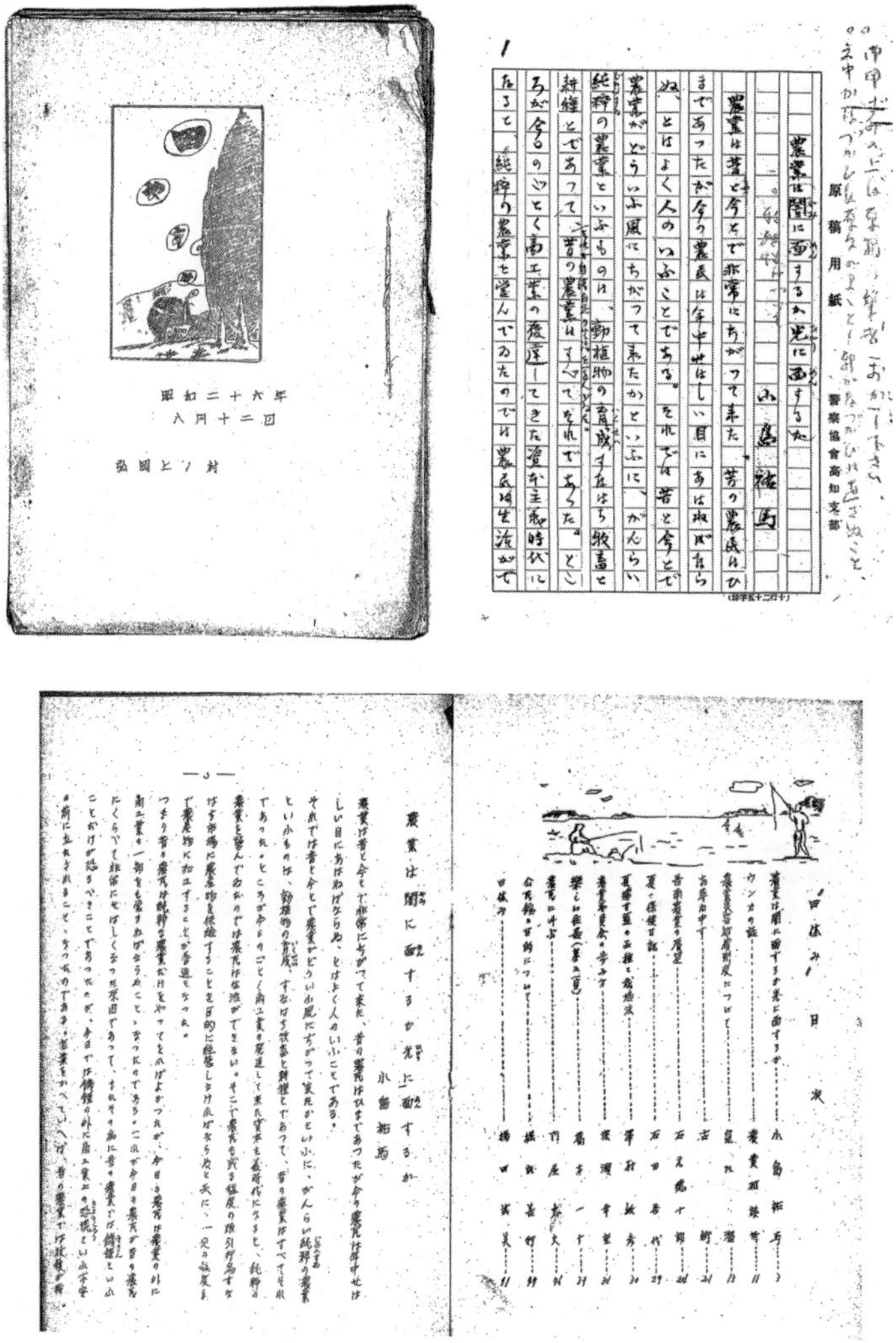

『田やすみ』の草稿「農業は闇に面するか光に面するか」、表紙、目次と巻頭の小島の文章

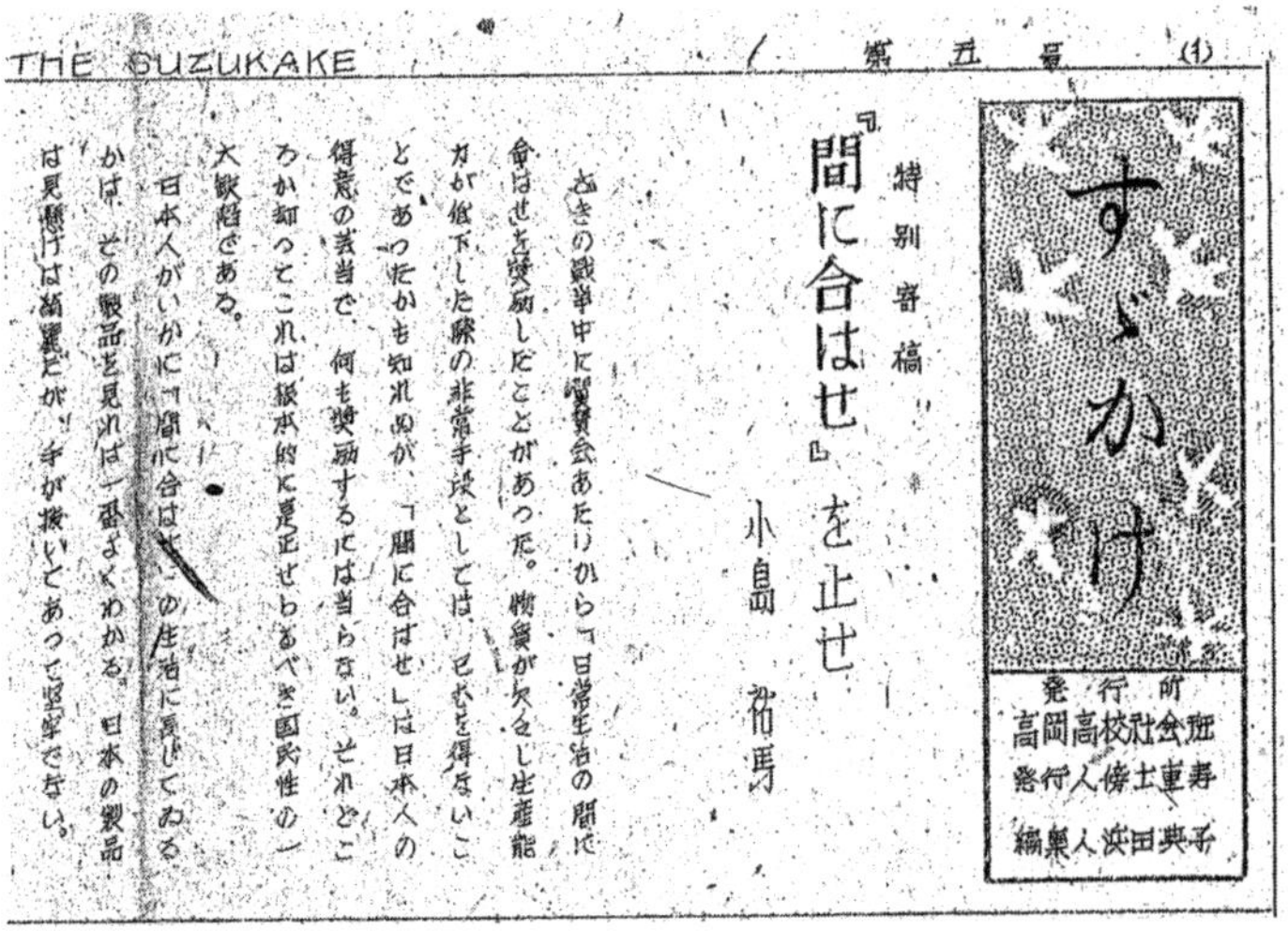

THE SUZUKAKE　第五号　(1)

すゞかけ

発行所
高岡高校社会班
発行人倭士東寿
編集人浜田典子

特別寄稿
『間に合はせ』を止せ
小島祐馬

さきの戦争中に翼賛会あたりから「日常生活の間に合はせ」を奨励したことがあった。物資が欠乏し生産能力が低下した際の非常手段としては、已むを得ないことであったかも知れぬが、「間に合はせ」は日本人の得意の芸当で、何も奨励するには当らない。それどころか却ってこれは根本的に是正せらるべき国民性の一大欠陥である。
日本人がいかに「間に合はせ」の生活に甘じてゐるかは、その製品を見れば一番よくわかる。日本の製品は見懸けは綺麗だが、手が抜いてあって堅牢でない。

高岡高校社会班機関誌『すゞかけ』に寄稿した「『間に合はせ』を止せ」

れるが、この『田やすみ』の記事もそんな壟上での思索をまとめたものなのであろう。京都帝国大学を退官し戦後は文部大臣や知事の候補に挙げられもした小島が、高知に帰郷し弘岡上ノ村で帰農したあるひとつの到達点をみたような気がしたのである。小島が当地で人びとの人望を得て、土地に根差した生活を送っていたことが如実に感じられて、感銘を受けたのであった。

源泉は混混として昼夜をおかず

小島は昭和二四（一九四九）年三月二〇日発行の高岡高校社会班の機関誌『すゞかけ』には「『間に合はせ』を止せ」と題した文章を寄せている（小島文庫資料目録119）。「間に合はせ」とはこの場合当座しのぎで済ますことであり、それがいつまでも是正されずに習慣化してしまうことを指している。小島は、終戦間もないこの時期に流通していた粗悪な製品などを例に挙げて、これが日本のお得意の芸当であり、さらには明治時代に一等国の仲間入りをした我が国も実は「間に合はせの一等国」であったと言い切る。そしてこうした我が国特有の「間に合はせ根性」の是正こそが急務であり、そのためにはひとつひとつを積み重ね、その日その日の生活を充実させることこそが大切であると説いていく。つまり学生ならば学問や修養にたいして、その時と場合に応じて自分の果たすべき仕事を誠実に着実に遂行していくことが肝心だというのである。ここで明治時代に一等国の仲間入りをした我が国、と小島は述べているが、幕末から明治の時代、西洋列強のアジアへの侵略に対抗しようとしたアジア主義的な考えを若い頃から持ってい た小島の言葉であってみれば、その発言も説得力を持って聞こえる。

小島はこのことを説明するのに『孟子』から「巻第八　離婁章句下」のなかの「源泉混々として昼夜を舎《す》てず、科《あな》に盈《み》て、而る後に進み、四海に放《いた》る」という文章を引く。水源があればこそ混混として昼夜の分かちなく流れ出るその湧き水が、狭い箇所をいっぱいに満たしつつ、この小さい流れが千も集まればついには何物でも押し流すことができる大河となり海に注いでいく、という教えである。何事も「間に合はせ」をもって済ますことをせず、混混と流れ出る泉のように、日々の為すべき学びを絶えることなく持続させることが重要であると述べているのである。小島はこの小文で、「間に合はせ」を止める、といった身近な表現を使いながら、それを『孟子』を引用して説明しているわけだが、実のところ小島のこの文章も、高知という場所において混混と湧き出る泉のように、自分の果たすべき仕事を誠実に着実にこなしていこうという決意表明の文章にも読めるのである。こうした高校への寄稿であるからこそ、「間に合はせ」の文章ではなく、誠実な執筆を持続させようとする小島の姿がよく感じられる内容であると思う。

昭和二四年五月には、小島が学士院会員になったことを記念し、それまでしばらく休止していた荘子講読会を「抱甕会《ほうおうかい》」と改称して再開することとなった（『高知新聞』昭和二四年五月一五日付）。会長は「土佐の交通王」といわれた野村茂久馬《もくま》、副会長は小松米吉であった。少し後のことだが、昭和三〇（一九五五）年一〇月に清野謙次が高知を訪れた時に小島と会っているのだが、清野によると小島は高知の銀行の重役たちに対して毎月一回ずつ「春秋左伝」の講義を行なっているのだという（清野謙次「関西・中国・四国の旅日記」）。この荘子読書会と「春秋左伝」の講義とは少し年月が離れているが、このように小島は、高知という場で、地元の実業家たちを相手にその知見を還元する活動も展開していたわけである。

昭和二四年一一月七日には読書週間行事として高知市民図書館において「書物について」と題した講演を行なった（『高知新聞』一一月六日付）。その内容は不明であるのだが、のちに小島は「書物を大切にする話」と題した文章も書いているので（『創文』）、これらはいずれも愛書家・蔵書家としての小島の考えを披歴したものなのであろう（小島文庫資料245に「図書館は書物を貯へそれを読ますところ」との書き出しのメモもある）。またその翌年の九月には、高知市民図書館開館一周年記念として、小島の近著『中国共産党』についての講演会も開催されている。

小島のこうした郷里高知での文化活動に対して、高知県商工会議所文化部会では当年度の行事として小島を表彰し研究費一万円を贈った。小島は受賞にあたって、「会議所から寄せられた好意に感謝し、今後とも老体にむちうち研究に精進、あわせて後進の指導に力を入れ本県の学問の進歩に貢献する」と謝辞を述べた。なお前年度の表彰者は牧野富太郎であった（『高知新聞』昭和二七年四月二九日、九月二五日付）。またこの年に刊行された小島『中国の革命思想』（弘文堂アテネ新書 八）は、第四回毎日出版文化賞（人文・社会部門）を受賞している。

櫛田フキの選挙推薦文

昭和二五（一九五〇）年六月の参議院議員選挙で故櫛田民蔵夫人の櫛田フキが立候補することとなった。小島はこのフキの立候補に際して、選挙用葉書のための推薦文を書いた。それは「私の見た櫛田フキさん」と題されたものである。フキが小島の友人櫛田民蔵の夫人であること、民蔵は実際運動には携わらなかったがフキは婦人民主クラブ委員長として社会運動を展開していることを紹介し、この立候補は民蔵亡きあと二児を育て上げた貴重な体験に基づく現代社会への抗議であると述べる。そして末尾には、「恐らくその政治上の意見は私の見解とは違っているだらうと思ひますけれども」と留保の言葉も付したうえで、櫛田民蔵に対する敬意とは少し違う意味でフキという人物に敬意を持っていると述べている。宛名面の下段に、「常に私たちの最もよき相談相手として多くの婦人に親しまれ尊敬されている櫛田フキさんを全国区候補として推薦いたします」と記されている選挙用の推薦葉書だ（小島文庫資料目録127）。

この提出原稿も小島文庫に残されていて、その原稿の冒頭には朱書きで、ぜひ必要な場合は新仮名遣いに変えてもよいが、文章は一字一句改変または省略はしないこと、と注意を喚起している。このような選挙活動の一端を担うことについて小島は慎重であったと思うが、熟慮の末に旧友櫛田民蔵夫人の立候補ということで推薦の言葉を書いたのであろう。そのことがこの原稿の付記からもよくうかがえる。

昭和二七（一九五二）年七月一六日には板垣退助三十三回忌法要が旧板垣退助邸の高野寺で持たれた。そこで小島は「自由平等友愛と現代革命思想批判」と題した記念講演を行なっている（『高知新聞』七月一三日、一六日付）。八月二四日には弘岡農業高校園芸科教諭で在職中死去した浜田正彦の記念碑除幕式が挙行されたが、この「頌徳碑」は小島の筆になるものであった（八月二五日付、同校は現在の高知県立春野高等学校）。さらに五月六日には弘岡上ノ村の青年高等学院の開院式が開かれているが、ここでも同村在住ということで小島が「二つの世界について」と題して記念講演を行なっている。この青年高等学院は公民館文化活動の一環で毎週土曜日夜に講座がもたれていたものである（五月一一日付）。いずれにしても、郷里の事業であれば労を厭わず筆を執り、会合に参加をしていたことがうかがわれる。

この時期、小島が卒業した高知県旧制第一中学の後身高知追手前高等学校図書室の書庫から「土州学館」の蔵書印が押された図書が発見されて話題になったことがあった。これについて小島は『高知新聞』に、以前大阪の鹿田松雲堂から購入した『汲古閣本十七史』にも同じ蔵書印が押されていてかねてより疑問を持っていたこと、そこには「教授館図書」「建依別文庫」「土州学館蔵書」と三つの蔵書印があってその収蔵は印の位置からみてこの順番ではないかと思われるとの意見を寄せている（昭和二八年七月四日付）。小島が蔵書を蓄えるのに、大阪の鹿田松雲堂からも古書を購入していたことがわかるとともに、こうした蔵書印への言及など、書物の集積に努めた蔵書家ならでは発言であったと思われるのだ。

高知市夏季大学

昭和二八（一九五六）年八月一六日には高知市主催の夏季大学が中央公民館で開催された。ここで小島は「社会と革命―世界平和への道」と題した講義をしている。この夏季大学の講師には京大入学時の同期生天野貞祐も呼ばれていて、その紹介記事として「夏季大学講師の横顔〝良識の人〟天野博士」を書いている。以前小島も文部大臣就任を慫慂されたわけだが、この記事のなかで、昭和二五年の第三次吉田内閣文相となった天野のことを、吉田首相とは性格は異なっているが顧みてやましい点がないことから強気で出られる点が共通していて懇請をいれて文部大臣に就任したのだろうと述べる（七月二八日付）。小島にも就任要請がなされ辞退したことを念頭に置いて読んでみると、こうした言い回しも興味を惹かれる。

その小島自身も、おなじシリーズ「夏季大学講師の横顔　豊富な見識をもつ小島祐馬博士」として高知新聞社取締役の中島及《きゅう》により紹介されている（八月一四日付）。その記事によると、昭和一六（一九四二）年七月まで高知市長であった川淵洽馬《こうま》は市長を退任したすぐあとのことだが、小島が高知に戻って来たことを伝え聞くと矢のように車を弘岡上ノ村へ飛ばし駆けつけた。その時あわせて地元住民がどれぐらい小島のことを識っているかをためしてみようと、道行く人びとに質問をしてみた。すると人びとは案に相違して識らないと答えて川淵を失望させたのだった。こう書き出されて小島の紹介が続く。このように小島の学識は地元であまり識られていなかった。それも、小島の研究領域が中国思想史という人びとに馴染みの薄いものであったということもあろうが、小島が、鳴り物もなにも入れず、ただ自然体で帰郷し帰農したのだということをもまたよく示しているといえるのである。

この川淵について後に小島は『川淵洽馬氏追悼録』に回想文を書いている（小島文庫資料目録128「川渕君の思ひ出」、『川淵洽馬氏追悼録』は小島文庫箱(2)資料目録28）。川淵は昭和二一（一九四六）年一〇月に死去したがこれはその追憶の文章である。「川渕君の思ひ出」と題して寄稿したのだが追悼録では「追憶」とまとめられて一八人がその思い出を語っている。それによれば、川淵は高知一中の後輩で二年下、早くからクラスでも頭角を現していた。小島は五高から京大法科に入学したが川淵は一高から東大法科に進んだ。小島はその後文科に再入学して「支那学に転向」したが、川淵は大学を出ると行政官になった。交流が始まったのは川淵が高知市長を退き小島が帰郷をしてからのことである。小島が高知に帰って間もない頃川淵は「先輩に対する儀礼である」

といって弘岡まで訪ねてきたことがあった。これが先の中島の紹介文にある、「矢のように車を飛ばした」小島訪問のことである。小島を高知で隠遁させておくのはもったいないと考えての来訪であった。しかしながら小島は、なにか公職に就くなどといったような表舞台に出たがらず、結局川淵は小島に漢籍の講義を願い出て、後に何人かの同志を募って高知で研究会を組織した。これには小島も拒みがたく京大時代にも講義をした「周易」を講じることとなったのであった。何とも小島らしい対応である。

小島はこの川淵への回想文の末尾に「論語」から引用して川淵への追悼としている。子貢が孔子に「郷人皆之を好む如何」と問うと孔子は「未だ可ならざる也」と答え、再び子貢が「郷人皆之を悪む如何」と問うと孔子がまた答えて「未だ可ならざる也、郷人の善き者之を好み、その善からざる者之を悪むに如かざる也」という問答である。政治家川淵に贈る言葉として綴られているが、郷の善い人から好まれ、悪い人から憎まれる人物にならなければならないというこの言葉も、他者におもねることを潔しとしない小島の真情を反映したものになっていると思う。

小島はこの川淵への追悼文だけでなく他にも高知の物故者に対して石碑などの撰文を書いている。たとえば昭和一八（一九四三）年一月にニューギニアの戦闘において二四歳で戦死した三木利秋、昭和九（一九三四）年一月に亡くなった弘岡上ノ村出身の官吏種田福次の碑文などである。この種田の撰文の草稿には、書写し終えたら彫刻前に一度小島に見せてくれるよう付記もしていて、念を入れた執筆であった（小島文庫資料目録17-155）。

さてこの夏季大学の講演会には旧知の長谷川如是閑も講師として招かれていて、三一日には長谷川を高知駅に迎えに出てそのまま五台山荘の宿舎に向かっている（「懐かしい〝明治の友情〟「吉田は土佐だったネ」語る如是閑、小島博士 福岡氏も同行」『高知新聞』八月一日付）。高知市夏季大学は昭和二六年に第一回が開催された市民向けの生涯学習の活動で、小島が講師を務めたのは第三回目である。この夏季大学は回を重ねて今日まで継続して開催されている。

小島が講師の夏季大学は昭和二八年八月一六日に開催された。演題は「社会と革命―世界平和への道」で、講義概要は高知新聞に連載された。またその講義については、「講座主催者側の要望いなみがたく」その活字化を承認し、高知市立中央公民館刊の印刷物として刊行された（小島文庫箱(2)資料目録12）。

実はこの講演会の記録集としては、ほかに宇田政治経済研究所の宇田耕一が『社会と革命―人間と社会と歴史の真の形成について』と題して刊行したものがある（宇田政治経済研究所 昭和二九年六月）。この本の「本書刊行のことば」のなかで宇田は、共鳴する点が多く協同主義社会の在り方に対する教科書にもなると考えて小島博士の了解を得て刊行した、と述べている。ところが小島文庫所蔵の同書表紙裏には小島の朱書きで次のように書かれている。「高知新聞に載ったものを後に宇田君が東京でパンフレットにしたものである。誤脱の非常に多いのは新聞所載の文字をそのまま印刷し私の校正を経ずに出版したためである。猶副題はもと「世界平和への道」であったのを、先方で勝手に改めたものである。又目次も勝手に先方で作ったものである」と記

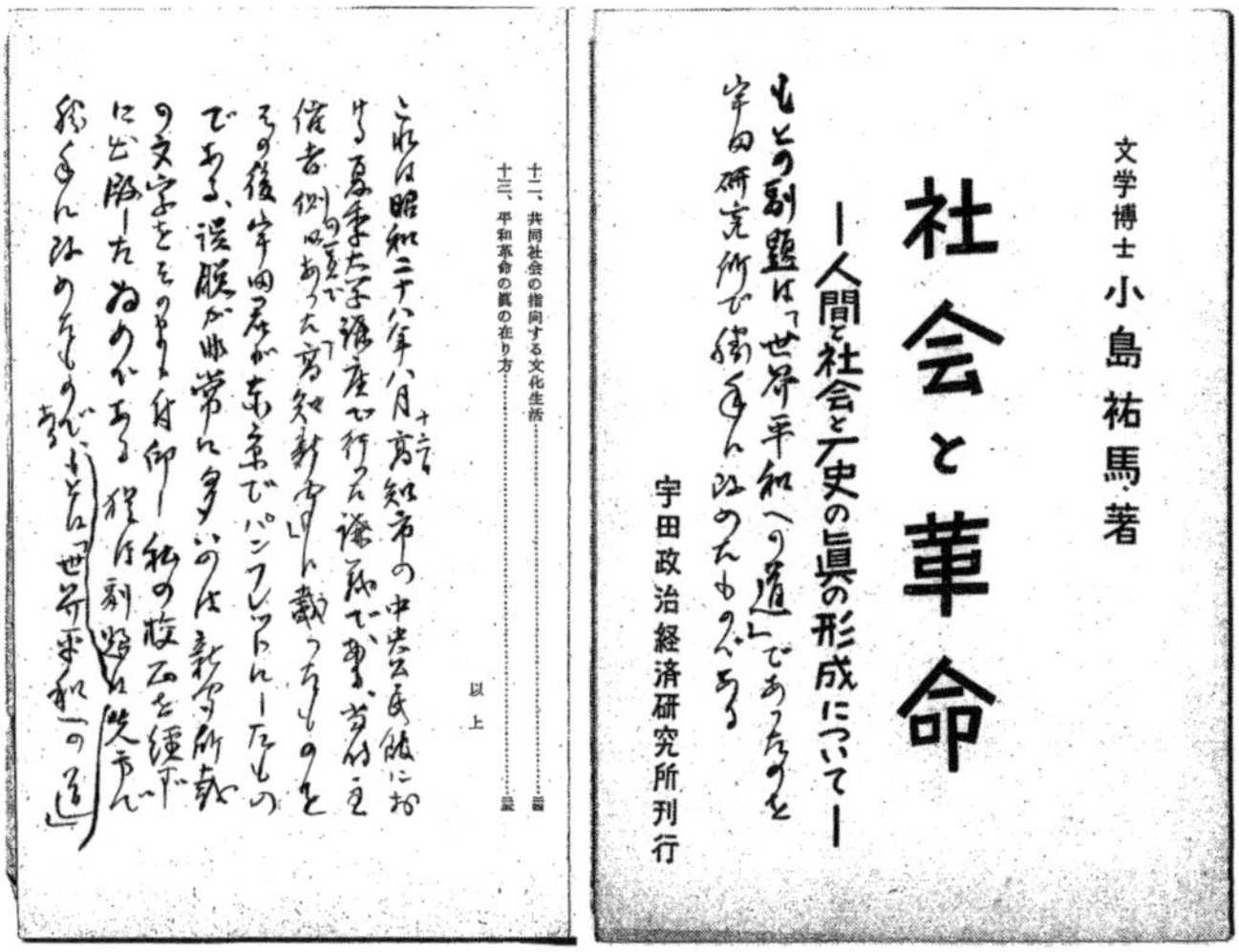

『社会と革命』の表紙と目次頁への小島の付記

しているのだ。小島文庫にはこの宇田政治経済研究所刊行のパンフレットは二冊残っているが、この両者ともに、朱でその旨を書き入れている。小島は刷り上がった本の抜き刷りなどに対してもさらに朱をいれたり訂正をほどこしたりする几帳面で厳格な性格であり、こうした宇田の順序をふまないやり方に不満だったのだろう。また小島の講演は聴衆の共感を生み、活字刊行を望まれ、内容がパンフレットになったりしたわけである。そしてこのように、善意なのだが小島の意に沿わぬものが流布する事態も少なからず発生したのであった。

昭和二八（一九五三）年九月二四日から『高知新聞』に「よさこい節考」が連載された。これは、小島が二〇日に土佐史談会で講演をしたものである。これも再録については小島の了解は得たが校閲の暇がなく編集部の責任でまとめられたものであった。それは、「土佐の高知のはりまや橋で」と歌われるよさこい節の出典についての考察で次のとおりである。

小島はその歌いだしの「土佐の高知の」が、いかにも高知以外の人物の言い回しであり、それは他藩の人が土佐に入ることのまれな藩政時代のものとしては矛盾があるのではないかとかねてより疑問に思っていて調べてみたというのである。そして十分な検証ができたというわけではないが、と留保をしたうえで、近松門左衛門の作品の「お房徳兵衛重井筒」と「お夏清十郎五十年忌歌念仏」の二作品に「よさこい」とあるのを見つけたこと、そして山田美妙の『評注近松著作集』で前者の頭書きをみてみると元禄から弘化頃に流行った小歌であるとの注釈があり、これがその出典であると考えたと述べる。それは、「花のお江戸の両国橋に、按摩さんが眼鏡を買ひに来た、よさこいよさこい／坊さんかんざし買ふはよけれど、坊さんかんざし買ひに来た、よさこいよさこい／按摩さんが眼鏡を買ふはよけれど、芸者が枕を買ひに来た、よさこいよさこい／芸者が枕を買ふはよけれど、をしょさん刺身を買ひに来た、よさこいよさこい」というものである。かんざしを買った「坊さん」は丸坊主の坊さん、刺身を買った「をしょさん」はお寺の和尚さんであろうか。小島は学者の慣いで、この論は動かすべからざる証拠を握っているわけではないから、これは研究発表ではなく問題の提起であると述べたうえで、由来などを推測し紹介したのであった。

これは土佐史談会の講演を記事にしたものだが、このような小島の論考を読んでみると、なぜ

『高知新聞』が次々と小島に原稿を依頼し、また高知のさまざまな文化講座や講演会に小島が講師として頻繁に呼ばれたりするかがわかる。それはなぜかと考えてみると、その論考や立論が面白く読者に好まれる点にあるのは言うまでもないが、あわせて小島が、郷里高知をこよなく愛しているということ、そのことが行間から表れ出ていて、それが読者を惹きつけてやまないからではないか、と思うのである。

向井章、津田穣、安田二郎

昭和二九（一九五四）年八月、高知新聞紙上で「新中国を語る」と題した座談会が掲載された。小島が昭和二五年に『中国共産党』を、昭和二七年『中国の革命思想』、昭和二八年には「革命と伝統 中国の国民革命」（『現代史講座』第二巻）など相次いで刊行したことからこうした座談会が持たれたのであろう。ここで対談しているのは改進党資金局長で小島の夏季大学講演を冊子にした、先の宇田政治経済研究所の宇田耕一、それに広島大学教授の向井章である。宇田は高知の出身で高知一中の後輩、父親の跡を継いで土佐電気鉄道社長を務めた。向井は満洲建国大学教授で満洲国立中央図書館籌備処司書科長を兼務した人物である。座談会の内容は措いてここでは小島と向井章との関係を少し述べておく。

この向井に対して小島は、その晩年に翻訳の校閲を二件依頼している。その一件はケネーの『経済表』を解説したミラボー侯の著作（*Philosophie Rurale*）の翻訳に関してのものである。昭和

一二、三年頃に京大の仏文を出た津田穣にアルバイトで訳させたものだが久しく書架に眠っていたものを「重農学派経済学の我邦の権威者である向井博士に改訳してもらっている」というものだ。もう一件はブレルスの著作（*Les Physiocrates*）で、昭和一〇年に京大哲学科を卒業した安田二郎がアルバイトを希望したことから訳させたもので、小島が手を入れたものを向井に「検閲してもらって」いる、という。小島は筑摩書房の竹之内静雄に対して、出版する場合には、前者は津田穣と向井章の共訳、後者は安田二郎と小島の共訳としたいと書いている。そして津田・安田への翻訳料に関しては既に支払い済みで、向井には校訂完了の折に、出版するかしないかに関わらず小島から謝礼をすることも決まっており、出版社からの印税は心配しないでよいという念の入れようであった（竹之内『先知先哲』所収の竹之内宛小島書簡）。これらは結局出版にまでは至らなかったようであるが、向井は自分の論文の注にミラボーのこの『農業哲学』をあげたりしてこの仕事を研究に生かした（向井章「「経済表」の構造論的見方と段階論的見方・序説」）。

後者の安田二郎は名古屋の八高在学中に左翼と目され退学となり京大へ入学した人物である。その入学については文学部長であった濱田耕作が「配慮」したとされる（吉川幸次郎「安田二郎伝」）。こうした左翼学生への入学の「配慮」は小島が文学部長だった時にもあった。竹之内は、柳原勇という年上の学生が途中から支那哲学史専攻に入り竹之内と同じ年に卒業したと述べ、かれも左翼学生として高知高校（旧制）を退学となり、小島文学部長の特別の配慮により京大で学ぶこととなったと回想する（竹之内『先知先哲』）。ただ柳原は昭和六年には京都大学で学生運動を行なっており、出身高校別に資金カンパを集めるにあたって高知高校を担当していて、その後昭和七年九月に検挙されている（福家崇洋「一九三〇年前後における京大学生運動」）。小島が文学部長になったのが昭和一一年、竹之内とともに柳原が卒業したのが昭和一五年であることからみると、柳原が小島の配慮で支那哲学史に入ったのは、この検挙後の復学にあたってのことであろうか。いずれにしても、政治運動や社会運動が激しく展開された昭和初期の時代に、濱田や小島が、特別な「配慮」により学生の学びへの志向を陰ながら支えていたということなのであろう。

この安田の俊英ぶりについては竹之内の回想がある。竹之内が一回生の時、同級生と二人だけのクラスで吉川幸次郎講師の講読の授業を受けていた。その学部の講読の授業には支那学専攻の聴講生がいつも七、八人いて、そのなかに安田もいた。この講読の授業で竹之内は、何時間も下調べをして臨んでいたのだがある講読の日、「知之無比」という語句の読みが分からず、たまたまその箇所の読みについて竹之内が指名された。竹之内は分からず一分ほど黙って考えていると、吉川も一分間黙って待っている。竹之内が三分黙っていると吉川も三分待つ。吉川は竹之内の発語をいつまでも待った。教室中が緊張感に包まれ、ついに竹之内が苦し紛れに誤読と分かっていて「知の無きころおい」と読むと、吉川は聴講していた安田を指名した。すると安田は「之無を知るころおい」と読んだ。吉川が出典を問うと安田は、白楽天は生まれて七ヶ月、之・無の二字を知ってあやまらなかったと唐書、白居易伝に出ます、とたちどころに答えたのだという（竹之内『先知先哲』）。

安田は学部では西洋哲学を勉強して大学院に入り中国哲学史を専攻した。その指導は田辺元と小島であった。吉川幸次郎の大学院での講読授業には安田を含めた五、六人が受講していたのだったが、授業の中で吉川は、専攻の学生への指名を優先して安田を指名することをしなかった。そんな吉川に対して安田は、四、五回目の授業のおりに、どうか私にもあててほしいと吉川に頼んだ。そこで吉川が指名してみると驚くことに非常によく読むことができたのであった。そんなこともあって吉川は研究室にとっても有益な人物であると考え、昭和一三（一九三八）年夏に研究室に入ってもらおうと、文学部長であった小島に相談した。当時安田は助手として文学部図書掛をしていたが、小島の返事は、今は困るというものだった。翌年春にもう一度相談すると今度は了承された。以来安田は吉川研究室で研究を持続していくことになるのだが、昭和一九（一九四四）年の春に約二ヶ月間中国留学に出ることになった。ところが安田はこの留学中に病を得てしまい、帰国して京大病院に入院することになった。そして悪いことに看病していた安田夫人が疲れからか急逝してしまったのである。やむなく安田は療養のために郷里の大垣に戻った。その安田も薬石効なく終戦を前にした昭和二〇年二月二七日享年三八歳をもって亡くなるのである。吉川は昭和二三年に刊行された安田二郎訳『孟子字義疏證』の後記に、このような安田への愛惜の情にあふれた「安田二郎伝」を書き安田の早逝を惜しんだのであった。

終章　小島祐馬の晩年

東洋風の修身と西欧風の治国

昭和二四（一九四九）年三月に小島は弘文堂からアテネ文庫の一冊として『中江兆民』を刊行した。そんなことから昭和二九（一九五四）年の『世界』の座談会「中江兆民 日本における自由のための闘い」に呼ばれて兆民について語っている。この座談会の相手は、林茂（一九一二年生まれ）、遠山茂樹（一九一四年生まれ）、大久保利謙（一九〇〇年生まれ）の三人で、一八八一年生まれの小島からすればいずれも年若のしかも歴史学者で、兆民についての漢学の素養などの小島の発言は説得力を持ったものとなっている。

このなかで林は、兆民の場合東洋的な教養のうえに西洋的な思想がどのような形で受容されたかと小島に問うている。それに対して小島は、兆民が少年時代に藩の文武館（改称して致道館）で漢学と洋学を修め、その後江戸に出て、フランス語研究の先駆者村上英俊について学んだが、「そういうような若いときの学問というものが、将来の兆民の思想傾向を決定した第一条件」であった、と答えている。またその後兆民がフランスに留学したことにも言及して、儒教というのはもともとが経国済民の学であり「西洋の政治学と扞格《かんかく》するものでは」ない、つまり互いに受け入れないわけではないものなのだが、儒教においては国を治めるにはまず身を修めることが第一であり、兆民はこうした東洋風の修身のうえにたって西欧風の治国を取り入れているのだと思う、と述べている。これは対談の初発の部分にあたるのだが、ここでの小島による兆民の思想形成についての発言は、少年期以降の小島自身の思想的な育みにそのまま寄り添っての発語のようにみえる。

あわせて小島は、兆民が荘子を好んで読んだこと、これが史記とともに兆民が最も好んだ書物であったことも述べている。こうした小島の発言を受けたうえで大久保は、明治初期の新思想家はいずれも漢学の教養のもとで育ったわけで、その根底には東洋的なものが存在していたと述べた。そしてそのうえでこの東洋的教養を前提に西洋的思想を摂取するにあたってはふたつの道があり、ひとつは東洋思想である儒教を清算したうえで西洋思想を受け入れた福沢諭吉らの場合、もうひとつは儒教思想を温存しながら自由平等の思想を受け入れている兆民らの場合であると説明し、これは兆民を語るにあたって見落とせない点であると整理して論じている。これに対して小島は、「確かにそうでしょう」と同意をしているのである。

さきの小島の、若いときの学問がその人の将来の思想傾向を決定するとした発言や、大久保の、明治初期の思想家には東洋的な教養が基礎にあり兆民はそんな漢学などの儒教思想を温存しながら自由平等の思想を受け入れたといった視点は、本書の第二章で引いた、東洋の道を摂《おさ》めた我が道統が筋金のように残っている、という作田荘一の考えとよく符合しているのではないかと思うのである。

この時期も高知での小島の日常生活は相変わらずの形で保持されている。昭和二九（一九五四）年一一月一四日には、弘岡上ノ村尋常小学校明治二五年卒業生の同窓会が開かれたが、新聞記事には、この小学校から「支那学」の最高権威といわれる小島祐馬博士やわが国で数少ない居合術の範士松田栄馬などソウソウたる人物が卒業していると記した上で、今回小島は折悪しく上京中で欠席となったと報じられている（『高知新聞』昭和二九年一一月一五日、一六日付）。小島が在宅であればこうした郷里での同窓会など、時間を惜しまず進んで参加していたことであろう。ちなみに昭和三三（一九五八）年一一月、高知県立第一中学の後身高知追手前高校の創立八〇周年を記念して開かれた座談会には出席した（一一月二五日付）。

昭和三一（一九五六）年に弘岡上ノ村など七カ村が合併して新しい村ができることになったが、その時に小島は新しい村の名前を春野村とするよう意見書を出している。土地事業の恩人野中兼山が藩政から失脚して、野中神社の名称をはばかり、春野神社の名称により祭神として祀られた由来もあって、春野村を提唱したのであった（小島恒「祖父・小島祐馬のこと　私の二〇世紀　一五」平成一一年七月一二日付、「春野　恩人、兼山への敬愛　地名往来　三」平成一五年四月一七日付、ともに『高知新聞』）。ほかにも『高知新聞』に「『植木枝盛日記』を読んで　上・下」（昭和三〇年九月五日・六日付）、「中国の文字改革　上・下」（昭和三一年七月一六日・一七日付）を寄稿した。

昭和三一年の夏季大学講演会では小島の紹介であろうと思われるが、吉川幸次郎が「現在中国における古典文学の地位」の演題で講演を行ない（村上徳美「夏季大学 講師の横顔」『高知新聞』昭和三一年七月一七日付）、また昭和三二年八月の夏季大学の講師には貝塚茂樹が招聘されてその「講師の横顔」を小島が執筆している（昭和三二年七月一三日付）。

昭和三二年七月には高知県美術展覧会（県展）審査員に三雲祥之助が就任しているが、この三雲が小島の京都一中時代の教え子でもあったことから「三雲祥之助君のこと」を書いた（昭和三二年七月二五日付）。三雲は京都市の生まれで三高を受験したが身体検査ではねられて京都帝国大学文学部選科に入学しのち中退、その後フランスに遊学、帰国後は春陽会に属して活躍した画家である。ちなみに新聞記事などの末尾には小島の肩書とともに「原文のまま」とあるが小島はこの時期も記事を旧仮名遣いで書いていたのであった。

昭和三一（一九五六）年には同志社大学東方文化講座で「中国の政治思想」を講義している。その講演筆記に小島が手を加えて刊行されたものが『中国の政治思想』である（ハーバード・燕京・同志社東方文化講座委員会）。小島は中国問題やスターリン批判など中国・ソビエトの社会体制および政治思想について強い関心を示していて、倉敷市に住んでいた矢野仁一と中国について書簡でさかんに議論をかわしていた（「話題 老人好学」『高知新聞』昭和四二年八月一二日付）。また中国問題については、小島文庫資料に残された多くのメモや草稿にまじって新聞切り抜きがあることからもそのことがよくわかる。そしてそんなたくさんの中国問題の切り抜きのなかに、「昨今の寒波で被害を受けた蜜柑の樹の手入れ法を教えてほしい」といった新聞読者からの相談とその回答記事の切り抜きがあったりして、思わず微笑んでしまうのである。

昭和三三年になり、小島は『高知新聞』に「「無天雑録」を読んで」を書いた（二月一三日付）。「無天雑録」は植木枝盛の遺稿で弘文堂の刊行である。編者・校訂者は森下菅根で小島の友人であった。この記事のなかで小島は、「無天雑録」は植木が作ったその日その日の覚書の集積であり、「日々書物を読んだり思想を練ったりする間に、思い付いた意見や見当たった材料を、忘れないうちにこうして記録に留めておいて、他日これを演説や新聞雑誌の論説の資料に使ったものであろう」と述べている。それはまことに小島の所作と一致している。そのことは小島文庫に残されたおびただしいメモ類をみればよくわかることだ。さらに小島は植木の読書法に言及するのだが、それは小島が京都府立一中の講師をしていた時代に一中が刊行した『読書之栞』に小島が書いた「古典を読め」に関する河上肇とのやり取りを思い起こさせる。一中の『読書之栞』では曾国藩の習字訓を取りあげたのだったが、この植木枝盛に関する新聞記事では、曾国藩の読書訓を例にあげている。曾国藩は書を読むにあたって、第一に志を立つを要す、第二には恒有るを要す、第三に識有るを要すと、三点をあげると小島はいう。恒有りとは久しく継続させること、識有りとは自己の見識をもって批判的に書物を読むことであり、植木の読書法はこの第二第三とまさに符節を合するると説明している。ここで小島は、植木の読書法が曾国藩のそれと良く合致すると述べているのだが、それはそのまま小島にも当てはまることであり、小島はこの植木枝盛の『無天雑録』を素材にして、小島自身の勉学の姿勢を再確認したのであった。

郷土史家として

高知での小島の執筆や文化活動を知るためにもう少し『高知新聞』の記事を参照しながら様子をうかがっておきたい。昭和三三（一九五八）年五月八日には「南学発祥の地について」を書いている。これは土佐儒学（南学）発祥の地の記念碑の場所をめぐっての記事であった。南学の祖とされる南村梅軒を招聘した戦国時代の武将吉良宣経の館が、弘岡中地区北部のゴテンという地域であるとされて、当地に「南学発祥の地」の碑が建てられたことに関して小島が異議を唱えたものである。この記事のなかで小島は、守護の邸宅を「ゴテン」と呼んでいる例はないと述べ、さらに長曾我部の検地帳などを論拠にあげて、梅軒を招聘した吉良の館は弘岡上地区の土居ヶ谷であり、ここが発祥の地ではないかと反論した。そして文末には、もともと「発祥地」という言葉は、中国で帝王が興起した土地をさすのであって、このような場合に使うことはいかがなものか、との意見がつけられてあった。

この記事には碑文を建てた地元の保勝会は困った。もともとこの古い石碑は「昭和六年　高知県」と記された「史蹟南学発祥地」碑であり、この地から徒歩一分たらずの場所にあったがそれでは人目に付きにくいからと新しく大きくして今回の場所に移動させたものだった（「南学発祥地へものいい　春野村の御殿か土居ケ谷か」『高知新聞』昭和三三年五月一七日付）。表だって批判がましいことはあまり言わぬ小島だが、これは儒学に関する事象でありまた居住する弘岡の郷土史に関わることであってみれば、看過できない事態だったのかもしれない。この小島の記事もあって、春野村では村内の史跡調査が不十分であるとの認識に立ち、春野村史跡顕彰会を結成して村内の郷土史跡を再調査することとなった。そしてその会の顧問には小島が就任しているのである（「南学神社創設も　春野村に史跡顕彰会」『高知新聞』昭和三三年九月一七日付）。

またこの時期のことであろうと推測されるが、八月の日付のある「安岡源一氏へ質問」という小島のメモが残っている。そこには、安岡氏がゴテンのこの山が吉良氏の城のひとつでありここで南学が講じられたという説を展開するのであるならば、今日どの場所に城主の居館の痕跡が残っているのだろうかと問い、それこそは安岡説を根拠づけるもっとも重要な点であるはずだと質している（小島文庫資料目録267）。ただこの質問状が手紙で送られたか、何かに発表されたかは明らかではない。

この件に関してはその後昭和三八（一九六三）年、小島に調査が依頼されて、長曾我部検地帳をもとに詳しく実地調査をしている。その結果戦国の守護である吉良氏の屋敷や寺院跡が明らかになった。この小島の調査結果をもとに旧知の山本茂一郎画伯が描いた「土居復元図」の案内板が立てられることとなったのである（「戦国の守護　吉良氏　屋敷、寺院跡明らかに　小島博士が調査　春野に略図表示板」昭和四〇年一一月四日付、「土佐の史跡　五二　発掘で遺稿を確認　吉良城跡　春野村弘岡上」平成元年五月一日付、ともに『高知新聞』）。ちなみにこの平成元年の記事には、小島が昭和一七年に帰郷したその時期に、小島と安並馬吉（元村長で郷土史家）を囲んで十数人の地域の人たちが郷土史を教わったとも出ていて、このように小島は、高知に帰郷後の早い時期から、地域の人たちと学習会をしたりしてその学識を郷里の史蹟調査や研究に生かし、忙しい時間をさいて参加していたことも、この記事から知ることができる。

昭和三五（一九六〇）年には京都大学人文科学研究所の桑原武夫班長の兆民共同研究会において「中江兆民の学問と文章」を報告している。この報告書は桑原を編者として昭和四一年二月に岩波書店から刊行された。本書の扉には「学士院会員小島祐馬先生にささぐ」と掲げられてある。そして「はしがき」のなかで桑原は、小島が「名著『中江兆民』をもって私たちをこの大思想家へと正しく導かれた」こと、兆民の遺児中江丑吉の友人としてその蔵書を人文科学研究所に寄蔵される機縁をつくったこと、研究会で先の報告がなされたこと、とこの三点をあげて小島に感謝の言葉を贈っているのである。さらにこの小島報告の筆記原稿を採録したかったのだが小島の許しがでなかった、とも述べている。文章にして本に収録する論文などについて小島の厳しい態度がここにもうかがわれる。いずれにしても桑原の小島に対する敬愛の情のよく表明された「はしがき」であった。

昭和三六（一九六一）年八月には高知新聞社発行の横山又吉漢詩選集『黄木詩集』の紹介記事を書いた（「土佐漢詩史上に重要な地位　横山又吉翁の選集「黄木詩集」なる」八月二九日付）。横山は土佐藩の藩校致道館に学び、明治一三（一八八〇）年に高知新聞社に入社し植木枝盛らと藩閥政府反対を論じた人物で、明治三一年には簡易商業学校（現在の現高知商業高校）を創立し初代校長となり、辞職後は高知商業銀行頭取を務めている。

カルピス文化叢書

昭和三八（一九六三）年八月、小島は三島海雲記念財団のもとめに応じ、箱根において「社会思想史上における『孟子』」を演題に講演をしている。このあと小島は体調を崩した。

この三島海雲はカルピス株式会社の創業者で、小島が法科大学を卒業して中国に遊学した明治四〇年には北京の東単牌楼で日華洋行を経営していた人物であった。小島はかねてより三島から孟子のことを書いてほしいと依頼されていて、小島の言によれば「生来ものを書くことが下手で、しかもこのころは年とともに億劫になり」、約束を果たせずにいたのだったが、八月八日から一一日まで箱根の三島の義雲荘で講義を行ないそれに手を入れて出版することにしたのであった（「序」小島文庫資料目録30）。これが小島死去の後に刊行された『社会思想史上における「孟子」』（カルピス文化叢書三）である。

この小島文庫の草稿「序」によれば小島は、この講演の前日箱根に着いた時から身体に変調を覚え、この講演が終わると早々に京都に戻りしばらく入院した。その後大阪府立放射線中央研究所に勤務していた長男懋の住む堺市の病院に移り、昭和三九年四月にようやく高知に戻ることができた。高知に帰ってからもこの講演筆記に手を入れることができず、二ヶ年が経過してようやく整理をひとまず終え、「序」の執筆というところまでこぎつけたわけである。だが実際に刊行されたこの『社会思想史上における「孟子」』は、四講分のうちの二講の半ばで途絶している。そして第三講・第四講は目次が示されているだけであった。結局小島は、第四講まで手を入れ

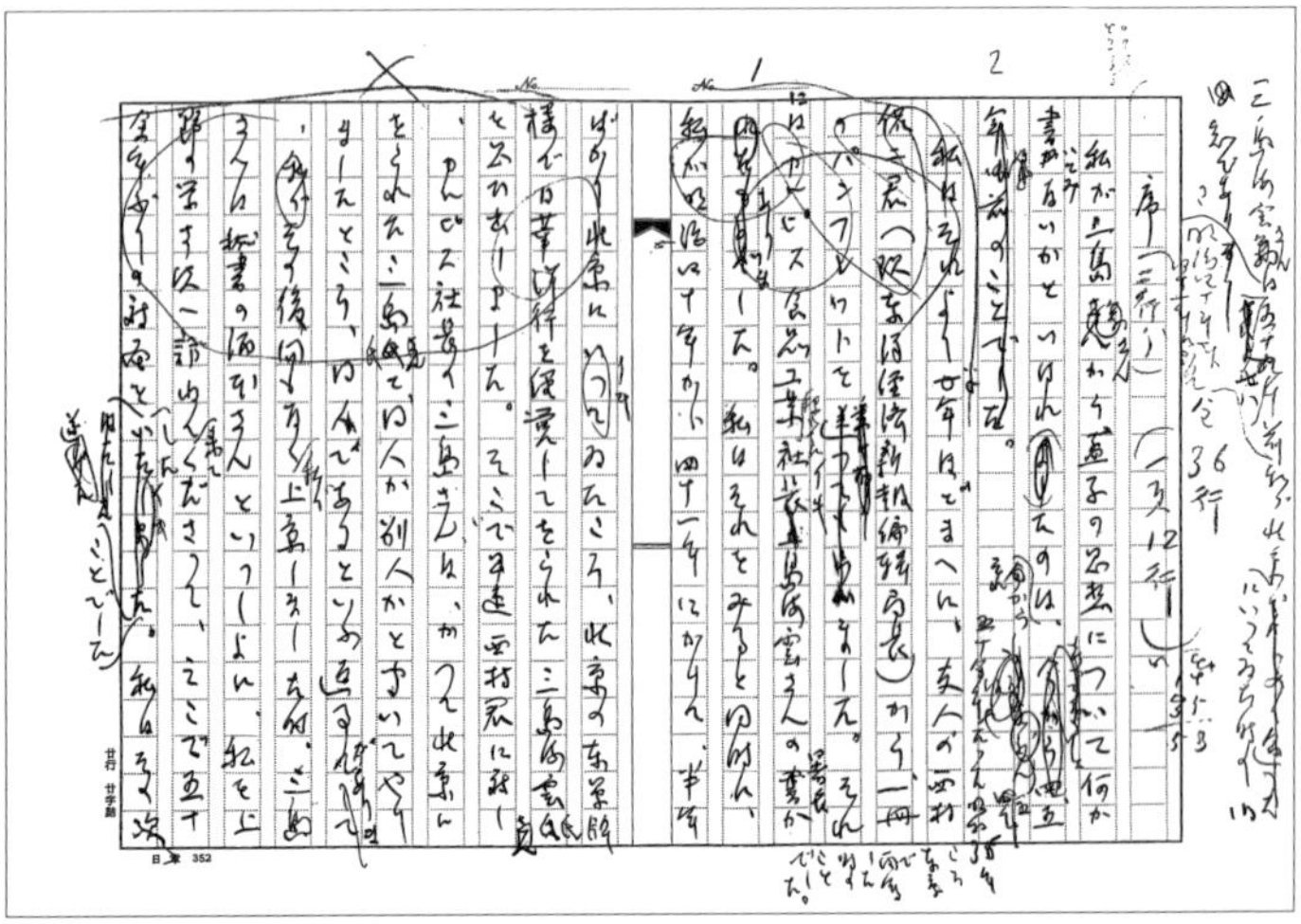

『孟子』（カルピス文化叢書）の序文草稿

ることがかなわず亡くなってしまい、整理が出来た部分だけが小島の死後刊行されたことになる。この本の「整理後記」で重澤俊郎は、講演筆記の補筆は小島の健康上の理由から成らずして未完成のままで終わったと述べ、本書は第二講の途中で断絶されており、第三講・第四講は目次のみで草稿も見当たらないと説明している。そして「まとまった学術論考としては、これが最後のものになったのではないか」と未完成に終わった無念の気持ちを綴っている。

　このカルピス文化叢書は小島の著作のほかに、桑原隲蔵『中国の孝道』（昭和四〇年五月）、矢野仁一『古中国と新中国』（昭和四〇年）、羽田亨『日本文化と中国文化』（昭和四〇年四月）、宇野哲人『老子・荘子と韓非子』（昭和四四年九月）が刊行されていて、社長の三島海雲の「刊

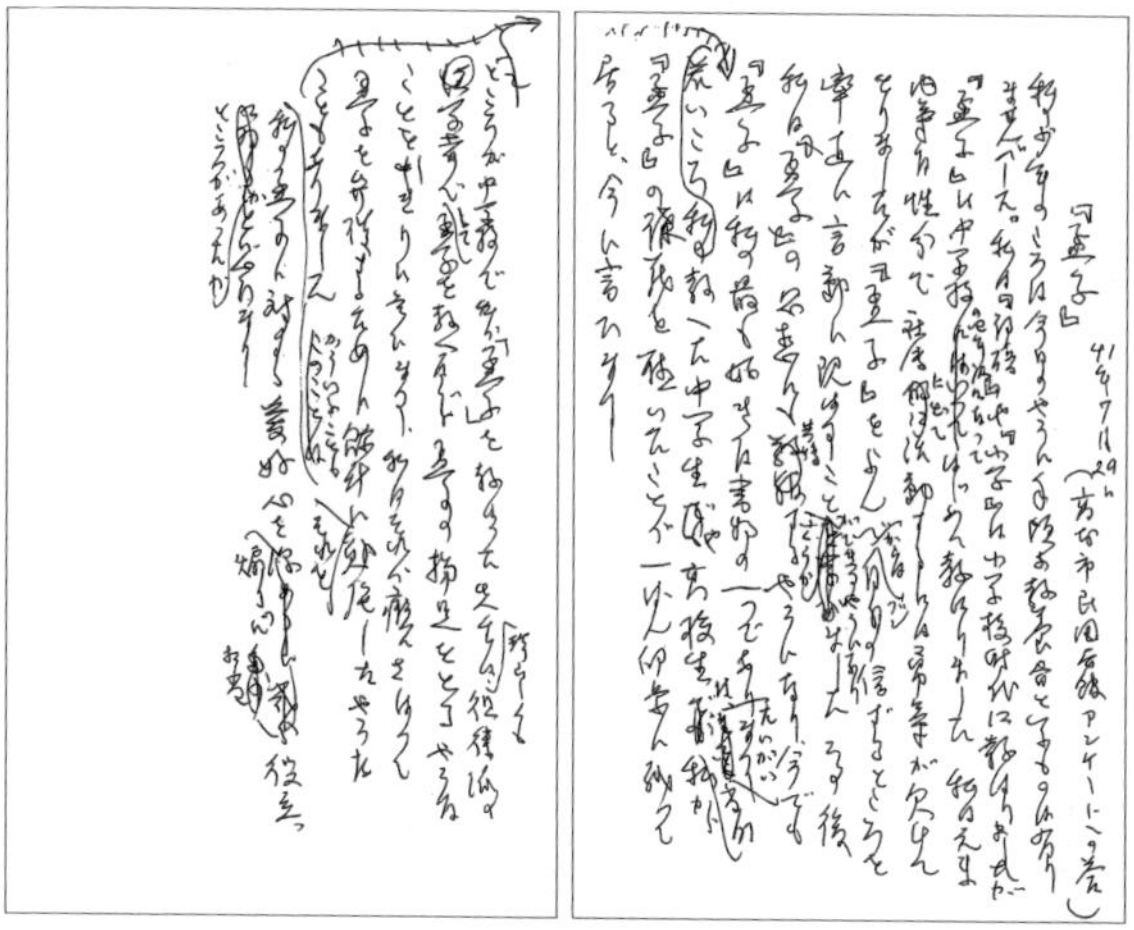

昭和41年7月29日の日付を持つ高知市民図書館へのアンケートメモ、表面と裏面

行のことば」が付されている。

この講演会の少し前の昭和三八年七月には、岩波新書の執筆依頼が岩波書店からあったのだが小島はそれを断っている。その理由として、「元来ものをかくことは至って不得手」であること、若い友人たちが小島の著作を整理してくれていて半年余りでできる予定が三年たっても出版できずに版元に迷惑をかけていること、ほかに二三本約束があり生存中にこれらの義務を全部履行することは至難であること、などが挙げられている。また口述筆記であれば簡単かもしれないが、先の約束をそのままにしたままで「簡単なことに就くのは私の良心の許さざるところ」と述べ、尊意にそえないとの文面であった（岩波書店への書簡下書き。小島文庫資料53）。体力もいささか衰えをみせてきたこともあろうが、やはり執筆にあたっての小島の姿勢というものが堅持

された回答になっていると思われる。昭和四一（一九六六）年七月二九日付のメモには、高知市民図書館からの読書アンケートとして「孟子」と題されたものが残されていて、こうしたことには厭わず協力していたこともうかがえる（小島文庫資料目録27）。

桑原武夫との対談

竹之内静雄の回想によると、昭和三八（一九六三）年のいつの日か、祇園の木村咲で吉川幸次郎、桑原武夫、竹之内と酒宴をもったことがあり、そのとき高知の小島のことが話題となった。一度三人で土佐に小島先生をお訪ねしようと話がまとまり、その連絡役を竹之内が受け持つこととなった。この旨を小島に知らせると、七月三〇日には返事の葉書が届き、高知への来遊はいつでも諸君の都合にあわせて、お出でなさいとのことであった。竹之内はこの小島の返事を吉川と桑原に報告をしたものの、三人の日程があわずに一年が過ぎた。そこで竹之内は、『河上肇著作集』の監修者としての用件もあり、昭和三九年五月二六日単身で高知に出向いたのである。高知への行程の途中で竹之内は京都の吉田上大路町の河上宅に秀夫人を訪ねて著作集刊行の挨拶をし、その後に高知に向かった。その時小島に書いてもらった地図をもとに弘岡上の小島宅に到着、書庫を案内してもらい、千寿土佐鶴をともに飲んだことはすでに述べた。

さて吉川とともに土佐に小島を訪ねようと言いながら竹之内の単独の土佐行きを許す結果となった桑原だが、高知で若手研究者と会飲したことがあった。その時にこの若手研究者が、資本論訳者の長谷部文雄とともに小島を訪問したおりに小島が話してくれた日本左翼運動史の回顧談が実に興味深かったと語った。ところがその回顧談をテープもノートにもとっていないと聞いて桑原はまことに残念に思い、小島を話し手として一連の対談を思いついた。桑原は、かつて狩野直喜の聞き取りを計画していたのだったがそれが実現する前に狩野が亡くなってしまい、それへの反省もあった。対談の日取りについては竹之内に相談して小島との約束を取り付けてもらって対談の了承をとった。

小島は昭和四〇（一九六五）年勲二等瑞宝章を受章した。そしてその翌年の昭和四一年一〇月には例によって学士院例会に出席している。その帰路一二日、小島は楽友会館から桑原に電話をかけている。桑原が出向いたところ、小島は対談のことについて、「吉川や貝塚や竹之内と一緒にくるんじゃなかろうね、今度は君だけだね、四人もそろってきて酒をのむと筑摩に大変な負担をかけることになるからね」と元気な声で語った（桑原武夫「はじめとおわり」『展望』）。この日は夕刻に門下の人たちと会合を持つことができ、小島は孟子論を弁じて、もう二、三年はもちそうだと語ったという。

そして一一月一日と三日に弘岡上の小島宅で桑原武夫との対談が実現した。この桑原企画の小島対談集は、序論に桑原武夫との対談、次に貝塚茂樹、そして吉川幸次郎、長谷部文雄と順次語り合い、最後に小島の希望で瀧川事件についての対談を配して全五回分で筑摩叢書として刊行する予定であった。桑原との対談を済ませたあと小島は桑原のもとへ、手放しでの楽な対談であったこと、これでよいならまたやりたい、と漏らしたという。この桑原との対談は原稿用紙で二〇〇枚ほどにもなった。これは小島が亡くなってから刊行された『展望』の小島祐馬追悼特集に掲載されたが、誌面の都合で三分の一に縮められたものであった。この割愛された部分のうち、小島が大学生時代に、修学年限延長に反対し学生代表として時の文部大臣牧野伸顕に会いに行ったくだりなどは後に『世界』で一部紹介されている（小島「明治の大学生」『世界』昭和四二年四月）。

小島祐馬の死去

この桑原との対談のあと小島は一一月の学士院例会にも出席する予定をしていた。ところが先の第一回対談を終えたのちの一一月一〇日、小島は胆のう破裂による腹膜炎により高知市西内病院に入院してしまったのである。この学士院の例会にも出席できず、件の人件に対して発言をすることもなく、桑原が企画した貝塚茂樹らとの対談を行なうこともなく、昭和四一（一九六六）年一一月一八日午前一一時二五分に亡くなってしまった。

この時竹之内は会社の旅行で伊豆に宿泊していた。竹之内は一九日朝にいそいで伊丹空港まで出て高知に飛び、同じ旅館に泊まることとなった重澤俊郎、内田智雄、平岡武夫と小島邸での通夜に向かった。通夜のあと葬儀は翌二〇日午後二時から自宅で執り行なわれ、小島は屋敷の裏山祖塋に葬られた。

葬儀で弔辞を読んだ桑原武夫はその回想文に、高知の街へ戻って痛飲の欲求を覚えたが高知市街の酒場は東京の新風を模して戸を鎖じていたと書いている。竹之内ら四名は旅館に戻り、亡き小島を偲んで夜の更けるのも忘れて酒を酌み交わした。通夜から葬儀までの三日間、身内だけでなく多くの人がずっと小島家に滞在していて、小島の弟子らは「先生のそばにいないと」と言って毛布にくるまって寝たりしたのだという（小島恒「祖父・小島祐馬のこと 私の二〇世紀 一五」）。このようにそれぞれが小島の死を悼んだのであった。一九日には従三位に昇叙された。小島の法名は龍昌院徳翁義祐居士。墓石の刻字は妙心寺管長古川大航師によるものである。小島祐馬八四歳であった。

一一月二〇日の『高知新聞』には社の常任顧問中島及の小島祐馬追悼記事が載った（中島及「小島先生を痛惜する」）。このなかで中島はいくつかのエピソードを明かしている。中島が小島の知遇を得たのは戦前期に経書の講義を受けたことに始まる。中島は四国銀行常務の小松米吉らと月に一度二時間ほど「易経」「老子」「荘子」などの講義を受け、中断があったものの昭和四一年まで二〇年ほども続いた。中島は小島の「門下生」を自認していた（鍋島高明『反骨のジャーナリスト 中島及と幸徳秋水』）。中島はこの追悼文のなかで、帰郷して農作業に励む小島に対して、何とか脚光を浴びさせようと各方面から仕掛けたこともあったと述べる。小島が高知に帰郷した当時市長だった川淵洽馬が、「こんな天下の大学者を田舎の片隅にくすぶらしておく法はない」と工作し、弘岡上に出向いたことは先に述べた。だがそんな工作や慫慂に対しても、「己を守るに厳格」な小島は決して乗ろうとはしなかった。どんな場合でも己を売るとか宣伝することを潔しとしなかったというわけである。

昭和三八（一九六三）年七月に箱根で「孟子」を演題に講演をした時のことにも中島は言及し、その講義を単行本にという懇請を受けて原稿を整理し著者校正までこぎつけたのだがそれもゲラ刷りのままとなって生前には活字にならなかったと述べる。中島はこうした小島について、脚光を浴びるような場面には出ようとしなかったが、決して自分をくらまし隠したり、世間に背を向けて暮らしたわけではなかった、時と場合により、とりわけ郷里高知のことにあってはその願いを受け入れるのを厭わなかった結果だと説明する。中島はいくつか事例を挙げているのだが、たとえば土佐の灌漑や築港など土木事業に力を尽くした野中兼山の顕彰会を結成した時にもその趣意書を進んで書いたこと、その会合にも欠かさず出席し、面倒な対外交渉のおりにも気軽に足を運んだことを紹介する。さらにギリシャ哲学を志す好学の青年に対して高校から大学までの学費を援助したこと、画家山本茂一郎渡欧の際の後援会長に就いたことなど紹介する。また曾国藩の読書訓を扁額として高知市民図書館に掲げたいと考え、揮毫も承諾してもらっていたが、それは小島の死により実現するに至らなかったとも述べる。これらはいずれも郷里高知での労を厭わぬ小島の営為の数々であった。この中島の追悼文は、小島の仁徳を偲んだ心温まるものになっている。

その後『高知新聞』「読者欄」に、高知出身の婦人が書いた小島の思い出も掲載された。婦人は昭和二三年三月、京都から高知に向かうときに汽車で小島と同席になったという。高知まで一緒でその間高知一中の時計台のことや追手筋の学生のありさまなど昔語りをした。高知に着いて御免駅で降車する婦人がせめてお名前をと尋ねると、名刺の持ち合わせがないのでと封筒の表書きをくれた。その数日後に高知市民公会堂で小島の講演会があったので婦人も聞きに出かけたりした。その後手紙のやり取りもあり、歌も詠むこの婦人が、「上賀茂の小松の庭にわれたてり ま白き雲のみんなみにはしる」と詠って送った歌を覚えていて、東京からの帰路、小島が京都で降車した時にこの上賀茂に新築した婦人の家に立ち寄り、「詠われた小松はどこですか」と尋ねたのだという。先の中島の追悼記事の言葉を使えば、己を売るような「工作」には決して乗らなかった小島だが、このような高知の人たちとの付き合いには律義でむしろ積極的で、意を尽くしたものであったことがよくわかるエピソードである。

平成二四年の春まだ寒い時期に筆者は二度目の小島文庫の閲覧に出かけ、弘岡上の小島の墓参をした。小島が亡くなった翌年の昭和四二年に大学に入った筆者は、学部も異なることから小島祐馬との接点はなにもない。大学入学後すぐに竹之内静雄の筑摩書房が刊行していた総合雑誌『展望』の愛読者となったが、昭和四一年九月号の『展望』に掲載された小島祐馬追悼の記事など思いもよらぬところであった。それから何十年ののちに、まことに思いもよらぬことだが、こうして小島の墓所に向かおうとしている。

高知では、はりまや橋からバスに乗り新川通で降りた。小島が竹之内への手紙で、通り沿いにハイヤーがあると書いた片山ハイヤーは今もある。弘岡上にあがっていく途中に琴平神社があった。小高い山の上に本殿があるのだが、その裏参道は小島邸から降りてきた道沿いにある。この神社の表参道の石鳥居に彫られた寄進者を見ていたところ、老齢のご婦人が通られ、どうかしましたかと問われる。この鳥居の寄進は小島と読めるのですがと言うと、そうだね小島と読めるねと答えられる。わたしが小島先生の墓所にお参りに行くところですと言うと、ああ祐馬さんか、祐馬さんとは同じ谷に住んでいると、答えられた。年代から考えてみても五〇歳は離れているであろう年上の小島のことを、祐馬さんか、と言われたその口調に、小島がこの集落に溶け込んで暮らしてきたのだなと実感した。小島が京都帝国大学を定年で退職して帰郷し帰農したその真情の一端だけでも理解することができた気がして、寒さのなか少し暖まる思いがした。

補論　黒谷・法然院に眠る東洋学者たち

狩野直喜

読むことが目的

本書の第一章では、京都帝国大学文科大学やその後の文学部、また東方文化学院京都研究所の活動について、狩野直喜を軸にして述べた。そこでは、それぞれの人物が歴史の流れのなかで、奇しくも、と言ってよいように、事件や事業をともにし、体験を共有しつつ、また共通の友人との交友や折衝を持ちながら、活動を展開した、そんな事柄の一端でも描くことができたかもしれない。その東洋学者の幾人かは黒谷金戒光明寺や法然院の墓所で眠っており、この補論ではこれら個々の東洋学者についてエピソードを交えながら述べておきたいと思う。まずは小島の師であり草創期の文科大学を築いてきた狩野からである。

狩野は生涯にわたって著作を多くは残さなかった。狩野の一代に書いたものは、『支那学文藪』（一九二七年）と『読書簒余』（一九四七年）に収められていて、小島祐馬によればそれらはいずれも「珠玉の篇」ではあっても分量としてはあまりに少なく、狩野の学問の神髄を伝えたものばかりとは言えないとされる。小島はこのあと続けて、狩野の言葉として「書物を読むには読むこと自体が目的でなければならない。原稿を書いたり講義をしたりする為に読むのでは、読むことが間に合わせになってていけない」と常々語っていたことを紹介する（小島「通儒としての狩野先生」）。書かれた論文の本数などが業績として重視される現今では難しくなってしまったことだが、考えさせられる言葉である。為にする読みではなく、真に理解するためにひたすら読むこと、それがなにより重要であるということであろう。

こうして「読まれた」行為は文章に残るわけではないのだが、当時の学生に対する指導の言葉の端々や講義の内容、また研究者同士や知友との会話に生かされ、それが狩野の、人びとを引き付けていく力となったのであった。京大で後年に講義を受けた吉川幸次郎は、一句一句、一話一話が自信に満ち溢れている狩野の講義についての落合太郎の批評、「どうも狩野先生と西田先生とは、学問的な自信が血管のすみずみにまで浸透して、健康にもいい影響を与えているようだな」という発言を紹介しているが、それも狩野の日々の読みという営為のなせるわざであったのだろう。さらにまた吉川は、狩野の心の底にひそむ好奇心を発動させたものは狩野の「味覚」でありその「味覚」で発掘された事柄はおおむねみな正しく、そのさぐりあてた正しさを狩野は人に説くことのできる能力と迫力とを兼ね備えていたこと、その能力の行使に生涯を傾ける、そんな点にこそ狩野のもっとも偉大な点があるのだと述べている（吉川幸次郎「先師と中国文学」）。その吉川の言う「味覚」というのが、「読むこと自体が目的」であった狩野の「読み」という行為であったわけである。

小島が京都帝国大学法科大学の学生だったころに狩野は京都法政専門学校東方語学校で中国語と中国語時文（現代文）とを教えていた。その受講生の小島は狩野に請うて『王文成公全書』の会読を狩野宅で行なってもらった。この詳細は第二章ですでに述べたが、そんな小島が狩野宅を訪ねていくと、狩野は夫人に袴を持ってこさせてそれを着け、机の前に端坐して読み進めていったという。本を読むという行為がその作法や姿勢にまで反映されたエピソードだと思う。狩野は京都帝国大学を定年退官したあと東方文化学院京都研究所で約一〇年間所長を務めたのだが、研究所長を辞任するときに、これからは一日でも長く生きて少しでも余計に本が読みたい、できることなら何遍でも生まれ変わって本を読みたい、と述べたといい、また死の二〇日ほど前には、「この歳になってまだ論語が満足に読めない」と話したともいう。こうした狩野に対して倉石武四郎は、「先生にとっては研究は副業であって、真に心血を注がれたものは読書であった」とい い、「言語文字を文章とし古典として噛みしめられた」と心よりの敬意を持って語っている（倉石武四郎「シノロジストの典型」）。

先にひいた吉川も三高生の時に狩野の自宅を訪ね、「大学にはいって支那文学をやりたい」と言うと狩野は「支那文学の研究とは、本をこまかに読むこと、ただそれだけです」と諭したという。そんな吉川は、「先生と私との交渉は、一字の教へを以て始まり、一字の教へを以て終ってゐる」と述べている（吉川「先師と中国文学」）。いずれも狩野の読書という行為に対する心にしみいる回想となっている。

狩野は短躯でまた服装もあまりかまわなかったといわれる。そんな狩野の印象を、明治四一年九月に京都帝国大学に入学した青木正児が回想に書いている（青木正児「君山先生と元曲と私」）。青木が入学後出席した日の第一時間目の講義は、その時講師として初めて教壇に立つ富岡謙蔵の講読の授業であった。この富岡を教室に導いてくるのに、「風采の揚がらぬ短躯古洋服の事務員らしい人」が一緒にやってきて登壇し、富岡を紹介した上で、この授業は史学科の講義であるが支那哲学文学専攻の学生も聴講するようにと注意をして退去した。青木は「あの事務員は生意気なことを云ふな」と思った。富岡の授業が終わり青木の次の授業は狩野の支那文学史であった。将来師として教えを乞おうと思っていた狩野博士を待っていると、さっきの「事務員」風情の人がまた入ってきたので、今度は狩野先生を案内して来たのだなと思っていると、ひとりでつかつかと教壇に登って、「これから支那文学史の講義を始める」といって原稿綴りを取り出した。それを見て青木は大いに驚いた。高等学校時代に想像していた狩野直喜像とは大きく異なっていたからである。ところが講義を聞いてみるとその内容は青木にとっては珍しいこと驚くことばかりで、しかも漢文を中国語読みで読まれ、大学に入ればそのようにして学んでいこうと決意をしていた青木は快哉の叫びを揚げた。その驚嘆と感激でたとえようもなく胸が躍り、この先生に従って学べば自分の夢は必ず実現できると確信したのだという。

また狩野は多芸多能の人で、「狩野君は身六芸に通ず」とは新村出の評であった。書も生まれついての上手で、狩野は内藤虎次郎と長尾雨山とならんで「近来傑出した名筆」とされる（高瀬武次郎「君山狩野直喜博士を追慕す」）。揮毫の際には懸腕直筆で卵を掌中に含めるかのごとくに構えて丁重厳粛に筆を運んだ。大正一二（一九二三）年の暮れに東京から戻った画家で書家の津田青楓が河上肇らと翌年に始めた「翰墨会」に狩野も参加して書を楽しみ、この懸腕直筆式の持ち方を河上にも教授した。その時でも狩野は、書に没頭して墨をぼとぼとこぼし、袴の裾を踏み、袴が帯より下にさがるとの風情であったというが、桑原が訪ねたときにも羽織の袖口には墨と朱の斑点が大小無数についていたとの回想もある。そんな狩野は能筆であったが絵画はものにならず、津田の評では、狩野は物の形というものが頭に浮かんでこない人だというものだった（狩野直方「父の追憶」）。

先の高瀬の回想には、狩野は高瀬と共に京都寺町の佐々木竹苞楼が所蔵する唐代の僧で書家の懐素上人の肉筆に黄山谷の跋のある書を見に出かけたり、内藤ともども伊藤顧也の招きで古義堂を訪れて終日伊藤仁斎・東涯の遺墨や手沢品を拝見したりしたとでている。また狩野は謡曲も得意で、ある日小川琢治が神戸での家元の謡曲の会に出かけたところ、ドイツ文学の藤代禎輔教授とともに狩野も一座に加わり謡っていて驚いたといい、京都岡崎の観世能楽堂にもよく出かけて楽しんだ。狩野の多芸多能のさまやその交友の幅の広さがうかがわれる。

謹厳実直

狩野はまた謹厳でもあった。大正元年にシベリア鉄道でロシアからフランスに留学するにあたりまず北京に立ち寄って、おりしも北京留学中の高瀬武次郎と会ったがそのとき高瀬が、シベリア鉄道は長くて退屈だからお好きな謡曲でも謡えば宜しかろうと言ったところ狩野は容を正して厳然と、「御大喪中ですから、謡曲は決して謡いませぬ」と答えた。そんな狩野を高瀬は北京に滞在中のジャーナリスト小村俊三郎ともども歓迎送別会をして送り出している。このように狩野は「愛国忠君の志」が堅かった。ロシア革命後にレーニンが礼を厚くして幾度か招こうとしたことに対して、自分は君主主義者だからといってその招に応じなかったというが、正月の狩野宅には床の間に、下賜された御紋章つきの銀の大花瓶が置かれてあり、欄間には日本海海戦時の三笠艦上の東郷平八郎と幕僚とが石版で描かれた絵がガラスの額に入れて飾られていた（高瀬「君山狩野直喜博士を追慕す」、桑原武夫「君山先生」）。

狩野家における作法を子息直方に嫁いできた狩野宮子が回想しているのでそれもここに書いてみる。宮子が狩野家に嫁いできたのは狩野が六一歳の時で、結婚式と披露宴は京都ホテルでとり行なわれた。宴は「狩野式」というものでテーブルを二つに分けて一つは男だけのテーブル、もう一つは女ばかりのテーブルになっていてそれぞれに分かれて食事をした。この宴の招待者は少数で、仲人の小川琢治夫妻、それに内藤虎次郎夫妻・鳥居素川夫妻・桑原隲蔵夫妻・矢野仁一夫妻・富岡謙蔵夫人で、かれらが帰るときには、和装日本髪姿の花嫁宮子は、狩野の命によりいちいち階下に降りて玄関まで見送りしたという。昭和四年一一月には東京で宮子に長男直禎が生まれたのだが、ちょうどその時御進講「我国ニ於ケル儒学ノ変遷ニ就イテ」が一一日と二五日の二度にわたってあった。狩野は上京してきても、産室はけがれているからと言って赤子の直禎を見にくることはなく、御進講を終えてからようやく御下賜の菓子を持って赤子に会いに来た。直禎が九歳の時に弟ができたが、直禎は、弟が父の跡を継ぎ、自分は祖父狩野のあとを継いで学者になると言いだした時には狩野は、「苦心して集めた本を使ってくれるものが出来た」と大変に喜んだ。

狩野は常日頃から体には気を配っていて、決して無理をせず、食べ物もよくわかった材料のものを食べた。パンでも進々堂で焼かせたというと口にした。また魚もタイやブリなどは食べたがカニやイカなどは食べず、小骨のあるものは、老人がそんなものを食べて骨でもたてたらどうするか、不覚をとることが武士の一番恥とするところだ、と言って食べなかった。「何首烏《かしゅう》」というツルドクダミも服用していたが、それも狩野が幼少期から体が弱かったからであった。そんな狩野も最晩年には涙もろくもなり、東京が空襲になって直方を東京に残し、嫁と孫が京都に戻って来た時は涙を流して喜んだ。狩野が亡くなる二〇日程前に直方の誕生日を祝ったが、子どもの頃から体が弱く心配して育ててきた直方のことを、お前もこうして元気に成人して今日の祝いができると涙をこぼして喜んだ。敗戦後の日本と中国との関係についても気に掛けて、臨終の床にあっても「私はもう足がたちません。願います。願います」とうわ言を言って誰かに後を託しているようだったという（狩野宮子「父を偲びて」、狩野直方「父の記憶」、高瀬武次郎「君山狩野直喜博士を追慕す」）。狩野は学生時代の細川護貞（旧肥後熊本藩第一七代当主）に聖賢の道を説き教えたのだったが、狩野臨終の床にその細川が見舞いに訪れると、寝具の上に袴を置かせて迎えた。まことに謹厳実直で通儒碩学の生き方であった。

狩野は東方文化学院京都研究所が東方文化研究所と改称することとなった昭和一三年四月に研究所所長を辞したが、その辞職にあたって送別の宴が開かれた。この宴で狩野が挨拶に立って、私は六〇歳で京大を去り今七〇歳にてこの所長を辞した、八〇歳にはどこかへ行く、と辞任の弁を述べたのだという。東京帝国大学文科大学漢学科で机を同じくした高瀬武次郎はこのとき代表として送別の挨拶をしたのだが、狩野君山翁が京大を辞する時には私が挨拶の役に当たり、今また君山翁七〇歳の時の所長御辞任に対する挨拶を私がしている、八〇歳にはドコカへ行くとのお言葉だったが、今より約束申し上げて必ず八〇歳の時にも挨拶をいたしましょうと述べた（高瀬「君山狩野直喜博士を追慕す」）。その後狩野は昭和一九（一九四四）年に文化勲章を受章し、戦後の昭和二二（一九四七）年一二月一三日に田中大堰町の自宅で亡くなった。先の所長辞任のときの挨拶通り八〇歳でこの世を去ってしまったのであった。

その狩野直喜は黒谷金戒光明寺墓所の文殊塔の北に眠っている。戒名は文穆院殿半農君山日温大居士である。

内藤虎次郎

三餘堂と恭仁山荘

京都帝国大学の東洋学を狩野とともに築きあげてきた内藤虎次郎は、慶応二（一八六六）年丙寅の年に旧南部藩の鹿角《かづの》郡毛馬内《けまない》（現在は秋田県鹿角市十和田毛馬内）に生まれた。父は調一（十湾）、母は容子で内藤はその次男である。虎次郎の名は、丙寅の生まれであるということのほか吉田松陰の寅次郎からとったとされる（「内藤家の家学と湖南先生の学風」の内藤乾吉発言）。内藤の墓所は京都東山の法然院にあるが、生誕地毛馬内の仁叟寺には祖父内藤仙蔵（天爵）・父調一（十湾）の墓所と並んで「湖南内藤先生遺髪塔」が建っている。

毛馬内には鹿角市先人顕彰館がある。この先人顕彰館は、鹿角ゆかりの先賢についての資料を収集しその事績を顕彰する施設で、内藤虎次郎とヒメマス養殖で名高い和井内貞行を中心にその業績を展示している。このように郷土の人物を顕彰する資料館が建てられ運営されるということはまことに貴重なことである。この顕彰館からすこし下った地点に「内藤湖南先生誕生地」碑が建っている。このあたりは古町と称される柏崎新城の麓にあたっていて、たいへんに落ち着いた武家屋敷のたたずまいである。

家屋は内藤の曾祖父官蔵が享和年間に建てたものであるが、虎次郎は離れ屋敷の二間か三間の物置小屋で生まれている（三田村泰助『内藤湖南』、内藤「我が少年時代の回顧」）。物置小屋で生まれたのは本宅を十湾の叔父に占拠されていたためである。内藤家は代々南部藩の世臣桜庭氏に仕える家柄だったが内藤が三歳のときに戊辰戦争が起こり世は明治となった。内藤家が仕える南部藩は会津側の幕府軍として参戦し、佐竹氏の秋田藩領内に侵攻したのだが敗退し、これで南部氏は朝敵となった。その結果領地を削られて内藤家をはじめ鹿角の士族は士分を失うこととなった。維新後の廃藩置県と行政区画整理によりこの鹿角は秋田県へと編成されることになり、明治の時代、鹿角毛馬内にとっても内藤家にとっても厳しい出立となってしまった。

近くの柏崎新城の丘陵には、父十湾が明治一三（一八九〇）年虎次郎一五歳時に本丸横に建てた蒼龍窟が建っている。十湾はこの丘陵に造作した蒼龍窟において郷里鹿角の歴史を綴り明治四〇年三月に『鹿角志』（三餘堂蔵版）を完成させた。蒼龍窟はその後改築されて内藤家の縁者が住んでおられたが、門は当時のおもかげを残し、吉田晩稼書 十湾刻の扁額「蒼龍窟」が架かっている。扁額を書した吉田晩稼は天保元（一八三〇）年長崎生まれ、江戸に出て高島秋帆に蘭学と兵学を学んだ人物で、陸軍大尉から書家に転じた。靖国神社の石標や四天王寺の本木氏昌造翁紀念碑を書いた人物でもある。

蒼龍窟の隣には父十湾が学びを深めた学堂三餘堂がある。この三餘堂は京都鴨川の右岸東三本木にある頼山陽の屋敷地水西荘の書斎山紫水明処を模したものであるとされる。十湾は明治四〇年一一月初旬に敬愛する頼山陽の山紫水明処を訪問し宿願を果たしている。京都帝国大学文科大学講師に就任した子息虎次郎とともに訪れたのであった。この京都来訪で十湾は、虎次郎の案内により黒谷に墓所のある山崎闇斎の贈位報告祭や梁川星巌五〇年祭（墓所は南禅寺塔頭天授庵）に参列した。そしてその後の宴に臨んで京都帝国大学の教官らと「愉快ニ情懐ヲ吐露」しあった。この京都訪問によって十湾は、年来「欽慕」してきた頼山陽の山紫水明処に、しかも帝大の教官に就任した虎次郎とともに参観し、いっそうの感銘を受けたのであった。山紫水明処の建物はたいへんに小さいものではあるが「風流洒然脱俗絶塵」で、他日これに擬して一小書室を建てて老後の勉学に励みたいと考えた十湾はさっそく虎次郎にその図を描かせている（内藤調一『漫遊記避寒紀行』）。この毛馬内の三餘堂と蒼龍窟が建つ高台から眺めたその光景を虎次郎は次のように回想している（内藤虎次郎「憶人居瑣語」）。

吾の家、爽丘の上に在り、而して下平田に臨む、五宮、青狭間、諸嶽蒼翠軒に入り、而して遥碧八幡平に連なるを望み、米白川の三源流、三方より來りて、雄神雌神の両絶壁の間に会流し、練を拖くの色、眼底に在り庭隅一老松、斜に眼界を遮断す、是れ郷に帰るの時、毎に数里の外より望で以て家門の標識と為す所也。醇庵の隠居、何如の景なるを知らず、其の衡門茅屋の新居を想ふ毎に、又郷思を棖触して、神百七十里の外に飛ぶを免れず。

内藤虎次郎に師事した三田村泰助は、この光景が、京大退官の翌昭和二年八月に内藤が移り住んだ瓶原《みかのはら》恭仁《くに》山荘《さんそう》から見晴らす光景、つまり木津川を眼下にし、遠く春日山を望む景色と驚くほどよく似ていると述べている（三田村泰助『内藤湖南』）。毛馬内の蒼龍窟は今となっては木立が生い茂って見晴らしがきかなくなっているが、以前はこの高台から小阪川や大湯川を望むことができたといわれ、内藤が退官後に木津川を見晴らすことのできる瓶原恭仁山荘に移り住んだのも、それがこの蒼龍窟や三餘堂からの眺望と似ていて、内藤がたいそう気に入ったということなのだろう。蒼龍窟と道を隔てた地点には十湾の私塾「育焉亭」があった。十湾が小学校の権舎長になりこの地に居を得たもので、それは小学校の分教場とも少年らを教育した塾であるともされる。ここで十湾は後進の教育にあたったのであった（内藤「我が少年時代の回顧」）。

内藤は明治七年、新設された尾去沢小学校に入学した。内藤家は父方だけでなく母方泉沢家も代々儒者の家筋であり、内藤は父親に就いて『二十四孝』や『論語』の素読をしていたことから学力は高く、小学校では教師の手助けで下級生を教えた。明治一六年三月に一八歳で秋田師範学校中等科に入学、一〇月には編入試験を受けて高等科に転学した。次男の耕次郎が二〇歳頃に思想的に迷った時、父親内藤にそのことを尋ねると、自分も一九歳の頃唯心論か唯物論かの問題に悩んだが結局両者はヒョイと合一することを悟った、と語ったとされることから、内藤もこの頃には唯物論にも惹かれていたことがわかる（内藤耕次郎「心理学への道」）。

師範学校を卒業後内藤は、師範卒業者の二年間就労義務を果たしたあとに上京し、大内青巒《せいらん》の仏教雑誌『明教新誌』編輯の仕事に就く。その後いくつかの雑誌と新聞の記者を経て明治二三（一八九〇）年一二月政教社『日本人』の記者となり、三宅雪嶺や志賀重昂らの論説の代筆を務めた。明治二六年一月にはこの政教社を退社し、大阪朝日新聞の実質的には主筆であった高橋健三の私設秘書となり翌年記者になった。大阪朝日にはすでに西村時彦（天囚）がおり、二人はともに健筆を振るい、その後も再建懐徳堂の活動の場面など生涯にわたる近しい交友を重ねていく。

明治二九（一八九六）年八月に内藤は同郷のイク（のち郁子）と結婚している。郁子は、内藤が何も構わぬ所作のその後始末をつけていく落ちついた性格の「豊国式の美人」で、よい配偶者を得られた事と、三宅雪嶺・花圃夫妻は喜んだのだという（三宅花圃「内藤博士の追悼」）。同年に大阪朝日を退社した内藤は明治三〇年に『台湾日報』の主筆として台湾に渡ることになるが一年ほどでここも退社し黒岩涙香の『万朝報』の論説記者となって小石川区江戸川町に家を構えた。ところが明治三二年三月、隣家からでた火事で内藤は家を焼き蔵書を失う難に見舞われる。これまで収蔵に努めてきた蔵書を失っただけでなく秋田師範学校以来の親友畑山呂泣の遺稿も焼いてしまった。政教社においても共に仕事をした仲であった畑山は明治三一年一月に若くして京都で亡くなったが、内藤は台北から戻って臨終までそばにいた。この火事で国学関係の豊富な蔵書を失った内藤は、この火災をきっかけに、「以後は雑学を改めて中国問題研究を主とす」と定めた（小川環樹「内藤湖南の学問とその生涯」のうち三男内藤戊申の発言）。内藤は明治三二年秋に中国を遊歴し、上海では文廷式・張元済・羅振玉らと面会し筆談する。この旅行の紀行記は『万朝報』に掲載され、明治三三年に『燕山楚水』と題して刊行された。小島祐馬が五高在学中に中国旅行をした時携行した書物である。

明治三八（一九〇五）年七月内藤は明治三五年に続いて再び満洲に向かう。外務省の嘱託という身分を得ての渡満である。奉天では参謀総長児玉源太郎に会い、またシベリア単騎横断の福島安正参謀とも知り合って資料調査に便宜をはかってもらった。ここで奉天の黄寺および北塔の大蔵経調査や文溯閣四庫全書の閲覧もかなった。この満洲での資料・史蹟調査のさなかに軍司令部から、小村寿太郎全権大使の顧問として北京に向かうようにとの電報を受け北京に赴く。翌三九年一月に帰国して直ちに中国・朝鮮国境付近に発生した間島問題の調査書を作成し始め、七月には外務省から間島問題調査の依頼を得る。この時点で内藤は大阪朝日新聞を退社することとなった。そして一二月には京都帝国大学文科大学学長狩野亨吉と東京で面談し教授就任の承諾をし、京都帝大の教官となるわけである(「(内藤湖南)年譜」)。

一般には、在野の内藤を教授に推薦したのは文科大学の学長に就いた狩野亨吉であるとされている。ところが狩野亨吉の文科大学長就任決定以前に、内藤の教授就任はすでに内定していたようである。京都帝国大学総長木下廣次と東京帝国大学教授上田万年が三宅雪嶺に大学長への就任を要請した際、その説得のために内藤が派遣されたが、その時に内藤が、「木下総長とも、上田ともはなしたが、あなたが学長となり、私が教授になってはどういふものですか、官制で初めの待遇はよくなけれど、そこは堪えて貰ひたい」と述べたという(三宅雄二郎「内藤湖南君のこと」、礪波護「内藤湖南」)。また三田村泰助は、小説家で新聞記者の須藤南翠の「南翠日記」明治三九年五月二九日条に、内藤が上京したのは京都帝国大学文科の史学教授たらんとの件があるのを知ったというくだりや、三一日に内藤が須藤南翠を訪問して、ともかくも大阪朝日新聞社の方は退社すべく、その後の方向は定まらないがあるいは京都帝国大学であろうかと内藤自身が語った件を紹介し、内藤の京大入りが意外に早く、前年にはほぼ内定していたとみられる、と述べている（三田村『内藤湖南』）。この文科大学は明治三九年六月に開設、九月には授業が始まった。内藤は一二月には狩野亨吉文科大学学長と面会して教授就任の承諾をしている。ただ教授就任については法制局が難色を示し、講師に就任したのは明治四〇年一〇月である。父十湾とともに十湾が敬愛してやまない頼山陽の山紫水明処を訪れたのは、内藤が講師に就いた四〇年一一月のことであった。

明治四二年九月、内藤は教授となり定年退職の大正一五年八月まで京都帝国大学の教授を務める。大学では、いわゆる役職とは無縁に過ごすことのできた内藤は、文献調査や中国での調査活動に力を注ぐこともできた。その範囲は広く日本・朝鮮・中国および満洲・蒙古・チベットまでを射程にいれ、これらの民族の言語もある程度まではこなした。学問以外にも漢詩・漢文をはじめ書にも秀でて書画骨董の鑑識眼もあった。こうした内藤の学問の「独創性」はその経歴から来ているところもあり帝国大学を出ないで自由に勉学に勤しむことができたからでもあったとされる（宮崎市定「内藤湖南とシナ学」）。

内藤はまた毎週火曜日の晩に田中野神町の自宅を開放して学生や教員とともに火曜の会を開いた。会では時に二階の書庫から本を持ってきて見せたりした。この火曜の会を内藤は大切にしていたようで、来客があっても席を立つことはなくまた客を会に同席させることもしなかった。客を何時間でも玄関に待たせておいたのである。この会によく出席したのは、小島祐馬をはじめ今西龍・伊勢専一郎・倉石武四郎・廖温仁・宮﨑市定らで、大阪毎日新聞の岩井武俊も参加した。ある時内藤は鑑定を依頼されて郭熙「山水図長巻」を預かったのだが、それを火曜の会のメンバーに見せたあと、こういうものがあると夜もおちおち眠れないといって例の非常持ち出しの風呂敷にしまい込んだ。伊勢が、こんなものは泥棒が盗んでもどこへも売れないでしょうと言うと内藤は、いやどこかに売ってくれればいいのだが分からん奴はこんなものだったのかと破ったり捨てたりするかもしれないからそれがこわいのだ、と答えたのだという（宮﨑市定「内藤史学の真価」）。この内藤の返答がいかにも蔵書家らしく、伊勢とのやり取りもおもしろい。

古書をめぐって暗闘

内藤が蔵書家であったことはよく知られる。それも明治三二年三月、三四歳の時に火災に遭って蔵書を焼いてもなお、である。内藤は古書の蒐集については実にまめであった。大阪の古書店鹿田松雲堂の古書をめぐってのいわゆる「暗闘」はよく引かれるところである（神田喜一郎「鹿田松雲堂と内藤先生」）。それは次のようなものであった（『古典聚目』第百号）。古書店鹿田松雲堂では目録が刷り上がるとその一部を神棚に供え、そのあと出入りの若衆が総がかりで得意先に配達しまた郵便で出す。この目録が出されると、鹿田と親しい内藤をはじめ濱和助・永田好三郎・水落露石・内越竹三郎・水谷不倒・磯野秋渚ら蒐集家の面々は目録を手にするやいなや大急ぎで一覧し、欲しい書物に印をつけ松雲堂の店に馳せ参じて二階の座敷に詰めるのであった。大阪市史を編纂した幸田成友は暗闘の好敵手内藤のことを、「内藤翁の如きは平素朝寝坊であられるのにこの日に限って殊にお早い」と皮肉交じりで評している（『古典聚目』の幸田成友懐旧談）。二階の座敷では面々が古書目録記載の現物を確認するため店員が幾度も上り下りをする。うまく目的の書物を獲得して意気揚々の人もあれば、中味と外題とが一致せず首をひねる人もいる。時には同じ書物に購書の希望が重複することがあり、主人が困り果てて、宜しく御妥協を、と階下に降りていったこともあった。こうして松雲堂の古書をめぐっての暗闘が悲喜こもごものうちに繰り広げられたのである。

内藤がこの鹿田松雲堂から書物を買い始めたのは明治二六年頃からというから、内藤が政教社を辞し、大阪朝日新聞客員となった高橋健三の私設秘書として大阪にやって来た時期からである。内藤は明治二九年四月から大阪朝日に「関西文運論」を連載したが、その資料として高橋の文庫で足らない場合には松雲堂から拝借して参照したと言い、第二代鹿田静七はそれに対して親切に内藤を援助した。内藤が明治二九年一二月に大阪朝日を退社して東京に引き揚げる際、千余冊の古典籍を長持ちにいれて郵船便で送り出したのだが、それはほとんど鹿田松雲堂から購入したものであった。内藤はこの書物を三二年三月の火災でほとんど焼いたのであった。

この鹿田松雲堂の周縁には、幸田成友のほかに島文次郎（京都帝大図書館長）や今井貫一（大阪府立図書館館長）らも集い、また湯浅吉郎（京都府立図書館長）もいた。いずれもその図書館や資料室でよい資料を何よりも欲しがっていた時期であり、かれらはその責任者であった。個人の蒐集だけでなく、図書館など機関の蔵書集積をめぐって「面白き暗闘」（『古典聚目』の内藤虎次郎懐旧談）が繰り広げられていたといっても決して過言ではない時代状況にあったのである。

この「暗闘」に加わっていた今井貫一が館長を務めていた大阪府立図書館は明治三七年に開館している。その前年に今井は館長に就任した。今井は就任挨拶のために大阪朝日新聞を訪問したが、この時新聞社で記者の西村時彦や内藤虎次郎に会っている。初対面ではあったがこの二人は、大阪の地に図書館が設置されることを待望していたと言い、今井に図書館の蔵書の重要性を説いた。その後にも今井は、大阪大手町の内藤宅をしばしば訪問して資料収集についての教えを乞うている。漢籍の収集の話題になると内藤は書庫から『書目答問』を取り出して一、二、三と購入順序を朱で記入して購入する順番を示したのだという（多治比郁夫「西村・内藤両先生と大阪府立図書館」）。

このように内藤は自分自身の蔵書を豊かにすることだけに終始したのではなく、図書館における資料収集や蔵書構築に大きく力を貸していたのであった。こうした内藤の姿勢は、のちの文科大学教授らにより研究室など備え付け資料の集積にも生かされてきたやり方でもあり、銘記されてよいことかと思う。大阪府立図書館では、内藤が亡くなった翌年の昭和一〇年三月に、図書館を会場にして内藤の遺蔵書から約百部を選び、「恭仁山荘善本展覧会」を開催した。図書館では『恭仁山荘善本書影』も刊行したのだが、これも先のように今井館長との交友があってこその展覧会であった（多治比郁夫「大阪府立図書館の展覧会」）。

これらの書物は、昭和一三年に一括して武田薬品の創業家である武田家に譲渡されその文庫杏雨書屋に収められた。この恭仁山荘善本の譲渡にあたっては、羽田亨京都帝国大学附属図書館長（のち総長）が、同附属図書館の司書官を退任した山鹿誠之助（昭和一二年退任）にその解題の作成を依頼し、それは昭和一四年一二月に完了して武田家に渡された。昭和六〇年になりこの山鹿の解説を付して『新修恭仁山荘善本書影』があらためて刊行されたのだが、そこには羽田亨の子息明氏が、杏雨書屋館長として「序」および「内藤湖南博士と恭仁山荘善本」、それに「山鹿誠之助氏略伝」を書いている。書目・解説作成者のようにいつも影にいる存在に対しても忘れず紀念する姿勢には頭がさがる思いがする（「小展示　府立図書館展覧会の歴史」）。これら杏雨書屋に収められた善本のほか、石刻の拓本、元朝や清朝関係の典籍などは京都大学人文科学研究所に、さらに恭仁山荘に保存されていた膨大な蔵書は関西大学へと所蔵されることとなり漢籍目録も編纂刊行されている（羽田「内藤湖南博士と恭仁山荘善本」、礪波「内藤湖南」）。

内藤は大正一五年八月に京都帝国大学を定年退職し、郷里毛馬内の蒼龍窟とよく似た環境の京都南部の瓶原に恭仁山荘を営んで晩年を過ごした。この内藤最晩年の瓶原恭仁山荘には昭和七年一一月に文学者郭沫若が訪問している。翌八年四月には湖北襄陽府知府（長官）の楊鍾羲が、内藤が亡くなる年の昭和九年四月には満洲国国務総理鄭孝胥が見舞いに訪れた。こうした訪問だけをみても内藤の、学者の枠にとどまらぬ交友の広さをうかがい知ることができよう。

内藤は死去の前年秋に郁子夫人と三宅雪嶺・花圃夫妻宅を訪れている。その時郁子は「御暇乞にまいりました」と言ったのだという。どちらにお出でですかと問うと、今生の御暇乞にまいりましたの、と郁子夫人は答えた。もうだめなのでございますからと、内藤の重篤な病状を、悲しそうな笑うような何ともいえない表情で報告した。実は内藤の父十湾が胃病で重篤の折にも三宅の家にやって来たことがあって、そのことと重ね合わせて花圃は胸の張り裂ける思いがしたと追想している（三宅花圃「内藤博士の追悼」）。湖南内藤虎次郎はこの翌昭和九年六月二六日瓶原恭仁山荘において死去している。そして二九日には鹿ケ谷の法然院墓地に葬られたのであった。

桑原隲蔵

工房としての書斎

北州桑原隲蔵は明治三（一八七〇）年、福井県敦賀市の鳥の子紙をつくる製紙業の家に生まれた。父親の久兵衛は負けず嫌いの性格で、明治維新期に和紙製造業者が洋紙業者に押されて次々と転業していくなか、死ぬまで和紙製造をやめることはなかった。そんな久兵衛は、桑原が京都帝国大学教授になった後でも敦賀に帰ると桑原に命じてガンピやミツマタを棒でたたく作業をさせた（桑原武夫「桑原隲蔵小伝」）。当初は高等小学校で学業を終えるところだったのだが、桑原の成績がよかったことから、父親が新聞に載っていた山城の三山木中学に入れようと京都の取引先の金糸業米田嘉七に頼んだところ、米田は京都市内にいい学校があると京都府京都中学校に入れてくれた。この三山木中学というのは京都中学のほかに京都南部の山城地域にも設置されたもので、募集定員を満たさなかったために明治一七年一〇月に追加募集の広告を大阪朝日新聞に出したことから（『田辺町近代誌』）、その新聞広告を父親がみたという次第であろう。桑原はと言えば、自分は三山木中学に入学したと当初思い込んでいて、「三山木中学校一年生」と手帳に書いていた。この手帳というのは、紙屋の父親が上質紙を袋とじにして作り餞別に贈ったものだった。それは父親から上洛する息子への餞ではあったのだが、父親にしてみれば毎日の金銭出納を書き記させるための手帳でもあった（桑原武夫「父の手帳」）。

桑原は勉強家で、中学を首席で過ごした。明治二四年には大津でロシアのニコライ皇太子が津田三蔵に切り付けられるという事件が起こったが、京都で療養中だった皇太子を学生代表として病床に見舞ってもいる。中学を終えた桑原は第三高等中学校に入学した。この同期には浜口雄幸や幣原喜重郎らがいた。その後桑原は東京帝国大学文科大学漢学科に進んだ。卒業後は大学院に進学し東洋史学を学んだ。大学院同期には文科大学教授となる内田銀蔵や原勝郎らがいた。大学院在学中に『中等東洋史』二冊を著したが、それが教科書に採用されてそれ以後桑原家では金銭的には困ることもなく、家を買い書物の蓄蔵にも励むことができた。その蔵書数は内藤虎次郎と並んで京都大学の学者のなかで屈指のものであった（桑原「桑原隲蔵小伝」）。

明治三一年八月に第三高等学校教授、三二年東京高等師範学校教授となった。明治四一年七月には矢野仁一と三島海雲ともども一ヶ月半にわたって東蒙古地域を旅行している。桑原は『支那の孝道』と題した書物を大正元年に刊行するが、昭和一〇年にはこの三島海雲が再刊し、戦後の昭和四〇年にカルピス文化叢書としてふたたび三島の手で刊行されることになる。三島は北京で「日華洋行」を設立して活動をしていたのだが、その時に北京で小島祐馬にも会っている。その後モンゴルで現地の人びとと生活して乳酸菌飲料と出会いカルピス社を興して成功した。

さて桑原は明治四二（一九〇九）年四月には京都帝国大学の文科大学教授となり東洋史学第二講座を担当した。東洋史学第一講座は内藤虎次郎と富岡謙蔵講師、史学科には国史学の内田銀蔵・三浦周行、西洋史学に原勝郎、地理学小川琢治、また支那文学科には狩野直喜がおり京都帝国大学文科大学草創期の充実した教授陣であった。

桑原の学問のやり方について貝塚茂樹は、桑原は内藤虎次郎とちがって、たとえば漢時代の法律のことなどを聞きに行ったとしても、調べたことのない事項については、我が輩には言えないとして、見当をつけて答えることなどは決してしなかったと回想している（貝塚茂樹「桑原先生と私」）。こうした実証性は日々の講義においても発揮されていたようで、倉石武四郎が東京帝国大学の大学院を一年でやめて京都帝国大学の大学院に移って桑原宅に挨拶に出かけたところ、桑原は明日の講義の資料の下読みをしていて今日は会えないと気の毒そうに言った。それが毎年のいわゆる「普通講義」であっても午後から下読みをはじめるといろいろと問題が出てきて結局夜明け近くになってしまうというのであった（倉石武四郎「桑原隲蔵先生」）。そんな下読みをしたノートや資料を桑原は風呂敷に包んで授業に持ってきたが、授業では名刺ほどの小さなメモを左手に持って時々それを眺めて授業を進め、時おり年号や出典などに不審な点があると、やおら風呂敷をほどいて手際よくノートや資料を確認してすぐに丁寧に風呂敷にしまって結んだ。風呂敷のなかのノートなどをみたとしても、すでに板書した年号などを訂正する必要などはまったくなかったという（戸倉広「桑原先生の名講義」）。そのように桑原の研究や講義は精緻堅実で実証に裏打ちされたものであった。

桑原隲蔵や内藤虎次郎そして狩野直喜に師事した宮崎市定は、当時の京都帝国大学東洋学の学風は、内藤と桑原とで代表されていたが、この両者の相違は、桑原はドイツ流、内藤はフランス流とでも言えると述べている。桑原は史料を積み上げて理詰めで論を進める一方、内藤は広範に史料を集めてもそれを全部表面に出さないで必要最小限をつかまえて結論に到達させる。そして桑原は謹直で、時に冗談をいい憤慨されても脱線することはないが、内藤は談論風発、問題ない話題であればずいぶん際どい話もされた、と回想する（宮崎「内藤史学の真価」）。

そのように桑原は史料を重視することから、例えば索引のない資料は不便であり非科学的であるとして、自分でもカードを作ってそれを参照した。卒業論文の試問のときにでも桑原は提出された卒論に引用のあるものはその原典にあたり、間違いがあると論文に書き込んだものを自分のメモに書き写してその場で指摘をした。そのように史料そのものを重視し、その手段としてのカードも自分で作成をしている。塔之段藪ノ下町に移った桑原は二階の八畳に書斎を持ち、部屋の中心に座って仕事をした。部屋の一隅にはカードボックスが置かれてあり、のちに論文になるテーマごとに抜書きなどをしたカードが分類整理されていた。部屋の中央に座った桑原の周りには、参照した資料が放射線状に広げて並べられて部屋中に広がる。その該当ページが風で吹き飛ばされるのを嫌がって夏でも障子を閉め切り、蚊の嫌いな桑原は蚊いぶしをもうもうと焚いて勉強していた。貝塚茂樹はこうした桑原の書斎を「工房」といい、この工房に閉じこもっての精魂を尽くされた桑原の史料蒐収の跡をこのカード箱によって目の当たりにみることができる気がするとその勉学のさまを伝えてくれる（貝塚「桑原先生と私」）。

こうした営為により桑原の論文などには実証を目的として多くの注が付されており、それが「実証の堅牢さを以て有名」とされる所以であった。こうした桑原論文の注の実証性や有用性は授業の課題にもなったりもする。羽田亨は学生への演習の課題として、桑原の「支那人を指すタウガス又はタムガジといふ呼称に就いて」を選び、この論文の引用文と参照論文とをひとつひとつあたってその引用が正しいかどうか、そしてそれだけの根拠でこの議論が成立するかどうかを吟味せよ、という課題を学生に出したりした。そうした授業での演習の課題に耐えられる参照と実証であったというわけである（藤枝晃「三つの学恩」）。

一方の内藤は、史料に全面的には頼ることはなく、例えば卒業生らもよく集まる支那学会で、小川環樹が友人とともに卒業論文の発表をした時のこと、遅れてきた内藤が小川の友人の卒論の概要を聞き損ねたことから改めてその概略を聞いたとき、「君は史料を信用しすぎたね」と論評したという（小川「内藤湖南の学問とその生涯」）。これも内藤の学問への姿勢をよく表した発言であり、桑原と内藤との対比がよくわかるエピソードだと思う。

濱田耕作門下で歴史地理学の藤岡謙二郎は先の宮崎の回想を引いたあとで、桑原学風は羽田亨に継承され、内藤学風は濱田耕作に受け継がれ、宮崎市定はこの両者を受け入れて従来の考証学に裏打ちされた京大東洋史をいっそう幅広く豊かにしていったと述べる（藤岡『浜田青陵とその時代』）。人材を得て教官自らが資料的な環境も整えていくなかで、その学識が後世に引き継がれていくという、そんな豊穣な時代であったのだろう。

好事家趣味を排して

桑原は大正十二（一九二三）年上京区塔ノ段に転居しているのだが、この頃の桑原は『サンデー毎日』にも読み物を書いている。「支那の孝道」などには週刊誌や日々の新聞からの参照もあり、学術書だけでなく幅広く資料を見渡していたということのひとつの表れであったのであろう。桑原隲蔵全集の編纂にあたった宮崎市定の回想によれば、この『サンデー毎日』の桑原執筆記事発見の次第は次のようなものであった。宮崎が京大を定年退官し、研究室の資料を浄土寺の自宅に持ち帰った時期、部屋が手狭になりもう資料は買うまいと決意した矢先のこと、古書店の前を通ると初期の『サンデー毎日』（創刊は大正一一年四月）が百冊ほどまとまって出ていた。どんなことが出ているかと、つい懐旧の念もあり一山を買って帰った。ちょうど桑原全集の仕事に追われていた時でもありこの『サンデー毎日』は縁側に放り出されていたのだが、それを宮崎夫人が手に取ってグラビアや洋装・髪型などを眺めていた。そんな時夫人が「あら桑原先生の文章が載っている」と声を上げたのだという。こうして『サンデー毎日』の記事が見つかり、全集に収録されることになったのであった。他にも京都帝大教員の記事も散見できたというが、こうした京大教官による執筆も、当時京大国文の卒業生で大阪毎日新聞社京都支局の記者をしていた岩井武俊が京大に出入りして記事の材料をさがしていたからであろうと宮崎は推測をしている（宮崎市定「桑原先生と『サンデー毎日』」）。

時代は昭和へと移っていく。京大東洋学の草創期を生きた内藤虎次郎が昭和元年にかわる大正一五年八月にまず定年退官する。昭和三年には狩野直喜が退官した。桑原は昭和四年八月に大学での夏期講習会で無理な講義をした後に喀血し授業も休んで静養し、昭和五年一二月に定年退官している。京都帝国大学東洋学の草創期を築いた三人が相次いで退職をしたことになる。その桑原は昭和六年五月二四日に塔ノ段の自宅で亡くなった。桑原が蓄蔵した蔵書は遺言により子息桑原武夫から京都帝国大学に寄贈され、現在文学部に桑原文庫として保存されている。目録は『桑原隲蔵博士所蔵図書目録』で、『桑原隲蔵全集　別巻』に収載される。ちなみに桑原は、学者は公刊された業績のみにて評価されるべきでありプライベートは無視すべきとの考えを持っており、桑原の全集刊行にあたって日記や書簡、メモ類は一切収録されていない。この桑原の持論を編者の桑原武夫らは守ったわけであるが、これも桑原らしく、ひとつの見識であると思う。

桑原の蔵書も内藤の蔵書も、ともに膨大なものでその学問の体系を形作っていくために必要な蔵書群であった。内藤のそれは稀覯書を含んだ幾分趣味的な資料も交えた「シナ士大夫の蔵書」を思わせるのに対して、半ばを洋書が占めている桑原のものは、「好事家趣味を排した」西洋科学者の蔵書を思わせると吉川幸次郎は評している（吉川幸次郎「桑原隲蔵博士と私」）。

宮崎市定は、京都には東京における東洋文庫の役割を果たす資料群がなくて、頼るべきものは京都大学文学部の蔵書のみだったがその文学部東洋史研究室の購入図書は主として桑原が選定したものであったと述べている。当時教室副手だった宮崎は桑原がマークした洋書を大学に所蔵があるかどうかの副本チェックをした。こうして研究室用と桑原個人の蔵書とを切り分けて購入することによって、大学に所蔵された資料と桑原没後文学部に寄贈された桑原文庫の資料とがあいまって効率的に利用することができるのだとその有り難さを語っている（宮崎市定「叙言」）。

桑原は昭和六年五月二四日に死去したが、その墓誌銘は狩野直喜に依頼するようにとの遺言が残されてあった。子息武夫にとって、「シナの文人も恐れをなす」という狩野に撰文揮毫をしてもらうのは切望するところでもあり、さっそくそのように狩野に願い出ると快諾され、墓石の正面に桑原と夫人の名、左右両側にそれぞれの略歴を書いてそれを刻んだ。存命の夫人のものは依頼したわけではなかったが、没年享年のところを空白にして原稿用紙に書いたものを渡してくれた。狩野は桑原武夫に、あなたのお母さんより自分（狩野）の方が先に死ぬに決まっているが、お父さんのものとあまり形が違っているとおかしくなるから文章は自分がこしらえておいた、書は鈴木虎雄にでも頼むんだなと言ったという（桑原「君山先生」）。こうして桑原の墓誌はつくられた。その墓碑のもと桑原隲蔵は黒谷金戒光明寺東墓地の東端に夫人とともに眠っている。

小川琢治

小如舟書屋

如舟小川琢治は、明治三（一八七〇）年に紀伊の田辺に生まれた。父親は浅井篤といい南溟と号する儒者で紀州藩の支藩田辺藩の藩校修道館の教授であった。小川は小学校には行かず父親の塾で漢学を学んだ。父親が実業家濱口梧陵の創設した学塾耐久社においても教えていたことから、小川は梧陵の所蔵していた漢籍を自由に読むことができた。父親に教わったというより父親が教えているのを傍で聞いていて漢学を覚えたというわけで、これが小川の「支那学の原点」であった（「小川琢治博士」）。和歌山中学に入学するも在学中に上京した。当初は浅井家の家計を助けるため海軍兵学校に入学するつもりだったが身体検査で合格しなかったことから一高に入学する。一高時代に哲学をやろうとしたこともあったが、地質学を目指すことになったのは、紀州に帰る途中に濃尾大震災の惨状を見聞きしたからであった。帝国大学理科大学に進み地質学を専攻、卒業後大学院に進むも明治三〇年一月に退学して農商務省地質調査所地質課に勤務した。明治三三年一月にはフランスに留学する。明治四一（一九〇八）年五月になり京都帝国大学文科大学教授に迎えられ史学地理学第二講座を担当した。一校時代の同級であった狩野直喜が招聘したとされる。また、地理学が独立した講座として開設されたのは史学科開設委員であった内田銀蔵の力も大きかった（「小川琢治博士」、『京都帝国大学文学部五十年史』）。

なお昭和一六年一二月一五日の日付を持つ小川琢治遺著『一地理学者之生涯』の「後記」は小川琢治の子息五人の連名となっているが、その末尾に、一校在学時代以来終始ご厚誼を忝くした狩野君山博士からは病をおして題簽を賜ったとあり、狩野と小川との交友の長さ深さもよく知れるところだ。また内藤虎次郎との縁も深い。内藤が京都帝国大学に招聘されたのは明治四〇（一九〇七）年であったが、それ以前の明治三六年にはすでに内藤とは知り合っていた。内藤が『台湾日報』の主筆として台湾に渡るときに、内藤は小川の『臺灣省臺灣諸島誌』（明治二九年　東京地學協會）を読んでいて、そんなことからお互いの家を行き来していた。

吉川幸次郎は、小川と狩野とが北区小松原北町にあった福井崇蘭館に宋版を見に出かけたときにご一緒したと回想している。崇蘭館とは、御典医福井榕亭の文庫で、福井家邸宅は黒門元誓願寺にあったとされる。明治一〇年頃に小松原北町に邸宅と庭続きの茶室亦楽庵《えきらくあん》が福井恒斎により建てられたが、今この茶室は明治村に残る（杉立義一「典医・福井榕亭・棣園」）。いずれにしてもこのように、どこかで書物が友を呼び、友がまた書物を呼んで交友が始まるといった人と人の繋がりが生じて、後年にまたともに仕事をしたりするという縁となるわけであり不思議なものである。

小川はその書斎を小如舟書屋と号した。その命名は蘇東坡「子由に戯ぶる」の「宛丘先生長《たか》きこと丘の如く、宛丘の学舎小さきこと舟の如し」からとったという。この詩の該当部分を小川環樹注により読み下しを示すと次のとおりである（貝塚茂樹　小川環樹「小如舟書屋中国書画目」、『中国詩人選集二集 第五巻　蘇軾上』）。

戯子由　　子由に戯ぶる
宛丘先生長如丘　　宛丘先生 長なること丘の如く
宛丘学舎小如舟　　宛丘の学舎 小なること舟の如し
常時低頭誦経史　　常時 頭を低れて 経史を誦す
忽然欠伸屋打頭　　忽然として欠伸すれば 屋 頭を打つ
斜風吹帷雨注面　　斜風は帷を吹き 雨は面に注ぐ
先生不愧旁人羞　　先生 愧じず 旁人 羞とす

小川は漢詩もよくし宮﨑市定が昭和七年二月に召集されて上海に出征したときに送別の詩を贈っている。名手鈴木虎雄がいつも漢詩の相談相手であったというから、その腕のほどが推し測られる。当時京都の自然科学者のうちで漢学が出来たのは天文学の新城新蔵や化学の近重眞澄らであるが、「やっぱり玄人は小川さんだけ」とは吉川の言である（「小川琢治博士」）。

新着の洋書を見ながら講義

小川のこの小如舟書屋には書物だけでなく中国の古書画も収蔵された。小川は大正五（一九一六）年六月に山東省の山東鉄道沿線の地質調査に出かけた時、調査を終えて青島から乗船する前に骨董屋で唐代の王維の輞川図巻《もうせんずかん》を北宋の郭忠恕が模して描いたものを購入したことがそもそもの蒐集のきっかけであった。帰国してから同僚の内藤虎次郎にみせたところ内藤はたいへんに関心を示して夜遅くまで調べた末に一週間ほど借りていくと持ち帰った。小川は、あの鑑識眼のある内藤がこのように興味を示したということに面目をほどこしたと思い、それから病みつきになって中国古書画の蒐集が始まった。その後も中国に出張をするたびに購入し、中国の山水画と地理景観との関連性をさぐろうともした。小川はそれらの全貌を明らかにしようと考えたのだがそれを果たすこともかなわず昭和一六年に死去してしまった。小川の蒐集した書画は東京在住だった芳樹のもとに移された。ところがこれらは戦火により焼失してしまい、研究のために京都の茂樹の手元に持っていた約一〇点だけが残された。小川の書画はカードに残されていて七〇点に上るが、茂樹は小川の遺志を受けてその後に蒐集に努め、昭和五八年に第三一回国際東洋学会が東京および京都で開催されるのを記念して京都百万遍の思文閣美術館で展覧会を開催したのであった（「小如舟書屋中国書画目」）。

これは小川の書画についての蒐集であったが、こうした意思は京都帝国大学文科大学地理教室での蔵書構築にも向けられ、京都大学の地誌コレクションの基礎を築いた。その収集熱はすごいものので、文学部地理教室の日本の絵図はその多くが小川の時代に集めたものであるとされる。小川の古書好きは農商務省地質調査研究所長和田維四郎《つなしろう》の影響でもあった（「小川琢治博士」）。和田は安政三（一八五六）年生まれの鉱物学者で、官営製鉄所の二代目長官、和洋の古文書文献の蒐集家として有名な人物である。

この時代の京都帝国大学文科大学の教官は、研究や教育のための資料収集に精力を傾注し時間と労力を惜しまなかった。小川についても武勇伝が伝えられていて、小川の授業中に、書店丸善の小僧さんが大学研究室に本を納めに来たのだが、小川が教室で授業をしていると聞いたのであろうか間違えて教室に入って来たことがあった。その小僧さんは授業中であることを知りあわてて教室から出ようとしたのだが、小川は小僧さんが地理関係の洋書を何冊か持っているのをみつけて、ちょっと待て待てと二、三冊を取り上げここにおいておけと言い、それらを持ってすぐさま、それを見ながら日本語に訳して授業をしたという。語学に優れていたことを物語るエピソードであると同時に、常に新しい文献に目を向けていたこと、東西を通じて博学であったことがよく知れるところである（「小川琢治博士」の日比野丈夫や吉川幸次郎の回想）。

大正九（一九二〇）年に小川は、文学部の史学地理学第二講座から理学部の地質学第二講座へと移った。現在の大学事情から考えると、文学部から理学部への移籍も異例に見えるが当時はそんなに不思議なことでもなかったのであろう。三男の湯川秀樹は父親への回想文のなかで、小川は地質学と地理学をどちらも専門と思っていたし、自然科学と人文科学のどちらかひとつを専門にやっているという意識さえなかったと述べている。そういう時代でもありまた小川の時代の学者は、そんなに専門にこだわらず、広範に書物を蒐集してもいて、違なる領域の学者同士の交流にもわだかまりがなかったのであろう（湯川秀樹「父小川琢治の思い出」）。

湯川は、この「専門」ということに関しての興味深い回想を記している。湯川が大学を卒業し物理学の勉強を続けていてまだ論文も書かず物になるかどうかわからない状態だった時のこと、湯川は小川から「自分の代わりに数理地理学の本を書かないか」と言われたことがあった。物理学をやっているから数学もできるだろうということで、当時は専門意識があまりなかった、という文脈につながる文章である。のちに小川は『数理地理学』を出版したが、湯川は「残念ながら私はそれに対して何らの貢献もしていないのである」と小川執筆の経緯を述べている。当時の研究分野のこともうかがわれ、また後年の湯川秀樹の研究を考えあわせてみると、たいへんに興味をひかれる回想になっている。

小川は地理学の教科書も書いたが、当時奥付には検印というものがあり、教科書が印刷される時期になると湯川家の兄弟たちはこの検印を押す役目を言いつけられた。それを相当枚数押さねばならず途中で嫌になるのだが、母親が「こういう別途の収入があるから、大勢の子供たち全員に高等教育を受けさせることができるのです」と語ったという。

昭和五（一九三〇）年小川は京都帝国大学を定年で退職した。小川が亡くなったのは昭和一六（一九四一）一一月一五日のことである。墓所は黒谷金戒光明寺墓域の南側にある。その墓碑の裏には、小川芳樹・貝塚茂樹・湯川秀樹・小川環樹・小川滋樹と名が刻まれていたかと思う。よく知られるように芳樹は長男で冶金学、茂樹は次男で東洋史、秀樹は三男で物理学、環樹は四男で中国文学、そして五男滋樹《ますき》は惜しくも戦死した。小川琢治にはこの五人の子息がいたのであるが、辞典には、時に「長男小川芳樹（冶金学）、次男貝塚茂樹（東洋史）、三男湯川秀樹（素粒子理論）、四男小川環樹（中国文学）がある」といった説明がされる（『日本近現代人名辞典』など）。小川にはこのように戦死した五男滋樹もいたわけであり、辞典にそうした記載があってもよいのではないかと思ったりする。また先の辞典の「序」には、墓所の記載にも努めたとあってこれは大変にうれしいことだ。近年地域の図書館や博物館において郷土の文学者や学者らの事績が調査されてホームページに載るが、墓所の調査もその顕彰の一助になるのではないかと思う。

濱田耕作

カフェ・アーケオロジー

青陵濱田耕作は法然院の墓域に内藤虎次郎と並んで眠る。東方文化学院京都研究所の建物が濱田の意向に沿ってスパニッシュ風僧院の設計で建てられたことはすでに述べた。当時京都帝国大学の陳列館にあった濱田の考古学研究室にはよく人が集まり、毎回座談会、茶話会といった様相を呈した。大阪毎日新聞社京都支局長岩井武俊はそのさまを、カフェ・アーケオロジー（考古学カフェ）と名づけた。ここではこのカフェ・アーケオロジーに集う人びとの書物をめぐる交友について述べてみたい。

陳列館の考古研究室は、濱田の教授室を真ん中におき、その両サイドは研究用図書の置かれた助手室と文物整理の作業室だった。このふたつの部屋は真ん中の濱田教授室を通り抜けて行き来することができた。つまり濱田教授の部屋はオープンな通り道であり、助手や学生はここを通って資料の閲覧に行きまた作業をした。研究室備え付けの本も、貸出簿に記入するだけで借りることができた。濱田はこの空間を、自身の仕事場であると同時に教室全体の共同の研究の場と考えていたのである。つまり「先生を師匠とする研修所というか、アトリエというか、独特の雰囲気」を有する空間となっていたのである（長広敏雄「濱田青陵を憶う」）。

教室には、古銅器や仏像の鑑定の依頼でやって来た来客からのお礼のお菓子や果物がたくさん届いた。依頼者が鑑定などのお礼はどうしましょうかと聞くと濱田は教室の誰かに、菓子はまだあったね、今日は八尾文から果物を届けさせようか、と尋ねて供給をしていた（末永雅雄「濱田先生の勉強法」）。そして午後四時頃になると濱田は自分の仕事を中断し、このカフェにやってくる。時には小川琢治や新村出、また羽田亨や内藤虎次郎らも入ってきて教室のメンバーが雑談をするという仕組みだ。みなが思い思いに気焔をあげ、時には学問上の話題に口角泡を飛ばすこともあった。それでもそれは堅苦しいというわけではなかった。そして濱田はというと、五時になるとさっと話を切り上げて研究室に戻っていく。濱田は、こうした「大魚小魚の魚の寝床として居心地のよい」サロンで語り合うということの大切さを思うと同時に、「師匠のいない研究室の時間と空気」もまた必要であるということをよく心得ていた。この座談は非常に有効であったとカフェに集った人たちは回想している。先の研究所建物の設計も、濱田が座談の時に見ていた雑誌から着想を得ており、カフェ・アーケオロジーの座談のなかから生まれたといってもよいわけだ（藤岡謙二郎「カフェ・アーケオロジー中にかもし出された浜田学の現代的意義」、有光教一「島田貞彦さんを偲ぶ」、山根徳太郎「在りし日の濱田先生」）。

このようにこのカフェで語られる碩学らの話題は、茶話会であったとしても旅行譚であったとしても、それらは碩学の「読書」の成果として研ぎ澄まされた内容に裏打ちされたものであったろう。短い会話の端々にはその背後の万巻の書、博覧強記の内容が込められたものであったわけだ。それらは書き留められるわけではなく、またメモにとるといった性格のものでもなく、ただただ聞く者の記憶の底に沈殿してそこからまた新しく芽を吹き出すという性格のものであったのである。

民俗学や考古学の出版を手掛けた岡書院の岡茂雄は、このカフェで小川琢治と濱田耕作の「子誉め争い」を拝聴した。またあるときこのカフェに現れた小川琢治から、これからどこに行くのかと問われた時に、田辺の南方熊楠さんへと答えると、君は南方の手紙が読めるのかいと言われ、商売だから読めなくては困るでしょうと応えると、ホー南方の手紙が読めるとは大したことだよと言って一座を笑わせたりした。岡は、『人類学・民族学（ママ）叢書』の目鼻をつけることができたのも、流産したものの『人類学・民族学講座』の企画も、民俗学・考古学誌『ドルメン』も、このカフェで生まれたのであったと回想する（岡茂雄「無愛想な青陵先生」）。

この後者の『人類学・民族学講座』については岡が後日談を書いているので紹介しておく（「『人類学・民族学講座』流産始末記」）。昭和五年の不況で出版の行き先を思案していた岡は単行本を一時手控えて講座ものを刊行することとし、人類学・考古学や民族学に関する講座物の刊行を企画した。さっそく砧村に柳田國男を訪ねて相談すると、おもしろい、岡書院が企画するなら競争者は誰も出まいと励まされた。そこで京都に飛んで濱田に協力を願い出て快諾され、考古学教室の梅原末治や島田貞彦にも話を通してもらった。さらに岡は新村出や清野謙次、清野の教えを受けた三宅宗悦らを歴訪して支援の約束をもらって構想を練り、秋になってようやく発表するところまでこぎつけた。ところがこうして発表をしようとしていた矢先のこと、京都から梅原がやってきて、岡さんはこの講座の刊行をやめることになったのだそうですねと問われる。驚いて聞き直してみると、柳田が言うには岡書院はこの講座の刊行を中止したと言っているとのことだった。岡はそんなことは絶対にない、明日にでも砧村に柳田を訪ねて報告するつもりだというと、妙ですね、では濱田先生にはそのように伝えますと言って梅原は京都に帰っていった。

そして岡はそのあと友人から、四海書房『歴史教育』に挟み込みの『郷土科学講座』の刊行予告を見せられる。そこには監修者の筆頭に柳田國男があがり、内容の多くは岡の企画していた

『人類学・民族学講座』と類似のものだった。岡は激憤を抑えられずこの『郷土科学講座』の有力執筆者のひとりである折口信夫のところに事情を聞きに出かけた。折口は岡と対面すると、申し訳ない、柳田先生にあまり言われたので岡さんにすまないと思いながらも承知してしまった、と頭を下げるばかりであった。岡はその真相がわかって、これを強行すれば執筆者が困惑することになるだろうと心配し、この講座刊行から手を引こうと決意した。そして京都に濱田研究室を訪ねて濱田に会い、企画を放棄するに至ったこの事情を説明した。すると濱田は、実は少し前に柳田さんがやってきて、岡書院があの企画をやめたので別の書店の企画を手伝うことにしたから協力を要請された、しかしながら自分は岡から直接事情を聞いたうえで考えると言って断った、そして教室の梅原らに対しては思うようにしたらよいと言ったのだという。岡はこの濱田の道義をふまえた至当な処置に対し大いに感激をした。

さらに北区小山中溝町に住む新村出を訪ねたところ、親しい友人である柳田がそんなことをするとはまことに残念だ、近く上京するからその時に直接その理由を聞いてみたらいいと言ってくれた。そして新村が上京して来た時に、岡は新村とともに砧村の柳田邸を訪問したのであった。新村は、岡が所用で柳田邸に行くというので久しぶりに会いたいと思って一緒にやってきたのだと柳田に来意を告げる。しばらくして新村は、書物を見せてもらおうといって席をはずしてくれて岡と柳田を対座させた。そこで岡は柳田に対して、四海書房に予告広告が出た件について質問を浴びせた。柳田は、君がやめたと聞いたからだと言い、それは誰から聞いたか、なぜ確かめなかったかと押し問答を繰り返し、あげくに柳田が、君とはいつでも話は出来る、今日は新村が遠くから来たのだから今はそんな話はやめたまえと不快感を示して叱責した。新村は書架から顔を出して、ぼくのことはかまわないから用談を続けてくれたまえと言ってくれた。岡はそこで、いえ用談はもう済みましたからと応え柳田との話を打ち切った。帰りの車の中で新村は、柳田が困っていた様子がよくわかった、柳田は悪かったとはなかなか言えない性格だからあれで我慢してやってくれたまえとなだめるように言った。結局岡書院からの刊行は中止となり、柳田らの監修により四海書院から『郷土科学講座』が刊行されることになるのだが、この四海書院の予告にあがっていた例えば渋沢敬三・南方熊楠・濱田耕作・宇野円空・松村武雄らは次の予告広告の時には名前が消え、また最後まで「交渉中」と出ている項目もあった。この『郷土科学講座』第一冊は昭和六年に出たが後続はなかったようである。

その後の昭和七年夏頃、柳田の弟松岡映丘に師事した民俗学の早川孝太郎が柳田の使いで岡のところにやってきた。柳田から例のこの講座を岡書院であらためてやらないだろうか様子をみてきてくれと言われて来訪したのだという。岡は、柳田本人が来て依頼をするならともかく、人を派して探りを入れるようなことをされて、はいやりましょうと言えるはずもないと、言下に断った。

この柳田の講座刊行意図について岡はこのように自身の推測をまじえて書いている。先の濱田のカフェ・アーケオロジーについて岡茂雄が、『人類学・民族学講座』について、流産はしたが企画は具体化したとあいまいな言い回しをしているのも、こうしたいきさつがあったからであった。そしてこの刊行をめぐってのいわばトラブルに対しても、岡書院に対する濱田の対応は実に誠実かつ原則的で理にかなったものであったのである。

その後も岡は、時を見て濱田のカフェ・アーケオロジーに参加した。先の回想にもあったように民俗学・考古学誌『ドルメン』もここから醸成されたのであった。昭和五年から六年にかけて「Y先生の食言、詐謀」で講座企画が覆されて失意に沈んでいた岡であるが、昭和六年秋頃、人類学・民族学の話題や研究を「囲炉裏ばた」で気ままにしゃべってもらうようなそんな雑誌の刊行を思いつく。同学の若い研究者もそこでは遠慮なく語り合うことのできるそんな堅苦しさのない和やかな団らんを持ち合わせた炉辺としての雑誌であるが、そこにはもちろん斯学特有の雰囲気も当然に醸《かも》し出されている、そんな雑誌である。先の企画について岡は柳田には痛い目にあわされたことから、今回は柳田にはこの創刊のことは打ち明けないで、まず京都に出向いて濱田考古学教室を訪問し腹蔵なくその雑誌の意図と性格を説明した。すると濱田は、それは面白い、やってみたまえ、みんなで応援すると応えてくれた。そして雑誌の名前はと問われ、「ドルメン」を予定していると答えると、僕は嫌だな墓のにおいがしていかん、との感想であった。それでも濱田は、とにかくみなに集まってもらって意見を聞いたらいいと言ってくれる。そして電話で召集をかけてくれたのだが、集まった面々は、清野謙次・新村出・金関丈夫・三宅宗悦、それに考古学教室の梅原末治・島田貞彦であった。岡が雑誌刊行の意図をあらためて説明したうえで、濱田の発案により各自が思い思いの誌名を書き出すこととし、新村がその開票に当たった。結局最高点は「ドルメン」で、これに対して濱田は不満のようだったが、採決で決まった以上はこれに従うよと言い誌名が決定した。その濱田はのちに「ドルメン語」のなかで、ドルメンは元来は石卓状の墓所を指す言葉だが、もはや枯れ切った古い墓でもありすでに墓らしい感じはないのであるから縁起をかつぐ必要もなく、ただ巨石記念物として取り扱ってよいと、自分自身を納得させるような文章を書き、またドルメンと片仮名で書くより平仮名のどるめんの方が柔らかな感じを与えるように思う、と付け加えている（濱田耕作「ドルメン語」）。

こうしてこの『ドルメン』創刊のいきさつやその内容を考えてみると、『ドルメン』自体が濱田考古学教室のカフェ・アーケオロジーそのもののようにも見えてくる。岡は濱田のこのカフェの一員として団らんするなかで、このようなサロンとしての雑誌の創刊を思いついたのであろう。そしてこの誌名についても、カフェの何人かのメンバーにより、民主的というのか話し合ったうえでの投票で決められたのであった。この『ドルメン』には発刊趣意書が掲げられているがそこには、「「ドルメン」は人類学、考古学、民俗学並に其姉妹科学にたづさはる諸学究の、極く寛いだ炉辺叢談誌である。／其処には党心偏念なく、靄然たる歓談漫語の裡に智識の交詢が自から行はれ、和やかにして然かも豊かなる、斯学界唯一の公機たらしめん事を企図する」と書き出されている。この『ドルメン』の趣意書自体がまさにカフェ・アーケオロジーの意義を表明したものであり、岡はこのカフェの雰囲気をそのまま『ドルメン』に持ち込もうとしたにちがいないと思うのである。

この『ドルメン』も岡の事情から昭和一〇年に廃刊になる。復刊の声が高まる中、岡は再刊を決意し、今度は砧村に柳田を訪ねて再刊について意見を乞うた。玄関払いも覚悟の上で訪問したのだが柳田はご機嫌で、ぜひやるがいいと応え、何か書こうとも言ってくれた。こうしてドルメンは昭和一三年一一月に再刊第一号を刊行することになる。ところがこの昭和一三年の一一月といえば、再刊をもっとも喜んでくれたはずの濱田耕作はすでに亡くなっており、この雑誌は濱田の霊前に供えるという残念な結果になってしまった。その後この雑誌に濱田の「塔の話」が遺稿として掲載されるが、そこには梅原末治が附記を書いていて、『ドルメン』に対して濱田が「深い同情」を寄せていたこと、再刊についても多大の声援を送り、題簽の揮毫も快諾していたことを紹介している。そして梅原は再刊が生前に間に合わなかったことを遺憾に思うことから、この濱田の「塔の話」を新たに発見したので、『ドルメン』刊行と再刊の経過をよく知る者として遺族に無理をお願いして掲載することとなったと経緯を述べる（梅原末治「附記」）。梅原の恩師濱田に対する痛切な想いがよく伝わると同時に、濱田のこの『ドルメン』への思い入れの深さを梅原が教えてくれている。

こうしたカフェ・アーケオロジーの作風はその後のたとえば京都大学人文科学研究所での共同研究活動などにもよく継承されたようだ。そして今日さまざまな研究機関や大学で、このようないわば共同研究の試みがなされようとするのだが、さてこの濱田のカフェでの談論風発を通じて研究を醸成させようとした行き方が果たしてうまく引き継がれているであろうか、もう一度考え直してみるのも意義あることかもしれない。

濱田は、研究や教育活動のために、教室に備え付けるべき図書や文物を熱心に購入し集積した。濱田は自分のために買うのではなく教室のために資料を購入したのである。そうすることで、自分自身はもちろんであるが、教室のメンバーや資料の閲覧また訪書に訪れる研究者たちは、その資料の恩恵を大いにこうむり、結果として研究の進展に大きく資することとなった。ヨーロッパの学者が来訪しても、その資料の充実振りには目を見張った。こうして収集された資料は共同で共有の資源として濱田の時代の研究や教育に資することとなり、その後も大学の蔵書として現在に生かされる。濱田のこのようなやり方自体も、濱田が収集してきた蔵書群に込められて、ともに継承されてきたと言えるのである。

法然院の青陵塔

濱田は昭和一二（一九三七）六月に京都帝国大学総長に就任した。昭和一一年秋頃から腎臓の病を得ていた濱田は就任にあたって、それまでもよき相談相手であった羽田亨や清野謙次らに意見を徴した。彼らの意見は、総長にならなければまだまだ保ちうる寿命が総長就任によって縮められることになるかもしれないが、健康を害する徴候が生じたらその時辞任して静養につとめればよいだろうという意見であり、濱田は総長就任を決意した。国際文化振興会京都地方委員会委員長、日本学術振興会理事、日仏文化協会顧問なども務めたのだが、昭和一三年春頃から再び健康に害が生じてきて四月二七日になり医学部附属病院に入院してしまった。

古船をドックに入れていましばし 使はんとぞおもふ今日の入院

このように再起を期しての入院だった。

濱田の入院にあたっては医学部教授の清野が心配をして、清野の弟子で濱田からも薫陶を受けた三宅宗悦によく世話をするようにと電話で伝えたりもしていた。この清野は濱田と同じ大阪府尋常師範学校附属小学校の下級生で濱田の親友であった。昭和一〇年には文学部の「人類学」の講義を担当したりしていた。その関係については、先の岡茂雄のカフェ・アーケオロジー回想でも取り上げられる（岡茂雄「無愛想な青陵先生」）。濱田の清野への思いがよく感じられるエピソードであると思うので書いておく。

岡が初めて濱田宅を訪れた時のことである。岡は濱田への紹介状を用意し、京都田中野神町の濱田宅を訪ねた。濱田は岡を二階に通しはしたものの、出版社としての挨拶をすませるとすぐさま、「何もないですね」と不愛想に答え、取り付く島もない不愛想な対応であった。やむなく岡は辞することとして退出の挨拶をすると、これからどこへ行くんですと聞いてきた。こんな対応をされてこの後どこへ行こうと構わないではないかと思いはしたが、岡が清野謙次先生のお宅に参りますと応えると濱田は、清野君を知っているのかと、とたんに相好を崩して、もう一度座るようにと言った。そして清野の書いたものを読んでくれていたのか、ぜひ本にしてやってくれたまえ、僕も何か考えましょうと、どんどんうまく話が運んでいき、辞去するときには濱田は玄関まで見送ってくれたのだという。実際に清野はその後に岡書院から幾冊か本を刊行し、『人類学叢書』にも論文を収めている。昭和六年には清野夫人の祖父安場保和が北海道に赴任した時の巡視記録『明治初年　北海紀聞：北海道・千島・アイヌ』も刊行した。

濱田と清野はこうした互いに友人を思い遣る関係でもあり、清野は濱田の病状を心配して、三宅に世話を頼んだのである。その濱田も五月にはいったん病勢もおさまったかに見えたのだが、梅雨にはいってまた悪化した。そして七月一日、こともあろうにこの清野の事件が起こってしまったのである。その心痛甚だしく、ついに濱田は総長辞職を思い定めた。三宅はこの事件を知った時の濱田の病状が心配になり、翌日朝六時に病院を訪ねてみた。濱田はもう起きていて一晩中眠れなかった様子であった。このあと濱田は退院していったんは自宅に戻るのだが、再び病院には戻らなかった。

三つあしのかなへのあしの一つ折れて　立つすべもなしかなしき今日は

と詠んだのはこの頃のことである。

濱田は七月六日の大学評議会で正式に辞意を表明、文部省から山川建専門学務局長が留任を勧めに来たが辞意は固かった（三宅宗悦「総長時代の思い出」）。七月一六日には官舎に移って治療に専念したのだが、昭和一三（一九三八）年七月二五日に死去した。二九日には京都帝国大学講堂において大学葬が執り行なわれ、のちに法然院に葬られたのである。

ところでこの事件というのは、高山寺所蔵一切経の窃盗容疑で昭和一三年六月三〇日午後に清野が逮捕された、というものである。清野は医学・人類学だけでなく、考古学・民俗学領域にも造詣が深かった。専門の病理学・人類学については、長期間にわたって計画し努力を積み重ねてきて、まさに「己をすりへらすような思い」をもって古代人骨の蒐集などの研究資料を整えてきたのであった（『天野重安遺文集 鏡頭無心』）。標本など現物をもとにして調査研究を進めてきたのである。そんなことから清野は、こうした専門分野の標本だけでなく他の分野の文物や資料にも強い関心を示していた。昭和一一年四月に東京帝大総長長與又郎と慶應義塾大学医学部の病理学教授川上漸《すすむ》が上洛して来た時には、藤井有鄰館で中国出土品を観覧したり、またその午後からは古美術蒐集家守屋孝蔵宅を訪ねて古書画を見せてもらったりしている。さらに清野と川上は狩野直喜宅を訪ねて、午後から合流した長與とともに狩野から書の筆法をならったりするなど、広く学芸にその熱意が向けられていたのである（清野謙次「写経及び写本跋文集」、文章は昭和一一年四月一三日のもの）。

この清野の事件を濱田は病床で知ることとなり、悲嘆にくれて総長辞任を決意する。一方囚われの身となった清野は、濱田逝去の悲報を獄中で聞いた。そしてひどく悲しんだのであった。濱田の遺骨は翌昭和一四年三月二五日に法然院の墓所に納められた。墓石は八角形の筒形の落ち着いたもので濱田はここに眠っている。

この法然院の墓石については、濱田が清野と肝胆相照《あい》らす関係であったことをよく示している次のような物語がある。以下、清野の回想を引いてみることとする（清野「写経及び写本跋文集」、文章は昭和一四年三月末のもの）。

昭和十二年に私は何となく死の予感に襲われたので、衣笠山南麓の仙寿院に寿塔を建てて親しき友人羽田亨、太田喜二郎、浜田耕作、川上漸及私の五夫婦が死後分骨して之れに葬られることを約束し、私は三河国岡崎市の池上幸氏に墓石を注文した。其墓の形は八角経筒形で、浜田考古学者の好みに造らせた。墓石成るの日に浜田君が逝ったので墓石は浜田君夫婦の専用に供するために呈上した。巻末の浜田夫婦の自署はまさか二ヶ月後に死が襲って来るとは知らずに辻内科入院中に書かれて墓石に彫り附けたものだ。

この清野の回想から法然院の青陵塔は濱田好みのもので清野から贈られたものであったことがわかる。なおこれと同じ内容の回想が、濱田琴壽「思ひ出の記」（『濱田耕作著作集　第七巻』）にも出ている。

清野の手記によると、昭和一四年三月二五日の納骨を前に、紺紙銀泥で書写した観音経と阿弥陀経を一部ずつ墓石の中空の部分に納めたいということで濱田夫人が清野宅を訪れた。清野は昭和一三年末に出獄していたのであった。濱田夫人が持参したものを清野がみてみると、観音経は東伏見伯爵・小島祐馬・西田直二郎・天野貞祐らが書していた。そこで余された巻尾五八行分を清野夫妻が書いて完結させたのである。阿弥陀経は家族と門人の手で書かれてあった。経の表紙は太田喜二郎画伯の筆でこれも紺紙に銀泥により、濱田邸ともう一巻には家族の集まりが描かれてある。当初太田は仏画を描くつもりだったが、濱田がかねてより慶州の古墳群のひとつ金冠塚を鳳凰台から見下ろして描いたものを注文していたことを思い出して、一巻には濱田邸を見降ろした想像図を描いた。もう一巻には濱田が最期を迎えた官舎で取り残されて茫然とする家族を描いたのだという（太田喜二郎「石塔写経」、ここに絵も出る）。これらが墓石の空洞に納められて納骨がなされたのであった。清野はさらにこの余っていた銀泥を濱田夫人からもらい受けて、濱田の追悼のため万葉集から挽歌を抄出して書き出した。その題簽は濱田が生前に書いてくれた紙を使用してその思い出にした。これらの文章で清野は事件当時のことを、心身が困憊疲労していて「当時既に頭が悪くなって居たとは自分で知る由もなかった」と述べ、当時の状態はいま十分には思い出せないが心身に苦痛があり罪を犯したらしいと回想する（清野「写経及び写本跋文集」、昭和一四年四月一二日、七月一五日）。

このように濱田の墓標となった青陵塔は、当初は清野手記にあるとおり濱田ら五夫婦が死してもなお仲良く朝夕顔を見合わせることができるようにと衣笠山南麓の仙寿院に建てて分骨をするつもりのものであった。その設計は生前に濱田が成したもので、入院中に墓標に刻む字も書いた。ところが濱田が亡くなったことでこの塔を濱田家がもらい受けることとなり青陵濱田耕作の墓石となったのであった。そして納骨の前に濱田夫人は清野を訪れて、清野夫妻が写した観音経を加えてその墓石に納めたのであった。

墓標の「青陵塔」の名は太田喜二郎の案、その字は仙寿院住職菊池心海の手になり、戒名である文簡院青陵常楽居士は、狩野直喜・新村出のつけたものであった。青陵濱田耕作五十七歳。このようにして濱田耕作は、鹿ケ谷法然院において、右隣は理学部の玉城嘉十郎、その次が内藤虎次郎、左隣に歌人川田順夫婦と並んで、ともに眠ることとなった。濱田琴壽の言うように、「真に気持ちの良い隣組」が出来上って法然院に眠っているのである。

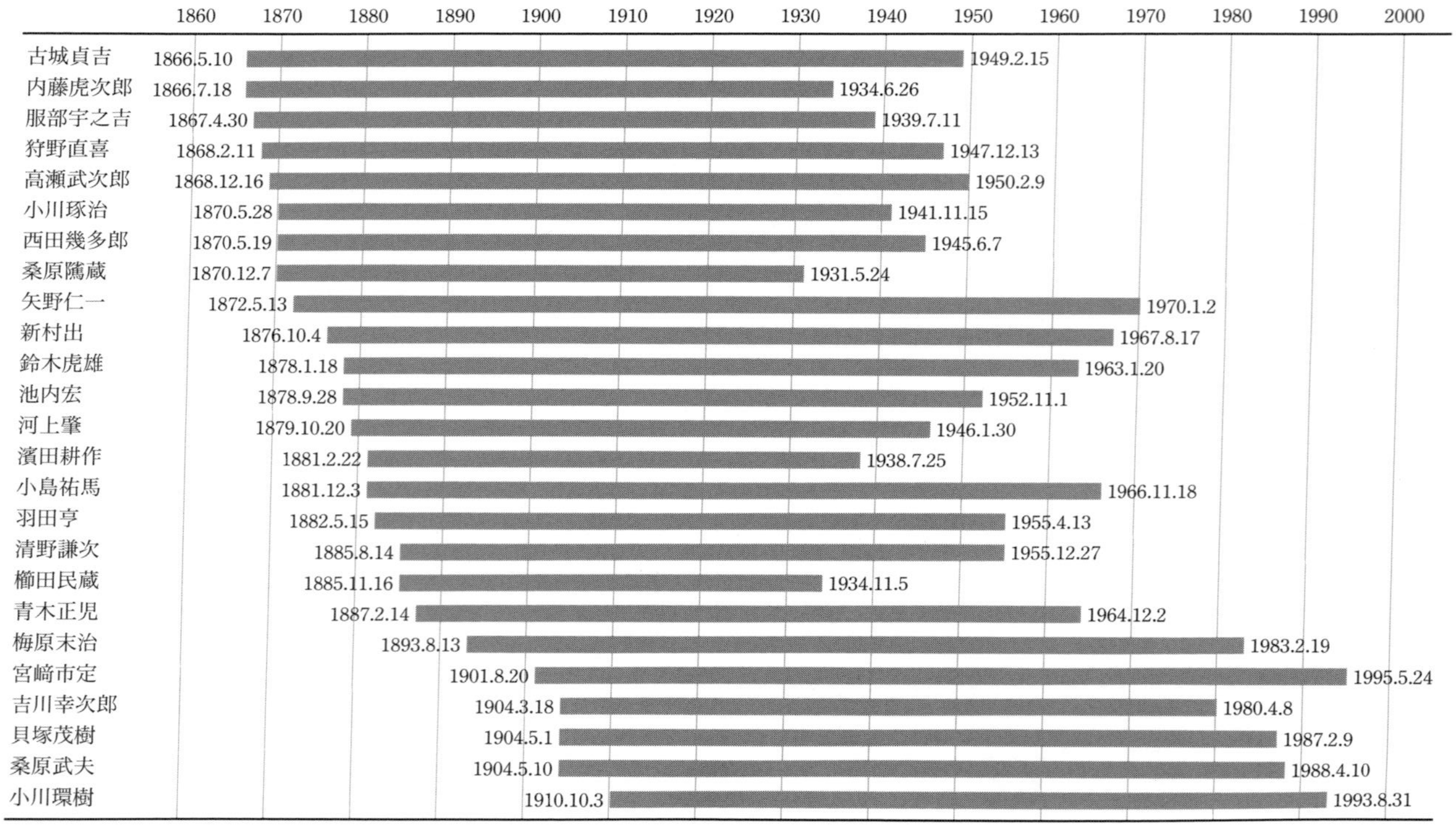
1860
1870
1880
1890
1900
1910
1920
1930
1940
1950
1960
1970
1980
1990
2000
古城貞吉 1866.5.10 1949.2.15
内藤虎次郎 1866.7.18 1934.6.26
服部宇之吉 1867.4.30 1939.7.11
狩野直喜 1868.2.11 1947.12.13
高瀬武次郎 1868.12.16 1950.2.9
小川琢治 1870.5.28 1941.11.15
西田幾多郎 1870.5.19 1945.6.7
桑原隲蔵 1870.12.7 1931.5.24
矢野仁一 1872.5.13 1970.1.2
新村出 1876.10.4 1967.8.17
鈴木虎雄 1878.1.18 1963.1.20
池内宏 1878.9.28 1952.11.1
河上肇 1879.10.20 1946.1.30
濱田耕作 1881.2.22 1938.7.25
小島祐馬 1881.12.3 1966.11.18
羽田亨 1882.5.15 1955.4.13
清野謙次 1885.8.14 1955.12.27
櫛田民蔵 1885.11.16 1934.11.5
青木正児 1887.2.14 1964.12.2
梅原末治 1893.8.13 1983.2.19
宮崎市定 1901.8.20 1995.5.24
吉川幸次郎 1904.3.18 1980.4.8
貝塚茂樹 1904.5.1 1987.2.9
桑原武夫 1904.5.10 1988.4.10
小川環樹 1910.10.3 1993.8.31

小島祐馬とその周辺の人々 生没年表

参照文献・引用文献一覧

本文中には出典を簡略に示したが、ここにその書誌事項を、図書、雑誌論文、新聞記事と分けて、著者の五十音順に出しておく。著者のなかはおおむね年代順である。なお小島文庫に収蔵されているパンフレットなどの資料はここに掲出していない。

図書

青木正児「内藤湖南先生逸事」『青木正児全集 第七巻』春秋社 一九七〇年
「年譜」『青木正児全集 第一〇巻』春秋社 一九八四年
青山光二「ストライキと京料理」『食べない人』筑摩書房 二〇〇六年
朝日ジャーナル編集部編『大学の自治』朝日新聞社 一九六三年
天野重安先生記念事業会編『天野重安遺文集 鏡頭無心』京都大学ウイルス研究所病理部 一九六五年
有光次郎「田中さんの思い出」『田中耕太郎 人と業績』有斐閣 一九七七年
『有光次郎日記 昭和二年〜二十三年』第一法規出版 一九八九年
池田秀三「支那哲学史 小島祐馬」『京大東洋学の百年』京都大学学術出版会 二〇〇二年
石田潤一郎「北白川・下鴨 京都の近代が求めた居住空間」、片木篤ほか編『近代日本の郊外住宅地』鹿島出版会 二〇〇〇年
内田智雄「小島祐馬と河上肇」、小島祐馬著 内田智雄編『政論雑筆』みすず書房 一九七四年
宇野哲人 倉石武四郎 吉川幸次郎 狩野直禎「狩野直喜」、吉川幸次郎編『東洋学の創始者たち』講談社 一九七六年
栄新江「狩野直喜と王国維 初期敦煌学史の一美談」、高田時雄編『草創期の敦煌学 羅・王両先生東渡九〇周年記念日中共同ワークショップの記録』知泉書館 二〇〇二年
衛藤瀋吉編『インタヴュー記録E 日中文化摩擦［四］橋川時雄』一九七七年
大阪府総務部人事課編『大阪府職員録 昭和三九年一〇月一日現在』大阪府庁 一九六四年
大阪府立図書館編『恭仁山荘善本書影』小林写真製版所出版部 一九三五年

太田喜二郎「石塔写経」『濱田先生追悼録』京都帝国大学文学部考古学教室　一九三九年
大橋音羽『累卵の東洋』東京堂　一九九八年
岡茂雄「『人類学・民族学講座』流産始末記」「無愛想な青陵先生」「『ドルメン』誌記」、いずれも『本屋風情』平凡社　一九七四年
岡村敬二『日満文化協会の歴史　草創期を中心に』私家版　二〇〇六年
「小川琢治博士」『東方学回想Ⅱ　先学を語る（二）』刀水書房　二〇〇〇年
「後記」、小川琢治『一地理学者之生涯』小川芳樹刊　一九四一年
小川環樹「内藤湖南の学問とその生涯」『小川環樹著作集　第五巻』筑摩書房　一九九七年
小島祐馬「追憶（川渕君の思ひ出）」『故川淵洽馬氏追悼録』高知県文教協会　一九四八年
小島祐馬『中江兆民』弘文堂（アテネ文庫）一九四九年
小島祐馬『中国共産党』弘文堂（アテネ文庫）一九五〇年
小島祐馬『中国の革命思想』弘文堂　一九五二年
小島祐馬「革命と伝統　中国の国民革命」『現代史講座』第二巻　創文社　一九五三年
小島祐馬『社会と革命　人間と社会と歴史の真の形成について』宇田政治経済研究所　一九五四年
小島祐馬『中国の政治思想』ハーバード・燕京・同志社東方文化講座委員会　一九五六年
小島祐馬「『社会問題管見』の序文」『河上肇著作集　第七巻』附録月報二　筑摩書房　一九六四年
小島祐馬『社会思想史上における「孟子」』（カルピス文化叢書三）三島海雲刊　一九六七年
小島祐馬「河上博士の思い出」、河上肇『自叙伝　三』解題　岩波文庫　一九七六年
「小島祐馬博士」『東方学回想Ⅳ　先学を語る（三）』刀水書房　二〇〇〇年
貝塚茂樹「桑原先生と私」『桑原隲蔵全集　別冊』月報六　岩波書店　一九六八年
貝塚茂樹　小川環樹「小如舟書屋中国書画目」『小如舟書屋所蔵中国書画目』思文閣美術館　一九八三年
懐徳堂記念会編『懐徳堂印存』文光堂　一九三九年序
「懐徳堂の沿革」『懐徳堂要覧』懐徳堂記念会　一九六八年
梶浦晋「大正・昭和前期の京都における敦煌学」、高田時雄編『草創期の敦煌学　羅・王両先生東渡九〇周年記念日中共同ワークショップの記録』知泉

書館　二〇〇二年
粕谷一希「ある日の小島祐馬先生」『粕谷一希随筆集1』藤原書店　二〇一四年
金谷治訳注『荘子　第二冊〔外篇〕』岩波文庫　一九七五年
狩野直喜『支那学文藪』弘文堂書房　一九二七年
狩野直喜『読書纂餘』弘文堂書房　一九四七年
「狩野直喜博士」『東方学回想Ⅰ　先学を語る（一）』刀水書房　二〇〇〇年
狩野直禎「狩野直喜年譜」、吉川幸次郎編『東洋学の創始者たち』講談社　一九七六年
河上肇「獄中で迎えた昭和九年の元旦」『自叙伝　三』岩波文庫　一九七六年
河上肇「随筆『断片』」『自叙伝　五』岩波文庫　一九七六年
河上肇「閉戸閑詠　第一集」『河上肇全集　第二一巻』一九八四年
河上肇書簡『河上肇全集　第二四巻〜二八巻』岩波書店　一九八三年〜一九八四年
河上肇「自画像」『河上肇全集　続五』岩波書店　一九八五年
河上肇「僂かりし地下時代」『河上肇全集　続六』岩波書店　一九八五年
「河上肇年譜」『河上肇全集　別巻』岩波書店　一九八六年
神田喜一郎「京都大学の漢詩作家」『以文会友』京都大学学術出版会　二〇〇五年
神田喜一郎「敦煌学五十年」「鹿田松雲堂と内藤先生」、ともに『敦煌学五十年』筑摩書房　一九七〇年
「第六代森外三郎」『京一中洛北高校百年史』京一中百周年洛北高校二〇周年記念事業委員会　一九七二年
京都大学経済学部編『河上肇文庫目録』京都大学経済学部　一九七九年
『人文科学研究所五十年』京都大学人文科学研究所　一九七九年
京都帝国大学文学部編『京都帝国大学文学部三十周年史』京都帝国大学文学部　一九三五年
京都大学文学部編『京都大学文学部五十年史』京都大学文学部　一九五六年
京都府立総合資料館編『京都府百年の年表五　教育編』京都府　一九七〇年
清野謙次「関西・中国・四国の旅日記」「写経及び写本跋文集」、ともに『随筆・遺稿　故清野謙次先生記念論文集　第三輯』清野謙次先生記念論文集刊行会　一九五六年

熊川千代喜編刊『藤井善助伝』［正］続編　一九三二年
倉石武四郎「桑原隲蔵先生」『桑原隲蔵全集　第一巻』月報一　岩波書店　一九八七年
桑原隲蔵「対支文化事業に就ての希望」『桑原隲蔵全集　第一巻』岩波書店　一九八七年
「桑原隲蔵博士」『東方学回想Ⅱ　先学を語る（二）』刀水書房　二〇〇〇年
桑原武夫編『中江兆民の研究』岩波書店　一九六六年
桑原武夫「小島祐馬先生をしのぶ」『桑原武夫全集　補巻』朝日新聞社　一九七二年
桑原武夫「父の手帳」『桑原隲蔵全集　別冊』月報六　岩波書店　一九六八年
桑原武夫「桑原隲蔵小伝」『桑原隲蔵全集　第五巻』岩波書店　一九八八年
小林輝次「書簡集解説」『河上肇著作集　第一一巻』筑摩書房　一九六五年
阪本喜久吉『雲海紀行』東京堂　一八九六年
坂本喜久吉『康有為氏』開成舎出版局　一八九九年
相良惟一「田中先生の文部省、参議院時代」、鈴木竹雄編『田中耕太郎　人と業績』有斐閣　一九七七年
作田荘一『時代の人河上肇』開顕社　一九四九年
作田荘一『道を求めて』「道の言葉」刊行会　一九六七年
作田荘一「面影と人柄」、河上肇『自叙伝　二』解題　岩波文庫　一九七六年
佐々木惣一　河上肇共著『法制経済教科書』講法会　一九一六年
柴五郎「北京籠城」、柴五郎述　服部宇之吉著　大山梓編『北京籠城　北京籠城日記』東洋文庫　一九六五年
司馬遼太郎「鹿角へ」『街道をゆく　二九』朝日新聞社　一九八七年
下村寅太郎「小島祐馬　追悼会での回想」『遭逢の人』南窓社　一九七〇年
寿岳文章「後記」、河上肇『陸放翁鑑賞』岩浪書店　二〇〇四年
『書論　特集狩野君山』三八号　書論編集室　二〇一二年八月
白須浄眞「大谷光瑞と羅振玉　京都における敦煌学の興隆と第三次大谷探検隊」、高田時雄編『草創期の敦煌学　羅・王両先生東渡九〇周年記念日中共同ワークショップの記録』知泉書館　二〇〇二年
末永雅雄「濱田先生の勉強法」『京都帝国大学文学部考古学研究報告』複製版　配本の栞　第三号　臨川

書店　一九七六年
杉立義一「典医・福井榕亭・棣園」『増補　京の医史跡探訪』思文閣出版　一九九一年
杉村勇造「柔父先生略伝」、松崎鶴雄著　杉村英治編『呉月楚風』出版科学総合研究所　一九八〇年
杉山二郎「彙文堂主人の軼事と京大東洋学」『山紫水明綺譚』冨山房インターナショナル　二〇一〇年
高田時雄「狩野直喜」、礪波護　藤井讓治編『京大東洋学の百年』京都大学学術出版会　二〇〇二年
高田時雄「敦煌韻書の発見とその意義」、高田時雄編『草創期の敦煌学　羅・王両先生東渡九〇周年記念日中共同ワークショップの記録』知泉書館　二〇〇二年
高橋里美「小品・随想、その他」『高橋里美全集　第七巻』福村出版　一九七三年
竹之内静雄「南海の隠逸　小島祐馬先生」『先知先哲』新潮社　一九九二年、のち講談社学芸文庫　一九九五年
田中耕太郎『生きて来た道』世界の日本社　一九五〇年
田辺町近代誌編纂委員会編『田辺町近代誌』田辺町　一九八七年
津田青楓「翰墨会」『書道と画道』小山書店　一九三三年
津田青楓「自撰年譜」『春秋九十五年』求龍堂　一九七四年
「東方文化学院役員」『東方文化学院一覧（昭和四年版）』東方文化学院　一九二九年
「元東方文化学院解体事由書」『東方文化学院一覧（昭和一四年版）』一九三九年
戸倉広「桑原先生の名講義」『桑原隲蔵全集　第五巻』月報五　岩波書店　一九八七年
礪波護「羅・王の東渡と敦煌学の創始」、高田時雄編『草創期の敦煌学　羅・王両先生東渡九〇周年記念　日中共同ワークショップの記録』知泉書館　二〇〇二年
礪波護「内藤湖南」、礪波護　藤井讓治編『京大東洋学の百年』京都大学学術出版会　二〇〇二年
富岡鉄斎［画］『富岡鉄斎』京都新聞社　一九九一年
内藤乾吉　三田村泰助　小川環樹「内藤家の家学と湖南先生の学風」『日本の名著　四一』付録二一　中央公論社　一九七一年
内藤虎次郎『燕山楚水』博文館　一九〇〇年
内藤耕次郎「心理学への道」、末川博編『学問の周辺』有信堂　一九六八年
内藤虎次郎「憶人居瑣語」『内藤湖南全集　第一巻』筑摩書房　一九九六年

内藤虎次郎「我が少年時代の回顧」「最後の筆談。時務。金石。帰路の驚聞」『内藤湖南全集 第二巻』筑摩書房 一九九六年
内藤虎次郎「游清雑信」「京都大学図書館一覧記」『内藤湖南全集 第四巻』筑摩書房 一九七一年
内藤虎次郎「清国派遣教授学術視察報告」『内藤湖南全集 第一二巻』筑摩書房 一九七〇年
「内藤湖南博士」『東方学回想Ⅰ 先学を語る（一）』刀水書房 二〇〇〇年
内藤調一『鹿角志』三餘堂蔵版 一九〇七年
内藤調一『漫遊記 避寒紀行』一九〇八年
中野孝次「高潔 小島祐馬」『生き方の美学』文芸春秋 一九九八年
長広敏雄「濱田青陵を憶う」『京都帝国大学文学部考古学研究報告』復製版 配本の栞 第二号 臨川書店 一九七六年
長與又郎『長與又郎日記 近代化を推進した医学者の記録』学会出版センター 二〇〇一年
鍋島高明『反骨のジャーナリスト 中島及と幸徳秋水』高知新聞社 二〇一〇年
服部宇之吉「北京籠城日記」「北京籠城回顧録」、ともに柴五郎述 服部宇之吉著 大山梓編『北京籠城 北京籠城日記』東洋文庫 一九六五年
花田大五郎『五高時代の思出』日本談義社 一九五七年
羽田明「内藤湖南博士と恭仁山荘善本」「山鹿誠之助氏略伝」、ともに杏雨書屋編『新修恭仁山荘善本書影』武田科学振興財団 一九八五年
「濱田耕作博士」『東方学回想Ⅳ 先学を語る（三）』刀水書房 二〇〇〇年
濱田琴壽「思ひ出の記」『濱田耕作著作集 第七巻』同朋社 一九八七年
深瀬基寛「藤村訪問記」「じいさん・ばあさん」「私の京都観」『深瀬基寛集 第二巻』筑摩書房 一九六八年
藤枝晃「三つの学恩」『桑原隲蔵全集 第一巻』月報一 岩波書店 一九八七年
藤岡謙二郎「カフェ・アーケオロジー中にかもし出された浜田学の現代的意義」『浜田青陵とその時代』学生社 一九七九年
『大日本武徳会武道専門学校史』武道専門学校剣道同窓会 一九八四年
平凡社編『高知県の地名』平凡社 一九八三年
法政大学大原社会問題研究所編『大原社会問題研究所

五十年史』法政大学大原社会問題研究所 一九七〇年
水上勉「わが六道の闇夜」『水上勉全集 第一二巻』中央公論社 一九七六年
水上勉『私版京都図絵』作品社 一九八〇年
「年譜」『水上勉全集 第二六巻』中央公論社 一九七八年
水田紀久「富永仲基研究の近況」、梅谷文夫 水田紀久『富永仲基研究』和泉書院 一九八四年
三田村泰助『内藤湖南』岩波新書 一九七二年
三宅宗悦「総長時代の思い出」『考古学論叢 第八輯 濱田博士追悼号』一九三八年
宮崎市定「敍言」『桑原隲蔵全集 別冊』岩波書店 一九六八年
宮崎市定「内藤史学の真価」「桑原先生と『サンデー毎日』」『東風西雅』岩波書店 一九七八年
宮崎市定「解説」、狩野直喜著『御進講録』みすず書房 一九八四年
宮崎市定「北山君と三高ストライキ」、松尾尊兊編『北山茂夫・遺文と書簡 別巻 北山茂夫伝記と追想』みすず書房 一九九一年
宮崎市定「桑原史学の立場」「独創的なシナ学者内藤湖南博士」「内藤湖南とシナ学」、『宮崎市定全集 二四』岩波書店 一九九四年
宮本ヱイ子『京都ふらんす事始め』駿河台出版社 一九八六年
森谷尅久「四代山口玄洞翁と京都市歴史資料館」、中野楚渓編『仰景帖』一九八六年
諸橋轍次『大漢和辞典』大修館書店 一九六七年
矢野仁一『燕洛間記 歴史遍歴六十年の回顧』私家版
山田美妙評註『評注近松著作集 一』(日本浄瑠璃叢書巻之一) 岡崎屋書店 一八九九年
山根徳太郎「在りし日の濱田先生」『考古学論叢 第八輯 濱田博士追悼号』一九三八年
山根幸夫「東方文化学院の設立とその展開」、市古教授退官記念論叢編集委員会編『論集 近代中国研究』山川出版社 一九八一年
山本礼子『占領下における教職追放 GHQ・SCAP文書による研究』明星大学出版部 一九九四年
吉川幸次郎「安田二郎伝」、戴震著 安田二郎訳『孟子字義疏証』養徳社 一九四八年
吉川幸次郎 小川環樹編校閲『中国詩人選集二集 第五巻 蘇軾上』岩波書店 一九六二年
吉川幸次郎「小島祐馬博士追憶」『吉川幸次郎全集 第

一七巻』筑摩書房 一九六九年
吉川幸次郎「桑原隲蔵博士と私」『桑原隲蔵全集 第三巻』月報三 岩波書店 一九八八年
吉川幸次郎「跋」、河上肇『陸放翁鑑賞』岩波書店 二〇〇四年
脇村義太郎「『貧乏物語』前後」『脇村義太郎著作集 第四巻』日本経営史研究所 一九七六年
脇村義太郎『東西書肆街考』岩波書店 一九七九年

雑誌論文

青木正児「『支那學』発刊と私」『支那學 小島本田二博士還暦記念号』一九四二年四月
青木正児「君山先生と元曲と私」『東光』五号（狩野直喜先生永逝記念）弘文堂 一九四八年四月
青柳篤恒「曾国藩の習字訓」『書画之研究』一巻四号 書画研究社 一九一七年一一月
有光教一「島田貞彦さんを偲ぶ」『古代文化』三七巻七号 一九八五年七月
石川興二「追憶文谷口吉彦兄と当時の学部」『経済論叢』七九巻三号 一九五七年三月
石丸重義「未発表の河上博士の手紙」『月刊高知』一九四七年一〇月号
『冊府』彙文堂書店 一号（一九一六年一〇月）～八号（一九一七年一二月）
梅原末治「故先生のことども」『東光』五号（狩野直喜先生永逝記念）弘文堂 一九四八年四月
大内兵衛 小島祐馬 長谷川如是閑「河上肇と櫛田民蔵を語る」『朝日評論』四巻九号 一九四九年九月
大阪府立中之島図書館「第二回大阪資料・古典籍室小展示「府立図書館展覧会の歴史 図書館ものがたり その一」」一九九六年六月
大野正英「ウィリアム・スマートの『一経済学者の反省』と広池千九郎（一）」『モラロジー研究』四三号 モラロジー研究所 一九九七年四月
岡敬一郎「田中耕太郎の大学行政の研究」『東北大学大学院教育学研究科研究年報』四九集 二〇〇一年三月
小黒浩司「北京近代科学図書館の歴史Ⅰ」『図書館学会年報』三三巻三号 一九八七年九月
小島祐馬「湖南先生の『燕山楚水』」『支那學』七巻三号（内藤湖南先生追悼録）一九三四年七月
小島祐馬「『支那學』創刊当時の事ども」『支那學 小島本田二博士還暦記念号』一九四二年四月

「小島祐馬博士著作年表」『支那學　小島本田二博士還暦記念号』一九四二年四月
小島祐馬「恒久平和への道」『月刊高知』一九四七年五月号
小島祐馬「高知大学の設立について」『月刊高知』一九四七年一〇月号
小島祐馬「通儒としての狩野先生」『東光』五号（狩野直喜先生永逝記念）弘文堂　一九四八年四月
小島祐馬「狩野先生の学風」『東方学報』一七輯　一九四九年一一月
小島祐馬「少年のころ読んだ書物」『中央公論』一九五二年七月
小島祐馬「学究生活を顧みて」『思想』一九五三年三月、のち金田一京助編『学究生活の思い出』宝文館　一九五四年に所収
小島祐馬ほか（座談会）「中江兆民　日本における自由のための闘い」『世界』一九五四年一二月
小島祐馬「総長選任問題のころの思い出」『以文』六号　京大以文会　一九六一年五月
小島祐馬「書物を大切にする話」『創文』一九六三年一月
小島祐馬「はじめて教わった書物」『創文』一九六三年二月
小島祐馬「（中江文庫）序」『新着図書月報　第一一号（中江文庫目録）』京都大学人文科学研究所図書室　一九六四年
小島祐馬　桑原武夫「中国文化の源泉を索めて」『展望』九九号（小島祐馬先生を偲ぶ）一九六七年三月
小島祐馬「明治の大学生」『世界』一九六七年四月
織田萬研究会編「織田萬年譜・著作目録」『立命館法学』通号二六二　一九九八年六月
貝塚茂樹「恩師の学徳」『展望』九九号（小島祐馬先生を偲ぶ）一九六七年三月
「定期講演目的並題目」『懐徳』創刊号　一九二四年七月
狩野直方「父の追憶」『東光』五号（狩野直喜先生永逝記念）弘文堂　一九四八年四月
狩野直喜「追憶談」『懐徳』二号「碩園先生追悼録」一九二五年二月
狩野直喜「王静安君を憶ふ」『藝文』一八年八号　一九二七年八月
狩野直喜「講演大意」『懐徳』五号（懐徳堂創学二百年・同重建十周年祭典並記念式号）一九二七年二月
「狩野君山先生略譜」『東方学報』一七冊　一九四九年一一月

狩野直喜「聖諭広訓に就いて 大正一五年懐徳堂恒祭記念講演（遺稿）」『懐徳』三〇号 一九五九年一〇月
狩野宮子「父を偲びて」『東光』五号（狩野直喜先生永逝記念）弘文堂 一九四八年四月
神田喜一郎「狩野先生と敦煌古書」『東光』五号（狩野直喜先生永逝記念）弘文堂 一九四八年四月
倉石武四郎「シノロジストの典型」『東光』五号（狩野直喜先生永逝記念）弘文堂 一九四八年四月
桑原武夫「君山先生」『東光』五号（狩野直喜先生永逝記念）弘文堂 一九四八年四月
桑原武夫「森外三郎先生のこと よき時代のよき教育者」『文藝春秋』一九五六年一二月
桑原武夫「はじめとおわり」『展望』九九号（小島祐馬先生を偲ぶ）一九六七年三月
古城貞吉「狩野博士と私」『東光』五号（狩野直喜先生永逝記念）弘文堂 一九四八年四月
重沢俊郎「受業生の一人として」『展望』九九号（小島祐馬先生を偲ぶ）一九六七年三月
「『社会問題研究』創刊に至るまで」『社会問題研究 第一巻』月報 社会思想社 複製版 一九七四年
修斌 陳琳琳「王国維と狩野直喜・内藤湖南」『東アジア』一九 二〇一〇年三月
『古典聚目』百号 松雲堂 一九二五年一一月
「花蔭會同人詠」『女性日本人』政教社 一九二二年一、二月号
鈴木虎雄「送小島贄川祐馬博士帰休故山歌」『支那學 小島本田二博士還暦記念号』一九四二年四月
高瀬武次郎「君山狩野直喜博士を追慕す」『東光』五号（狩野直喜先生永逝記念）弘文堂 一九四八年四月
多治比郁夫「大阪人文会覚え書」『なにはづ』七二 大阪府立中之島図書館 一九七八年一二月、多治比郁夫『京阪文藝史料 第四巻』青裳堂書店 二〇〇六年 に所収
多治比郁夫「西村・内藤両先生と大阪府立図書館」『なにわづ』三〇 大阪府立中之島図書館 一九六六年一二月、多治比郁夫『京阪文藝史料 第四巻』青裳堂書店 二〇〇六年 に所収
多治比郁夫「大阪府立図書館の展覧会」『大阪府立図書館紀要』三号 一九六七年三月、多治比郁夫『京阪文藝史料 第四巻』青裳堂書店 二〇〇六年 に所収
田中慶太郎「敦煌石室中の典籍」『燕塵』二巻一一号 一九〇九年一一月

「世界史的立場と日本」「東亜共栄圏の倫理性と歴史性」「総力戦の哲学」『中央公論』一九四二年一月、四月、一九四三年一月号
東畑謙三（聞き手藤枝晃ら）「建物物語 旧本館設計者東畑謙三氏に聞く」『人文』一二号 一九七五年五月
中森健二「小島祐馬のこと」『国際社会文化研究』九号 二〇〇八年一二月
「長與又郎日記 昭和一三年九月」『東京大学史紀要』九号 一九九一年三月
「長與又郎日記 昭和一三年一〇月」『東京大学史紀要』一〇号 一九九二年三月
橋川時雄「また一个を弱う・希の原理」『東光』五号（狩野直喜先生永逝記念）弘文堂 一九四八年四月
長谷部文雄「小島先生と河上肇」『展望』九九号（小島祐馬先生を偲ぶ）一九六七年三月
羽田亨「東方文化研究所と狩野博士」『東光』五号（狩野直喜先生永逝記念）弘文堂 一九四八年四月
濱田耕作「ドルメン語」『ドルメン』三号 一九三二年六月
濱田耕作「塔の話」、梅原末治「附記」、ともに『ドルメン』通巻四五号 一九三九年三月
平岡武夫「小島祐馬先生（初代所長）の著書 追憶の記」『東方学報』三九冊 一九六八年三月
「近代の超克」『文学界』一九四二年九月・一〇月号
福家崇洋「一九三〇年前後における京大学生運動」『京都大学文書館研究紀要』一一号 二〇一三年三月
本田成之「『支那學』発刊前後の思ひ出」『支那學 小島本田二博士還暦記念号』一九四二年四月
松田清「小島祐馬旧蔵「対支文化事業」関係文書」『人文』四六号 一九九九年一一月
松山直蔵「懐徳堂記念式教務報告」『懐徳』五号「懐徳堂創学二百年・同重建十周年祭典並記念式号」一九二七年二月
丸谷才一 木村尚三郎 山崎正和「鼎談書評『御進講録』（謳い文句）帝王の学の初めての公開。もはや喪われた真の儒臣の姿がここにはある」『文芸春秋』一九八四年一二月
三宅花圃「内藤博士の追悼」『書藝』四巻九号（内藤湖南先生追悼号）平凡社 一九三四年
三宅雄二郎「内藤湖南君のこと」『書藝』四巻九号（内藤湖南先生追悼号）平凡社 一九三四年
宮崎市定「歴史家としての狩野博士」『東光』五号（狩野直喜先生永逝記念）弘文堂 一九四八年四月

宮崎市定「狩野君山先生を悼む」『東洋史研究』一〇巻四号　一九四九年一月
向井章「「経済表」の構造論的見方と段階論的見方・序説」『鹿児島経大論集』一巻一号　一九六〇年一月
湯川秀樹「父小川琢治の思い出」『地理』一五巻一二号　一九七〇年一二月
吉川幸次郎「先師と中国文学」『東光』五号（狩野直喜先生永逝記念）弘文堂　一九四八年四月

新聞記事

〈大阪朝日新聞〉

「敦煌石室の発見物」一九〇九年一一月一二日
「懐徳堂記念会」一九一〇年九月二八日
「懐徳堂祭典に就て」一九一一年一〇月五日
「懐徳堂記念祭典」「懐徳堂記念大祭」一九一一年一〇月六日
「懐徳堂記念講演会」一九一一年一〇月七日
「懐徳堂記念講演会（第二回）」一九一一年一〇月八日
「懐徳堂開堂式」一九一六年一〇月一五日
「懐徳堂講演会」一九一六年一〇月一六日

〈京都日出新聞・京都日日新聞〉

「史学会秋季大会」一九〇九年一一月二九日
河上肇「京都を去るに臨みて」一九三〇年一月八日、『河上肇全集　第二三巻』岩波書店　に所収
「羽田博士とペリオ教授　京大で懇談」一九三五年六月二三日夕刊
「大学教授寺宝を盗む」「盗んだ古書千四百点　名だゝる寺院悉く被害」一九三八年七月二日

〈高知新聞〉

「（訃報）小島博士夫人」一九四六年二月五日
「県展秘話　看板屋から見事に入選　作者を激励　モデルになった小島博士」一九四七年一一月一三日
「知事選挙　小島博士擁立か」一九四七年一二月一〇日
「立候補の意思なし　小島博士語る」一九四七年一二月一一日
「知事選挙総務会に一任　民主党支部総会／共産党小島氏擁立を支持」一九四七年一二月一二日
「知事選挙自民運動態勢に入る」一九四七年一二月二〇日
「学長候補は小島、片山両氏」一九四八年六月八日
「学長に橋本博士　高知大期成会から正式交渉」一九四八年八月一四日
「小島祐馬博士　学士院新会員に」一九四八年一一月一九日

「高知大苫名博士 学長承諾」一九四八年一二月一〇日
「抱甕会再開」一九四九年五月一五日
「小島博士の講演会」一九四九年一一月六日
「板垣伯三十三回忌記念講演会」一九五二年七月一三日・一六日
「故浜田先生の記念碑除幕式」一九五二年八月二五日
「小島博士顕彰式」一九五二年九月二五日
「町から村から」一九五三年五月一一日
「苫名現学長 阿部文理部長など 高知大学の公選学長候補」『高知新聞』一九五三年五月四日
「村議会で山本画伯の祝賀会」一九五三年五月一二日
「土州学館へヒント 小島祐馬博士から来信」一九五三年七月四日
「「吉田は土佐だったネ」語る如是閑、小島博士 福岡氏も同行」一九五三年八月一日
「夏季大学講師の横顔 豊富な見識もつ小島祐馬博士中島及」一九五三年八月一四日
「老いらくの同窓会 小島博士や松田範士ら一二人 六二年ぶり 弘岡上ノ村小卒業生たち」一九五四年一一月一五日
「老友集う秋の夜長 弘岡上ノ村で六二年前の同窓生」一九五四年一一月一六日
「南学発祥地へものいい 春野村の御殿か土居ケ谷か」一九五八年五月一七日
「南学神社創設も 春野村に史跡顕彰会」一九五八年九月一七日
「卒業生が語る思い出話 県立追手前高校の八〇周年」一九五八年一一月二五日
「土佐人物山脈 一三〇 小島祐馬 生涯かけた中国研究学士院会員 読書で余生を楽しむ」一九六三年三月二三日
「高知県関係叙勲者の横顔」一九六五年四月二九日
「戦国の守護吉良氏 屋敷、寺院跡明らかに 小島博士が調査 春野に略図表示板」一九六五年一一月四日
「(訃報) 小島祐馬」一九六六年一一月一八日
「故小島さんの告別式」一九六六年一一月一九日
「故小島氏に叙位」一九六六年一一月二九日
「話題 老人好学」一九六七年八月一二日
「土佐の史跡 五二 発掘で遺稿を確認 吉良城跡 春野村弘岡上」一九八九年五月一日
「春野 恩人、兼山への敬愛 地名往来 三」二〇〇三年四月一七日

小島祐馬「如是閑さんと私」一九四八年六月一四日
小島祐馬「君山先生と湖南先生」一九四八年九月一九日
小島祐馬「夏季大学講師の横顔　良識の人　天野博士
　小島祐馬（文学博士）」一九五三年七月二八日
小島祐馬「よさこい節考」一九五三年九月二四日〜二
　七日・二九日・三〇日
小島祐馬　宇田耕一　向井章「新中国を語る座談会　上・
　下」一九五四年八月二日・三日
小島祐馬『植木枝盛日記』を読んで　上・下」一九五
　五年九月五日・六日
小島祐馬「中国の文字改革　上・下」一九五六年七月一
　六日・一七日
小島祐馬「夏季大学　講師の横顔　温厚篤実な学究　貝
　塚茂樹博士」一九五七年七月一三日
小島祐馬「三雲祥之助君のこと」一九五七年七月二五日
小島祐馬「『無天雑録』を読んで」一九五八年二月一三日
小島祐馬「南学発祥の地について」一九五八年五月八日
小島祐馬「山本君の渡仏に当たって」一九五九年一〇
　月一一日
小島祐馬「創始者牧野伯を憶ふ」一九六〇年三月二七日
小島祐馬「山本茂一郎君の滞欧作品展を前にして」一
　九六一年一月二一日
小島祐馬「土佐漢詩史上に重要な地位　横山又吉翁の
　選集「黄木詩集」なる」一九六一年八月二九日
小島祐馬「写実の画に長じた妙味　山本茂一郎君の写
　真集について」一九六二年七月二三日
小島懋「故山に帰る」一九九〇年八月一四日〜一六日
小島恒「祖父・小島祐馬のこと　私の二〇世紀　一五」
　一八九九年七月一二日
中島及「小島先生を痛惜する」一九六六年一一月二〇日
村上徳美「夏季大学　講師の横顔」一九五六年七月一七日
溝渕文香「読者の広場　小島祐馬先生の思い出」一九
　六六年一二月九日

〈同志社学生新聞〉

内田智雄「処女論文　なれない仏語で苦心マルセル・
　グラネーを翻訳」一九五七年一二月一三日

おわりに

本書の構成は、第一章に小島祐馬が学んだ京都帝国大学文科大学草創期の東洋学について、第二章から終章までが小島祐馬の評伝、そして黒谷・法然院に墓所を持つ草創期東洋学者たちの蔵書や墓所などのエピソードの補論から成っている。これらのうち小島に関するものは書き下ろし、第一章と補論は、勤務校であった京都ノートルダム女子大学で学生諸君と町歩きをした記録集『京の町歩き 東山山麓フィールドワーク』（「文化の航跡」ブックレット一 二〇一〇年）に収録した「黒谷・法然院に眠る東洋学者たち」を分割し加筆したものである。

これらの論述にあたって筆者は、さまざまな資料の調査や多くの図書館での資料閲覧をおこなってきたが、その作業は実のところ大変に楽しいものであった。それは主力の資料が小島文庫の草稿やメモ類などの原資料であったことがあげられる。さらに、関連の資料を捜したりその所蔵機関を確認して閲覧に出向いて資料をみるという作業も苦にならないものであった。筆者は大学を卒業してすぐに大阪府立図書館の司書となったのだが、執筆にともなうこれらの作業が、さまざまな種類の資料を整理したりそれを閲覧に供したりする、いわば図書館の仕事の延長上にあるような近しい感じがあったからだと思う。さらに執筆の時期がおりしも筆者の定年退職の時期にあたっていて、小島のそれとは比べるべくもないのだが、少しばかりは寄り添う気分もないでもなく、それもなにか論述に親しい気分を持つことができた理由のひとつであったかもしれない。
本書にはいくつか図版や写真を掲載したが、そのうち小島祐馬の肖像写真や弘岡上の小島邸、そして小島邸に掲げてある狩野直喜筆「抱甕灌圃」の扁額写真は、小島祐馬の孫にあたられる小島恒氏に提供していただいたものである。恒氏へ取り次いでくださったのは、恒氏の姉上の山崎百合氏だった。筆者は本年六月初旬、小島の草稿やメモ類など出版掲載の許諾をもらうため、常時は住んでおられない小島邸の、その近隣の方に小島恒氏との連絡をお願いしようと弘岡上を訪れたのだったが、その時たまたま小島邸の門前で植木の剪定作業をしておられたのが山崎百合氏であった。事情を申し上げると快く恒氏と連絡を取ってくださり、恒氏からは出版掲載の許諾だけでなく先の写真の提供までしていただいたという次第である。まことにありがたい出会いとなった。お二人に心よりお礼を申し上げたいと思う。また小島文庫の閲覧調査に際して高知大学図書館のスタッフの方々はいつも親切に対応してくださった。そして刊行にあたり原稿を丁寧に読んでくださり、構成や文章表現などにも多くのアドバイスをくださったのは臨川書店の石川ちひろ氏である。ともに感謝を申し上げなければならない。本書には小島の年譜も著述一覧も載せなかったが、小島文庫の草稿などと今一度照合しながらよいものが作成できるよういっそう励んで参りたいと考えている。

二〇一四年九月　　　　　　岡村　敬二

や行

ら行

な行

は行

ま行

さ行

た行

索　引

全編にわたって登場する狩野直喜、河上肇、内藤虎次郎、桑原隲蔵、小川琢治、濱田耕作は採録していない。

あ行

か行

岡村敬二（おかむら けいじ）

1947年広島県三原市の生まれ。京都大学法学部を卒業後司書として大阪府立図書館に勤務。1998年大阪府立中之島図書館を退職（役職は大阪資料課長）、京都文化短期大学、京都学園大学を経て2004年京都ノートルダム女子大学人間文化学部教授。2012年3月に退職し現在は京都ノートルダム女子大学名誉教授。学術博士。著書に『遺された蔵書 満鉄図書館・海外日本図書館の歴史』（1994年 阿吽社）、『江戸の蔵書家たち』（1996年 講談社選書メチエ）、『「満洲国」資料集積機関概観』（2004年 不二出版）、『日満文化協会の歴史 草創期を中心に』（2006年 私家版）、『満洲出版史』（2012年 吉川弘文館）など。

京大東洋学者
小島祐馬の生涯

臨川選書 29

二〇一四年十一月三十日　初版発行

著者　岡村敬二
発行者　片岡敦
印刷 製本　モリモト印刷株式会社

発行所　株式会社 臨川書店
606-8204 京都市左京区田中下柳町八番地
電話（〇七五）七二一-七一一一
郵便振替　〇一〇七〇-二-八〇〇

落丁本・乱丁本はお取替えいたします
定価はカバーに表示してあります

ISBN978-4-653-04114-6　C0323